인권과 노인복지실천

권중돈 지음

학지사

머리말

사람은 태어나 성장하고 늙어서 죽는다. 길다면 길고 짧다면 짧은 삶의 순간순간마다 사람은 사람답게 살고 싶어 하며, 또한 그럴 수 있는 권리를 하늘로부터 부여받았다. 그런데 이 시대를 살아가는 노인의 삶의 양태를 들여다보면 꼭 그렇지만은 않은 것 같다. 길 가는 아이들에게 늙은이라고 쓸모없는 인간 취급을 당하고, 믿었던 자식에게 욕을 듣고 돈까지 빼앗기기도 한다. 지하철을 타면 경로우대석 앞에 서야만 젊은 사람들의 눈총을 피할 수 있다. 또한 병들고 혼자 살 힘이 없어 어쩔 수 없이 들어간 전문병원과 시설에서는 전문서비스를 받기는커녕 비인격적 처우를 받기도 한다. 어쩌다 이런 세상이 되어 버렸을까?

이는 바로 노인을 권리를 가진 존엄한 존재로 보지 못하고, 문제나 욕구를 지닌 서비스 수혜자로만 보아 온 우리의 잘못이다. 우리나라의 노인복지제도는 공식화된 지 30년이란 세월이 흘렀지만, 노인을 구제나 자선의 대상으로만 생각하거나, 노인이 살면서 해결하기 힘든 문제나 혼자 힘으로 충족할 수 없는 욕구만 충족하고 해결하면 된다는 생각으로 그에 맞는 급여와 서비스만을 제공해 왔다. 노인복지제도가 매우 빠른 속도로 발전하여 세계 어디에 내놓아도 부끄럽지 않을 만큼 성숙해 있지만, 문제나 욕구 중심의 접근방법으로는 인간다운 노후생활을 보장하는 데 한계가 있다.

그렇다면 해답은 바로 노인을 바라보는 인식틀을 바꾸면 된다. 그런데 우리의 노인복지 정책은 노인학대 예방과 해결을 중심으로 한 소극적 인권보호 정책을 채택하고 있다. 노년학자는 노인문제에 관한 연구에만 몰두하고 있고, 노인복지현장 실천가는 당장 코앞의 서비스 제공에 여념이 없으며, 예비 사회복지사는 노인 인권이라는 단어조차 듣지 못한 채 학업을 마치기도 한다. 그런가 하면 지금까지 노부모의 인간다운 노후생활을 지탱해 왔던 가족은 자신의 삶의 문제를 해결하기에 급급하여 노부모의 권리는 물론 문제나 욕구조차 돌아볼 여력이 없다. 그리고 세상은 젊음과 생산성을 최고의 가치로 여기며, 자꾸만 노인을 변방으로 내몰고 있다. 너 나 할 것 없이 모두가 노인의 인권에 귀를 열고 눈여겨볼 만한 여유가 없는 듯하다.

하지만 모두가 무관심한 것은 아니다. 우리 사회에서도 2000년대 중반부터 노인 인권에 대한 관심과 학술적 논의, 그리고 정책과 실천현장에서의 접근이 더디기는 하지만 조금씩 이루어지고 있다. 이러한 노력의 결실로 노인복지법에 노인 인권보호에 관한 조항이 신설되고, 노인보호전문기관이 확대 설치되고, 노인복지시설 생활노인의 인권보호를 위한 지침이 마련되고, 노인 인권에 관한 교육교재와 매뉴얼이 개발되고, 노인 인권지킴이단과 노인 옴부즈맨 활동이 이루어지고 있다.

저자는 이상에서 언급한 노인 인권 증진을 위한 정책과 실천적 접근방법의 개발에 관여하는 과정에서 노인 인권에 대한 관심을 갖게 되었고 조금씩 이해를 넓히게 되었다. 이렇게 쌓인 노인 인권에 대한 지식과 실천모델을 여기저기 흩어 놓기보다는 한 권의 책으로 묶어 세상에 내놓는 것이 노년학 특히 노인복지학을 공부하는 사람들에게 도움이 되겠다는 생각이 들어 이 책을 쓰게 되었다. 책의 한 줄 한 줄을 쓰면서 피의 역사이자 고통스러운 삶의 절규인 인권을 글로만 풀어내는 것이 과연 의미가 있을까 하는 생각도 들었다. 하지만 노인 인권에 대한 얄팍한 지식이나마 묶어 내놓음으로써 독자들이 노인 인권에 조금이라도 더 관심을 갖게 될 것이란 기대가 있었기에 이 책의 집필에 용기를 낼 수 있었다.

두려움과 기대감이라는 상반된 감정을 마음에 품고 쓴 이 책은 지금까지 노인 인권과 관련된 학계, 정부, 노인복지 실천현장의 노력과 결실을 종합하여 정리해 놓은 것이다. 이 책은 모두 7개 장으로 구성되어 있다. 1장은 인권에 대한 기본 이해를 돕기 위해 쓰였다. 즉, 인권의 개념과 특성, 철학적 가치기반, 발달과정, 국제인권장전의 내용, 인권 영역과 사회복지 실천과의 관계에 대해 논의하였다. 2장은 노인 인권에 대한 이해를 돕기 위해 쓰였다. 즉, 노인 인권에 관한 국제원칙과 계획, 노인 인권의 개념과 영역, 국내외 노인복지시설 생활노인의 인권에 대해 논의하였다. 3장은 노인복지실천에 인권관점을 적용하는 방법에 대해 다루었다. 즉, 인권과 노인복지실천의 관계, 노인복지 정책과 실천에서의 인권관점 강화를 위한 과제, 노인복지시설의 인권관점 실천 원칙에 대해 논의하였다.

4장은 노인 차별과 학대에 대해 다루었다. 즉, 노인 차별과 학대의 현상과 원인 그리고 노인학대 예방과 해결을 위한 인권관점 개입방안에 대해 다루었다. 5장은 치매와 노인 인권에 대해 다루었다. 즉, 치매에 대한 기본 이해, 치매환자의 인권현상과 보호방안, 치매가족의 부양부담과 인권보호 방안 등에 대해 논의하였다. 6장은 노인복지 옴부즈맨 제도에 대한 기본 내용을 다루었다. 즉, 노인권익운동, 옴부즈맨의 개념, 옴부즈맨의 역할과 행동원칙 등에 대해 논의하였다. 7장은 노인복지서비스 분야의 옴부즈맨 활동의 실천방법에 대해 다루었다. 즉, 노인복지서비스 이용 노인이 향유할 수 있는 권리, 서비스 이용자의 권리침해를 예방 또는 구제하는 옴부즈맨의 실제 활동방법에 대해 논의하였다. 그리고 이 책에서 인권에 대한 충분한 논의가 부족한 점을 보완하기 위하여 부록으로 세계인권선언, 경제적 · 사회적 · 문화적 권리에 관한 국제규약과 시민적 · 정치적 권리에 관한 국제규약을 첨부해 두었다.

이 책은 대학생 또는 대학원생의 노인 인권에 대한 심화학습 교재로 활용될 수 있을 것이며, 노인복지현장 실천가의 실무지침서로서 가치를 지닐 것이다. 그리고 정책입안가, 비정부 또는 비영리단체의 종사자와 시민은 노인 인권과 노인복지에 관한 유익한 정보를 얻을 수 있을 것이다.

이 책을 쓰면서 저자가 알고 있는 노인 인권과 노인복지실천에 관한 지식과 실천기술을 포괄적이면서도 깊이 있게 논의하기 위하여 노력을 기울였다. 하지만 아직 다듬어지지 않은 부분이 많이 남아 있음을 솔직히 고백할 수밖에 없다. 부족한 부분은 이 책을 읽는 독자 여러분의 기탄없는 비판과 가르침을 통하여 더욱 다듬어지기를 기대한다.

이 책은 저자 혼자만의 노력으로 쓰인 것은 아니다. 많은 분의 가르침과 관심 그리고 지지가 있었기에 이 책을 쓸 수 있었다. 저자의 오늘이 있기까지 사랑으로 키워 주시고 돌봐 주신 가족, 기역과 니은을 깨우쳐서 전문지식을 익히기까지 학문의 길목에서 가르쳐 주신 선생님, 노인 인권과 노인복지와 관련된 연구와 일을 할 때 뜻과 행동을 함께해 주신 분들, 가까이서 또는 멀리서 저자를 지켜봐 주고 격려해 주신 모든 분께 마음에서 우러나는 감사의 마음을 전한다. 또한 새로운 분야의 책을 준비하는 저자를 격려해 주시고 기다려 주신 학지사 김진환 사장님 그리고 늘 저자가 쓰는 책을 정밀하고 아름답게 다듬어 주신 최임배 전무님과 김경민 차장님께도 감사의 마음을 표한다.

2012년 7월
가을 낙엽의 아픔을 예비하는
한여름의 푸르른 날에
계룡산 자락의 작은 공간에서

차 례

제1장

인권의 이해

1. 인권의 개념과 특성

1) 인권의 용어

인권(人權)이라는 용어는 영어와 불어의 인권과 관련된 용어를 번역한 것이다. 중국과 일본에서 인권보다는 민권(民權)이라는 번역 용어가 먼저 사용되었으나, 1946년 공포한 일본 헌법에 포츠담 선언(Potsdam declaration) 제10항의 'fundamental human rights'가 '기본적 인권'으로 번역되면서 인권이라는 용어가 한자 문화권에서 보편적으로 사용되게 되었다(차명직, 2006). 한문의 '권세 권(權)' 자는 나무 목(木)에 저울추를 의미하는 관(雚)이라는 글자가 더해진 것으로, 저울추의 무게 경중을 결정하는 속성을 차용하여 권력 또는 권세의 의미를 지니게 되었다. 따라서 한문의 인권은 '사람이 갖는 권력'이라는 의미를 지닌다.

독일에서는 인권(Menschenrechte)이라는 용어를 사용하기 이전에는 인간의 권리(Rechte der Menschheit)라는 용어를 주로 사용하였으며, 영어권 국가에서는 인권이라는 용어를 사용하기 이전에는 주로 자연법사상에 근거한 자연권(natural rights)을 주로 사용하였다. 영어권 국가에서 인권이란 용어는 프랑스 혁명과 함께 공포된 '인간과 시민의 권리선언(Declaration des droits de l'homme et du citoyen)'에 사용된 'droits de I' homme' 라는 용어를 Thomas Paine이 『인간의 권리(Rights of Man)』라는 제목의 번역서로 1791년에 출간한 것에서 유래된 것으로 알려져 있다(안치민, 2003; Paine, 1987).

그러나 여기에 사용된 'man'이라는 단어가 마치 여성을 배제하거나 차별한다는 오해를 불러일으킬 수 있다는 반론 때문에 'human rights'로 바뀌게 되었다. 이때 권리(right)라는 용어는 '옳다(rectitude)'는 뜻과 '어떤 것을 요구할 수 있는 자격(entitlement)'이라는 뜻을 동시에 가진다. 그러므로 인권이란 용어는 "옳고 정당한 어떤 것을 요구할 수 있는 자격"이라는 의미를 내포한다(류은숙, 2009).

2) 인권의 개념

인권(human rights)이라는 개념은 봉건사회의 몰락과 근대 자본주의 사회의 형성이라는 역사적 측면과 17~18세기 유럽의 자유주의 정치사상에 입각한 자연법사상에서 비롯되었다. 그러나 인권은 인간이기에 갖는 천부적 권리라는 선험적이고 절대적인 최고선으로만 기술되는 정태적 개념이 아니며, 시대적 상황과 사람들 사이의 의사소통과 상호작용을 통해 구성되고 진화하는 역동적 개념이다(Ife, 2000). 그러므로 인권을 바라보는 관점 또한 매우 다양하며, 서술하는 방식에 따라 인권 개념에 차이가 있다.

인권을 인간이기 때문에 당연히 갖는 천부적 권리로서 인간의 존엄성을 보장받을 권리로 보는 관점이 있는가 하면, 평등할 권리 또는 차별받지 않을 권리로 보고 시대와 국가의 상황에 따라 강조되는 인권의 내용과 실천이 다양해질 수 있다고 보는 관점도 있다(김중섭, 2001; 이봉철, 2001; 이창수 외, 2005; Sweet, 2003). 또 다른 인권에 대한 관점은 자연법적 전통에 따른 천부적 권리로서의 인권 개념이 지니는 모호함을 비판하면서, 인권 관련 헌장, 선언, 국제규약, 헌법 등에 의해 구체적으로 규정된 권리로만 보아야 한다는 관점도 있다(Sweet, 2003). 이와 같이 인권 개념은 학자마다 그리고 시대와 사회 · 문화적 맥락에 따라 달라지기도 하므로, 그 개념을 명확하게 정의한다는 것은 쉬운 일이 아니다.

인권의 사전적 의미는 '사람이 사람답게 살기 위해 필요한 것으로서 당연히 인정된 기본적 권리' 또는 '인간이 자연인으로 누려야 할 당연한 권리'다. 그러나 세계인권선언에서는 인권의 개념을 더욱 적극적으로 해석하여 "인간이 지닌 권리"라는 의미를 넘어 "인간이 존엄한 존재가 되기 위해 가져야 할 당연한 권리"로 보고 있다(국가인권위원회, 2004a). 즉, 세계인권선언에서는 인권을 "인간이 누구이고 무엇을 하든지 간에 하나의 존엄한 존재로서 존중받을 권리"로 규정하고 있다. 유엔 인권센터(UN Center for Human Rights, 2005)에서는 "인간의 타고난 천성에 내재되어 있는 것으로, 이것 없이는 인간으로 살 수 없는 권리"라고 정의하고 있다. 또한 우리나라의 국가인권위원회법에서는 "헌법 및 법률에서 보장하거나 대한민국이 가입 · 비준한 국제인권규약 및 국제관습법에서 인정하는 인간으로서의 존엄과 가치 및 자유와 권리"라고 규정하고 있다(http://www.law.go.kr).

이러한 인권에 대한 개념 정의를 종합하면, 인권은 '인간이기에 갖는 본질적이고 선천적인 권리로서, 인간이 그 자체로서 존엄성을 인정받고, 인간답게 살아가는 데 필요한 모든 권리'라고 정의할 수 있다.

3) 인권의 유사 개념과 특성

인권과 유사한 의미로 사용되는 개념으로는 자연권, 시민권, 기본권이 있다. 먼저 자연권은 태어나면서부터 개인에게 초자연적으로 부여된 권리로서, 천부인권(天賦人權)이라고도 불리며, 자유와 평등을 핵심 개념으로 하는 권리를 말한다. 이에 비해 인권은 인간의 권리가 천부적으로 주어진 것이 아니라 세상에 인간으로 태어나서 다른 사람과 관계를 맺는 과정에서 형성되는 권리로서, 완전한 평등보다는 '정의'를 강조하고 있다. 시민권은 사회공동체를 이루고 사는 인간이 국적과 영토를 기반으로 하는 특정 국가의 구성원으로서 갖는 권리를 말한다. 이에 비해 인권이란 특정 국가에서의 지위가 아닌 인간이기 때문에 갖는 보편적 권리이다. 기본권이란 민주사회의 헌법과 법률에 규정된 법적 권리인 반면 인권은 인간존엄성에 바탕을 두고 인간의 자유와 평등, 정의 등의 기본 가치를 반영하는 도덕적 권리로서 기본권보다 포괄적 권리이며 기본권의 토대를 제공한다. 그러므로 기본권은 인권의 도덕적 가치와 배치되지 않는지 끊임없이 점검받아야 하며, 실정법에 규정되지 않는 권리까지도 인권으로 인정하고 인권을 제도화해 나가는 노력이 병행되어야 한다(류은숙, 2009).

이와 같은 인권은 다음과 같은 몇 가지 중요한 특성을 지닌다(국가인권위원회, 2004. 9.; 이봉철, 2001; 염형국, 2004; Reighert, 2003).

첫째, 모든 인간이 인간답게 살 권리이다. 인권은 모든 사람이 갖는 권리이며, 인간이기에 갖는 천부적, 생래적 권리이고, 인간다운 삶의 영위에 필요한 권리이다. 즉, 인간의 권리(right of man)라기보다는 인간답게 살 권리(human rights)이다.

둘째, 인간이 갖는 보편적 권리이다. 성, 연령, 종교, 사회신분 등에 관계없이 모든 인간이 인간이기 때문에 가질 수 있는 권리이다. 이때 보편성이란 모든 사람이 비슷해져야 한다거나 동일한 존재로 인정되고 동일하게 처우받아야 한다는 의미는 아니며, 개인과 집단 사이에 존재하는 모든 다양성과 차이를 인정하고 자신의 존재에 합당한 권리를 누릴 수 있어야 한다는 것이다.

셋째, 인권은 불가분(indivisibility)의 권리이다. 개인의 인권을 인정하되, 선별적으로 어떤 인권을 부인하거나, 인권 영역의 중요성에 서열을 매겨 특정 영역의 인권을 더 중요하게 또는 소홀하게 취급해서는 안 되며, 모든 권리를 인정하고 보호해야 한다.

넷째, 약자를 위한 권리이다. 사회적 약자는 당연히 누려야 할 권리를 침해 또는 박탈당하는 경우가 많으므로, 이들을 위해 반드시 지켜지고 확보되어야 하는 권리이다.

다섯째, 책임을 동반한 권리이다. 인권은 사회적 관계를 전제로 하므로 개인은 권리의 향유에 따르는 의무를 반드시 수반하고, 타인의 권익을 무시한 채 개인 이익, 즉 사익(私益)만을 주장하여서는 안 되며 모두가 서로의 권리를 존중해 주어야 한다.

여섯째, 인권은 도덕적 권리로서 실정법상의 권리 이상의 것이다. 즉, 인권은 도덕적 특성이 갖는 구속력을 가지므로 법에서 보장하고 있는 기본권에만 한정되지 않으며, 현행법이 보장하고 있지 않더라도 인간의 존엄성을 보장하는 데에 반드시 필요한 제도와 법을 초월한 권리이다. 그러므로 인권의 기준에 부합되는 정치사회제도와 법제도는 정당화되며, 인권기준에 반하는 제도를 개혁할 수 있는 근거와 명분을 제공해 준다.

일곱째, 인권은 다양한 권리를 포괄하며 이들 권리의 최상위 범주에 속한다. 인간이 누리는 권리에는 실정법에 근거를 둔 법적 권리, 정치사회적 제도와 그 내적 규칙에 근거한 제도적 권리, 도덕적 원칙에 근거한 도덕적 권리 등 다양한 권리가 있다. 인권은 이들 권리 중의 하나가 아니며 이들 권리의 상층부에 자리 잡고 이들 권리에 인권의 기본 정신이 반영되거나 실행되도록 하는 권리이다.

4) 인권의 개념에 대한 논쟁

세계인권선언을 비롯한 국제인권장전(국가인권위원회, 2004a)에서 인권에 대해 강력히 주장을 하고 있음에도 인권의 내용, 속성, 정당성에 대한 논쟁은 오늘날까지 지속되고 있다(http://en.wikipedia.org). 특히 인권 개념을 선험적이고 절대적인 최고선으로 단순화해서 기술하고 인권 이해의 관점과 방식의 차이를 인정하지 않을 경우 더욱 다양한 비판에 직면할 수 있다. 따라서 인권 개념과 관련된 논쟁과 딜레마에 대한 이해를 가져야만 더욱 정확한 인권 개념을 가질 수 있는데, 인권 개념이 직면해 있는 논쟁과 딜레마는 다음과 같다(조효제, 2007; Campbell, 2006).

첫째, 인권이 목적인가 수단인가에 대한 논쟁이다. 인권의 보호를 최우선으로 여기는 정치철학이나 인권옹호론자는 인권을 궁극적 목표로서 당연시하는 경향이 있다. 그러나 인권을 목적으로 규정할 경우 권리를 주장하는 것만으로 이상적 인간사회를 건설할 수는 없으며, 인권이라는 목적을 달성하기 위한 수단과 과정까지도 모두 인권적이어야 진정한 인권으로 인정받을 수 있다. 이처럼 인권은 목적과 수단 모두를 함축하고 있는 이중적 개념이기 때문에 논쟁의 소지가 있을 수밖에 없다. 그러므로 인권의 두 개념 사이의 균형을 이루는 것이 중요하다.

둘째, 인권과 이익의 관계에 대한 논쟁이다. 인권에는 분명 이익이 포함되어 있지만 모든 이익이 인권은 아니다. 따라서 인권 개념을 규정함에 있어서 어디까지가 개인적 이익이며, 어디까지가 모든 인간의 본질적 이익, 즉 인권인가를 구분하기가 쉽지 않다는 문제가 발생한다. 다만 개인적 이익을 지나치게 추구할 경우 보편적 인권은 설 자리가 없어지는 것만은 자명하다.

셋째, 인권과 법 사이의 관계에 대한 논쟁이다. 인권은 도덕적 원리이며 법은 그 원리를 제도화하고 성문화한 것이다. 그러나 도덕적 원리인 인권이 인간사회에서 실현되기 위해서는 법이라는 제도가 필요하지만,

법에 의해 인권의 영역과 세부 권리가 제한될 수도 있다. 이처럼 인권과 법은 보완관계인 동시에 긴장관계이므로, 둘 사이의 균형을 어떻게 유지할 것인가는 논쟁거리가 되고 있다.

넷째, 인권과 사회체계 사이의 관계에서 발생하는 논쟁이다. 인권은 어떤 사회나 상황, 문화 속에서도 변하지 않는 진리로 인정받는 일종의 교조적 도덕원칙이지만, 인권 개념이 사회 체계나 상황에 관계없이 동일할 수는 없으며 인권의 작동방식과 결과 또한 사회문화체계의 특성에 따라 다를 수밖에 없다. 그러므로 인권이 사회체계에 관계없이 통용되는 도덕적 가치인지 아니면 사회 상황에 따라 가변적인지에 대한 논쟁이 제기되고 있다.

다섯째, 인권과 계층 사이에서 발생하는 논쟁이다. 인권은 분명 모든 보통 사람이 갖는 권리이지만, 인권 항목이 세분화되고 확장되고 심화되면서 인권에 대한 지식을 가진 법률가 등의 엘리트집단이 인권을 더 많이 향유할 수 있게 되었다. 이처럼 인권 자체는 모든 인간의 권리이지만 인권 지식에 따라 인권을 향유하는 정도에 격차가 발생하면서, 오히려 인권의 본질이 왜곡되는 문제가 발생하고 있다.

여섯째, 인권 개념의 적용과정에서 발생하는 논쟁이다. 인권은 인간이 구성해 낸 이상적 이념이지만, 실제 적용과정에서 그 구성된 개념을 바탕으로 다시 추론하여 세부 인권 항목을 파생시키게 되는데 어느 것이 진정한 인권 개념인지를 구분하지 않은 채 사용하고 있다. 그리고 인권 자체는 이상적 이념이지만 현실에서 구현된 인권은 이상적이지 못한데, 어느 것이 진정한 인권인가에 대해서도 논쟁의 여지가 있다.

이상에서 살펴본 바와 같이 인권 개념은 자명한 이상적 도덕원리로만 받아들일 수 없는 다양한 제한점을 지닌다. 그러므로 인권 개념은 지속적인 정당화 과정이 필요하며, 이를 위해서는 비판적 관점에서의 인권 개념에 대한 지속적인 고찰이 필요하다.

2. 인권의 철학적 가치 기반

인권 개념에는 모든 개인에게 보편적으로 적용되는 생명, 자유, 평등, 정의, 사회 연대와 통합, 평화, 인류와 환경과의 조화 등과 같은 철학적 가치가 내포되어 있다(염형국, 2004; 이봉철, 2001; UN Center for Human Rights, 2005). 이러한 인권의 철학적 가치 기반에 대해 살펴보면 다음과 같다.

1) 생명

생명의 가치는 인권의 최우선 가치이며, 다른 모든 인권 관련 가치의 근원이 된다. 인간의 생명이 긍정되고 지지되지 못하면, 인권은 아무런 의미를 지니지 못한다. 세계인권선언 제3조에서는 "모든 사람은 생명권과 신체의 자유와 안전을 누릴 권리가 있다."라고 하여, 생명에 대한 권리가 다른 어떤 권리보다 우선됨을 규정하고 있다. 그러므로 사회복지사를 비롯한 인권실천가는 무엇보다도 생명의 가치와 질을 우선으로 고려하여, 인간의 생명을 위협하는 건강문제, 환경오염과 파괴, 물 부족 문제, 전쟁이나 폭력 등에 폭넓은 관심을 갖고 이를 개선하기 위한 활동을 전개하여야 한다.

2) 자유

자유는 생명의 가치 다음으로 소중한 인간의 가치로 간주되며, 인간으로서의 존엄성 유지와 일상생활 더 나아가 자아실현에 필수 요소이다. 세계인권선언 제1조와 제2조에서는 "모든 사람은 태어날 때부터 자유로우며 모든 자유를 누릴 자격이 있다."라고 규정하고, 억압에서 해방될 권리,

고문이나 또는 잔혹하거나 비인도적이거나 모욕적인 처우나 처벌에서의 자유, 임의의 체포·구금·추방에서의 자유, 사생활의 자유, 이동과 거주의 자유, 표현의 자유 등의 기본적 자유를 그다음 19개 조항에 상세히 명시하고 있다. 모든 인간은 살아가면서 적극적 자유이든 소극적 자유(Berlin, 1969)이든 모든 자유를 향유할 수 있어야 하지만, 자원이나 다른 요인의 제약에 의해 제한받기도 한다. 그러므로 사회복지사 등의 인권실천가는 자유의 향유를 제한하거나 억압하는 사회 조건을 개선하기 위한 활동에 적극적으로 참여하여야 한다.

3) 평등

모든 인간의 평등에 관한 가치는 세계인권선언 제1조에 "모든 사람은 존엄성과 권리에 있어서 평등하다."라고 명기되어 있다. 이러한 평등의 개념은 수량적 평등(numerical equality), 비례적 평등(proportional equality), 기회의 평등(equal opportunity)으로 구분할 수 있다(송근원, 김태성, 2004). 수량적 평등은 모든 사람을 똑같이 취급하여 욕구나 능력의 차이에 관계없이 사회자원을 분배하는 것으로 가장 적극적인 평등 개념이다. 비례적 평등은 개인의 욕구, 능력, 노력, 기여 정도에 따라 사회자원을 다르게 분배하는 개념으로 공평 또는 형평성(equity)이라고 한다. 그리고 기회의 평등은 결과의 평등은 무시한 채 결과를 얻을 수 있는 과정상의 기회만 똑같이 제공해 준다는 개념이다. 이러한 평등은 사회의 제한된 자원을 재분배하여 사회구성원의 삶의 질을 고르게 향상한다는 가치로서, 자유와 함께 인간의 인간다움을 실현하는 중요한 가치이다. 그러나 평등은 다양한 대인관계와 일상생활에서 불완전하며, 성별, 인종, 종교 등에 따라 다양한 차별이 존재한다. 따라서 사회복지사를 비롯한 인권실천가는 사회의 차별적 요소와 불평등을 줄이고 모두의 평등을 제고하기 위한 활동에 적극적이어야 한다.

4) 정의

정의의 가치는 인권의 침해나 훼손이 있는 경우 이를 복구 · 구제하고, 상황에 따라 달라질 수 있는 부와 사회지위를 자유와 평등의 원칙에 부합되도록 분배하는 것이다. 이러한 정의는 법률에 정한 합법적 절차를 강조하는 절차상의 정의(procedural justice), 결과로서의 분배의 정의를 강조하는 실질적 정의(substantive justice), 그리고 불의한 사회현상을 예방하고 치료하는 사회과정을 강조하는 능동적 과정으로서의 정의(justice as active process)를 모두 포함하는 개념이다(권중돈, 조학래 외, 2011). 세계인권선언을 비롯한 각종 인권문서에 이러한 정의를 보호하기 위한 원칙과 조치사항이 제시되어 있다. 그러나 법, 경제, 복지 등의 사회제도가 이러한 정의의 가치를 구현하는 데 있어 인간 욕구의 충족과 자원의 공평한 공유를 보장하지 못하는 경우가 있다. 그러므로 사회복지사를 비롯한 인권실천가는 정의와 사회정의를 위협하는 다양한 사회적 요소에 도전하여 바로잡아 나가야 하며, 특히 사회적 보호가 필요한 소수자 집단이 더 나은 처우를 받고 적절한 권한과 자원을 배분받을 수 있도록 노력해야 한다.

5) 사회 연대와 통합

연대(solidarity)란 사전적 의미로 "여럿이 함께 무슨 일을 하거나 함께 책임진다."이며, 기계적 연대와 유기적 연대로 구분된다(Zoll, 2008). 기계적 연대는 공통의 이해와 속성에 근거한 개인과 집단의 연대를 말하며, 유기적 연대는 분화된 사회 속에서 질서를 유지하기 위해 상이한 역할을 수행하는 사회성원의 상이성에 근거한 연대를 의미한다. 모든 인간 특히 사회복지사를 비롯한 인권실천가는 다른 사람의 아픔과 고통을 이해하고 감정이입할 뿐만 아니라 고통받는 사람과 그 고통의 원인을 확인하고, 이들을 옹호하고 원조하는 연대의식을 형성하며 이를 이행할 책임이 있다.

그리고 기계적 연대를 통해서든 유기적 연대를 통해서든 사회성원의 상호의존성과 형제애를 복원하여 사회통합을 이루어 가야 한다.

6) 평화

앞서 언급한 인권의 가치가 인권 개념을 지지하는 기초적 가치 요소라고 한다면 평화는 인권을 세상에서 구현하는 방법과 관련된 부가적 가치이다. 평화는 단순히 갈등이 없다는 의미를 넘어서 개인 내부, 타인, 그리고 환경과의 조화를 이루고자 하는 노력을 포괄하는 개념이다. 인간관계나 사회생활에서 갈등은 피할 수 없는 현상이며, 이를 파괴적이고 폭력적인 방법으로 해결할 경우 이에 관여된 인간은 고통을 피할 길이 없다. 물론 인권을 제약 또는 침해하는 갈등을 해결하기 위해 파괴적이고 폭력적인 방법을 사용하여 급진적 변화를 도모하는 경우도 있지만, 이 경우 갈등은 깊어지고 관여된 사람 간에 증오심이 형성되어 복수를 위해 또 다른 폭력적 방법을 사용하게 되는 악순환이 반복된다. 그러므로 인권의 제약이나 침해를 야기하는 갈등을 해결하기 위해서는 평화적이고 비폭력적인 방법을 사용하여 점진적 변화를 도모하여야 한다. 그러므로 사회복지사를 비롯한 인권실천가는 대인관계상의 갈등과 집단 간 갈등을 해결하기 위하여 직면과 저항을 피할 수는 없지만, 옹호, 조정이나 중재 등의 평화적이고 비폭력적 방법을 사용하여 점진적 변화를 도모해 나가야 한다.

7) 인류 및 환경과의 조화

지구촌시대의 인권 개념은 특정 국가나 시민사회 그리고 인간관계 측면에 국한되지 않고, 전체 인류와 자연환경과의 관계로까지 범위가 확대되어야 한다. 21세기의 지구촌은 불합리한 세계 경제 구조, 자원과 부의 불평등, 심화되는 국가 간의 양극화 등과 같은 전 지구적 문제가 심각해지고 있다. 또한 물 부족, 지구온난화, 환경 오염과 파괴 등의 환경문제는 인간의 생존 자체를 위협하고 있다. 이러한 지구촌 문제와 환경문제를 예방, 감소 또는 해결하지 않는다면 인권은 심각하게 위협받고 최악의 경우 그 의미를 상실하는 상황에 이를 수도 있다. 그러므로 사회복지사를 비롯한 인권실천가는 전 세계와 자연환경과의 조화를 달성하기 위한 노력을 적극적으로 기울여 나가야 하며, 그래야만 진정한 의미의 인권을 현실세계에서 구현할 수 있다.

3. 인권의 발달

인권의 사상적 뿌리는 중세 이전에도 분명히 존재했다. 그러나 현재 사용되고 있는 인권 개념은 봉건사회인 중세의 계급 질서를 타파하고 근대국가를 건립하는 과정에서 모든 인간이 평등하다는 사실을 깨닫기 시작한 17~18세기에 생겨났다(차병직, 2006). 하지만 사회가 변화하면서 인권의 개념 역시 점진적인 변화의 과정을 거치게 된다. 인권의 개념은 억압에 저항하는 소극적 단계, 즉 시민적 · 정치적 권리에 대한 관심에서 출발하여 인간의 욕구 충족과 자원의 생산에 관한 배분의 권리를 긍정하는 적극적 단계, 즉 경제적 · 사회적 · 문화적 권리에 대한 요구로 발전해 왔다. 그리고 현대사회에서는 전체 인류를 위한 합법적이며 보편적 욕구, 즉 평화와 발전에 대한 권리와 파괴로부터 보호된 깨끗한 환경에 대한 권리 등의 집합적 권리로 변화하고 있다.

이러한 인권의 발달과정은 3세대 인권론으로 정리된다(김미옥 외, 2006; 이창수 외, 2005; Ife, 2000; Wronka, 1992). 제1세대 인권은 시민적 · 정치적 권리, 제2세대 인권은 경제적 · 사회적 · 문화적 권리, 제3세대 인권은 연대권이다. 이러한 인권의 3세대에 걸친 발전과정을 살펴보면 다음과 같다.

1) 1세대 인권: 시민권과 정치권

1세대 인권의 발달은 18세기 자유주의적 정치철학의 발달과 계몽주의에 그 기원을 두고 있다. 1세대 인권은 투표권, 언론의 자유, 집회의 자유, 공정한 재판과 법 앞의 평등, 공민권, 사생활의 보장, 자기표현의 권리, 종교의 자유, 공무담임의 권리, 시민생활과 사회활동에의 자유로운 참여 등을 포함하고 있다. 이와 아울러 존엄하게 대우받을 권리, 공공안전의 권리, 차별받지 않을 권리, 합법적 사업을 보호받을 권리, 협박 · 희롱 · 고문 · 강요 등을 받지 않을 권리가 포함된다. 이러한 권리는 개인의 가치에 대한 자유주의적 견해에 기초하고 있는 것으로 국가가 개인에게 간섭하지 말 것을 요구하고 있으며, 반드시 보호되어야 할 권리로 규정하고 있다(Ife, 2000). 세계인권선언에서 1세대 인권에 포함되는 조항을 살펴보면, 차별로부터의 자유(2조), 인간의 생명과 자유 그리고 안전에 대한 권리(3조), 노예나 기타 자발적이 아닌 예속상태로부터의 자유(4조), 고문, 비인간적인 처우 또는 처벌로부터의 자유(5조), 자의적인 체포 · 구금 또는 추방으로부터의 자유(9조), 공정하고 공개적인 재판을 받을 권리(10조), 사생활 및 통신에 간섭받지 않을 자유(12조), 재산을 소유하고 자의적으로 박탈당하지 않을 자유(17조), 사상 · 양심 · 종교의 자유(18조), 의견 · 표현의 자유(19조), 평화적인 집회와 결사의 자유(20조), 자유로운 선거를 통해 정부에 참여할 권리(21조) 등이 있다. 그리고 이를 더 구체화한 시민적 및 정치적 권리에 관한 국제규약이 체결되어 있다.

1세대 인권은 유엔 세계인권선언의 공정한 대우, 선거권과 같은 시민적, 정치적 권리(civil and political right)에 강조를 두고 있으며, 자유권으로 불린다. 이 권리는 소극적 권리(negative rights)로서 개인의 자유를 박탈하는 어떠한 것으로부터도 해방을 보장하도록 고안된 권리이다(UN Center for Human Rights, 2005). 즉, 1세대 인권은 인권 침해의 예방과 권리의 보호 또는 방어에 중점을 두는 경향이 있다. 따라서 1세대 인권은 흔히 자연권(natural rights), 즉 자연적 질서의 일부로서 우리 속에 내재하거나 소유하고 있는 권리를 말하며, Galtung(1994)의 컬러 코드(color code)에 따라 분류하면 청색 인권(The Blue)에 해당된다. 즉, 1세대 인권은 사회공동체 안에서 인정되는 개인적 권리의 침해를 예방하고 보호 또는 방어하는 데 중점을 두는 경향이 있다. 이처럼 1세대 인권 개념은 경제적, 사회적 및 문화적 권리를 중시하지 않으며, 개인주의 이념에 지나치게 가치를 두는 서구의 시각이며, 이는 나머지 전 세계 국가의 근본적 욕구를 반영하지 못한다는 비판에 직면해 있기도 하다(김미옥 외, 2006).

2) 2세대 인권: 경제적 · 사회적 · 문화적 권리

2세대 인권은 18세기 자유주의가 아니라 19세기와 20세기의 사회민주주의 또는 사회주의 그리고 여타의 집단주의 운동에 그 지적인 기반을 두고 있다. 근대 시민혁명을 통해 획득한 자유가 진정한 자유가 되는 것은 인간다운 생활을 추구할 수 있을 때에만 가능하다. 그러나 1세대 인권은 인간에게 자유를 가져다주었을 뿐 사회경제적 불평등을 적극적으로 바꾸려 하지는 않았으며, 그 결과로 여성에 대한 차별과 아동의 저임금 · 장시간 노동과 같은 열악한 인권 상황이 지속되었다. 즉, 자유는 확보하였지만, 이를 향유할 수 있는 사회경제적 토대가 보장되지 못함으로써, 사회 · 경제적 약자의 권리 보장과 노동조건의 개선 등을 비롯한 실질적인 평등을 담보할 수 있는 인권 개념과 실천 노력이 필요하게 된 것이다(http://www.sarangbang.or.kr).

이러한 1세대 인권이 지닌 한계로 인해 인권 개념의 전환이 이루어지기 시작했고, 아동권리협약, 여성에 대한 모든 형태의 차별금지 협약 등이 체결되었으며, 시민권과 정치권과 아울러 경제 · 사회 · 문화적 권리도 동일한 중요성을 인정받게 되었다. 결국 2세대 인권은 국가가 훨씬 능동적이고 적극적인 역할을 수행할 것을 요구하고 있기 때문에, 적극적 권리(positive rights)로 불린다. 국가는 1세대 인권처럼 단지 권리를 보호하기보다는 다양한 사회적 급여를 통하여 사회정의를 실천하고, 결핍으로부터의 해방을 도모하며, 사회 · 경제 · 문화생활에의 참여를 실질적으로 보장하기 위해 노력하여야 한다(Ife, 2000; UN Center for Human Rights, 2005). 이런 점에서 2세대 인권은 사회권으로 불리며, Galtung(1994)의 컬러 코드에 따라 분류하면 적색 인권(The Red)에 해당한다.

2세대 인권에 포함되는 세계인권선언의 조항을 살펴보면, 사회보장에 대한 권리(22조), 일할 수 있는 권리, 실업으로부터 보호받는 권리 등(23조), 유급휴가 등 휴식과 여가를 가질 권리(24조), 건강 및 행복에 필요한 생활수준을 누릴 수 있는 권리(25조), 교육을 받을 권리(26조), 문화생활에 참여하고 과학의 혜택을 누릴 권리(27조) 등이다. 그리고 이를 더 구체화한 경제적 · 사회적 · 문화적 권리에 관한 국제규약이 체결되어 있다.

3) 3세대 인권: 집단적 권리 또는 연대의 권리

3세대 인권은 20세기 들어서야 인권으로 인식된 것으로, 1세대와 2세대 인권이 개인적 수준의 권리라고 한다면 3세대 인권은 집단적 수준의 권리라고 할 수 있다(Ife, 2000). 인권의 성립과 발전과정에서 서구 사회가 그들 관점에서 인권을 개념화하였고, 인권을 보장하는 과정에서 서구 사회는 제3세계의 식민지화를 통한 희생을 대가로 그들의 인권을 신장해 왔다고 해도 과언이 아니다(Reighert, 2003). 그 결과 제3세계의 대다수 국민은 억압과 착취를 경험했고, 오늘날까지도 심각한 빈곤과 정치적 혼란을 겪고 있다. 따라서 오늘날 제3세계 국민은 인간다운 생존을 보장받기 위하여 권력과 자원, 부, 그리고 기타 중요한 가치의 세계적인 재분배를 요구하게 되었고, 서구적 관점에서 벗어나 '아시아적 가치'에 기반을 둔 인권을 옹호하는 관점이 등장하게 되었다(Ife, 2000). 그리고 지구촌 시대에 진입한 현 시점에서 인류가 직면한 많은 인권 문제에 개별 국가의 힘만으로는 대처할 수 없다는 인식 또한 3세대 인권 개념의 발달을 촉진하게 되었다.

이런 점에서 집단권 또는 연대권으로 불리는 3세대 인권은 아직 형성단계에 있는 개념으로 그 개념을 명확하게 제시할 수는 없다. 그러나 세계인권선언과 국제인권규약에 포함된 내용으로는 자결권(자신의 정치적 지위를 자유로이 결정하고 경제 · 사회 · 문화의 발전을 자유롭게 추구할 수 있는 권리), 천연 재화와 자원을 자신들을 위해 자유롭게 처분할 수 있는 권리, 우주 자원 · 과학 · 기술 · 기타 정보의 발전 결과와 문화적 전통 · 유적 · 기념물 등 인류 공동의 유산에 공동으로 참여하고 혜택을 받을 수 있는 권리 등이 포함된다(김미옥 외, 2006).

이와 같은 3세대 인권은 집단 수준에서 정의될 때만 의미를 갖는 권리로서, 개인에게 적용되기보다는 지역사회, 전체 국민, 국가, 지구촌에 더 잘 적용될 수 있는 권리 개념이다. 즉, 3세대 인권은 세계무역과 경제성장으로부터 혜택을 받을 권리, 인도적 구호를 받을 권리, 조화로운 사회에서 살 권리, 오염되지 않은 공기와 깨끗한 물을 마실 권리와 같은 환경권까지를 포함하는 것으로 전 세계 국가 간에 적용되는 인권이다. 이러한 권리를 Galtung(1994)의 컬러 코드에 따라 분류하면, 녹색 인권(The Green)에 해당한다.

하지만 3세대 인권보장을 위한 인권 조약과 협정이 성문화된 것은 아직 초기단계에 머물러 있고, 그 권리를 보호하고 실현하기 위해 마련된 국제법적 장치 또한 초보적 형태에 머물고 있다(Ife, 2000; UN Center for Human Rights, 2005). 앞으로 3세대 인권은 인권 연구나 투쟁의 중요한 영역으로 부상하고 이에 대한 의미 있는 논쟁이 지속될 것이며, 집단적 차원 또는 전 세계적 차원에서 이를 보장하기 위한 다양한 장치와 기제가 마련되어 갈 것이다.

4. 국제인권장전의 내용

인권은 국가가 국민, 그중에서도 귀족과 맺은 계약에서 출발하는데, 문서로 국민의 권리를 보장하는 제도는 1215년 영국의 존(John) 왕이 일부 귀족층의 봉건적 자유를 허락하는 내용으로 발표한 영국 대헌장(Magna Carta)이다. 이후 영국의 권리청원(1628년), 인신보호법(1679년), 권리장전(1689년)과 미국의 버지니아 권리장전(1776년), 미국독립선언(1776년)과 프랑스의 인간과 시민의 권리선언(1789년), 독일의 프랑크푸르트 헌법(1849년), 바이마르헌법(1919년) 등을 통하여 인권의 영역과 세부 항목이 더욱 구체화되었다(김용자, 1998).

근대국가에서는 헌법 속에 국민의 인권보장을 명문화하였으나, 전체주의 국가의 출현으로 군소국가의 자주권과 인권침해가 심각한 문제로 대두되면서 국내법뿐 아니라 국제적으로 기본적 인권을 보장하기 위한 장치 마련이 필요하게 되었다. 특히 2차대전 이후 국제적 인권보장 체계를 구축할 필요성이 더욱 높아지면서, 1945년 유엔 헌장을 공표하여 유엔 회원국 국민의 인권 및 기본적 자유를 존중하기 위한 국제적 협력체계의 구축을 천명하게 되었다. 이후 유엔 인권위원회는 국제노동기구(ILO), 교육·과학·문화기구(UNESCO), 여성지위위원회 등의 다른 유엔 기구와 협력하여 인권에 대한 기준을 설정하고 각종 국제인권문서를 마련하게 되었다. 그중 가장 대표적인 문서는 세계인권선언, 경제적·사회적·문화적 권리에 관한 국제규약(A규약), 시민적·정치적 권리에 관한 국제규약(B규약)과 제1·2 선택의정서이며, 이를 통틀어 국제인권장전이라 부른다(국가인권위원회, 2004a). 이에 다음에서는 국제인권장전의 주요 내용을 간단히 살펴보고자 한다.

1) 세계인권선언

세계인권선언은 1948년 12월 10일 유엔 총회에서 만장일치로 채택되었으며, 이는 유엔이 인간존엄성과 인권, 기본적 자유에 대한 정의를 천명한 최초의 역사적 문서이다. 세계인권선언에는 기존의 인권 관련 문서와 선언 그리고 여러 국가의 헌법과 법률에서 명기하고 있는 인권 항목이 총망라되어 있다. 세계인권선언은 서문과 30개 조문으로 구성되어 있으며, 모든 인간이 어떠한 차별도 받지 않고 영위할 수 있는 인권과 기본적 자유에 관한 항목을 담고 있다(국가인권위원회, 2004a)([부록 1] 참조).

제1조에는 세계인권선언의 근본철학을 담고 있다. 즉, 자유와 평등의 권리는 천부적 권리이며, 양도할 수 없는 권리이며 모든 인간은 이를 향유할 자격이 있다는 대전제를 천명하고 있다. 제2조는 인권과 기본적 자유의 항유에 있어서의 평등과 차별금지에 관한 기본 원칙을 규정하고 있다. 제3조는 모든 다른 권리의 향유에 없어서는 안 되는 최우선적 권리인 생명과 자유와 안전의 권리를 천명하고 있다.

제4조부터 제21조까지는 자유권, 즉 시민적 · 정치적 권리에 관한 조항이다. 여기에는 노예나 기타 자발적이 아닌 예속상태에 있지 않을 권리, 고문 또는 비인간적인 처우 · 처벌을 받지 않을 권리, 자의적인 체포 · 구금 또는 추방을 받지 않을 권리, 법 앞에서 인간으로서 인정받을 권리, 법 앞의 평등과 효과적인 법의 구제를 받을 권리, 독립적이고 공정한 법정에 의해 공정한 재판과 공개심리를 받을 권리, 유죄로 입증되기 전까지는 무죄로 추정받을 권리, 사생활 · 가족 · 주거 · 통신의 자의적 침해를 받지 않을 권리, 자유로운 이동과 주거의 권리, 망명의 권리, 국적을 가질 권리, 혼인하여 가정을 꾸릴 권리, 재산을 가질 권리, 자유로운 사상과 양심과 종교의 권리, 자유로운 의견과 표현의 권리, 평화적인 집회와 결사의 권리, 자국의 통치에 참여할 권리, 평등하게 공무를 맡을 권리 등이 포함되어 있다.

제22조부터 제27조까지는 모든 사람이 사회의 일원으로서 갖게 되는 경제적 · 사회적 · 문화적 권리, 즉 사회권에 관한 조항이다. 즉, 사회보장제도의 수급을 받을 권리, 근로의 권리, 동등한 노동에 대해 동등한 보수를 받을 권리, 휴식과 여가의 권리, 건강과 복지를 유지할 수 있는 생활을 영위할 권리, 교육을 받을 권리, 공동체의 문화생활에 참여할 권리 등이 포함되어 있다.

제28조부터 제30조까지는 결론 부분에 해당하는 조문이다. 이 조항은 모든 사람이 세계인권선언에 명시된 인권과 기본적 자유가 온전히 실현될 수 있는 사회적 및 국제적 질서에 관한 권리를 가진다고 선언하고, 개인이 속한 공동체에 대해 져야 할 책임과 의무를 강조하고 있다.

2) 국제인권규약

국제인권규약은 인권선언이나 헌장보다 강제성이 강한 인권에 관한 국제문서로서, 국가의 인권 증진에 관한 의무를 규정하고 있다. 대표적인 국제인권규약으로는 1966년에 유엔에서 채택하여 1976년에 발표한 경제적 · 사회적 · 문화적 권리에 관한 국제규약(A규약)(부록 2 참조)과 시민적 · 정치적 권리에 관한 국제규약(B규약)(부록 3 참조)이 있는데 이에 대해 살펴보면 다음과 같다(국가인권위원회, 2004a).

인권에 관한 두 국제규약의 서문, 제1조, 제3조, 제5조는 거의 동일하다. 서문에서는 국가가 모든 구성원의 인간존엄성과 평등하고 양도할 수 없는 권리를 인정하고 세계인권선언에 명시된 인간의 자유권과 사회권을 향유할 수 있는 여건을 조성하고 촉진할 의무를 지니고 있음을 규정하고 있다. 제1조는 국가의 자결권은 만국 공통의 권리이며, 이를 존중하고 실현하기 위해 노력할 것을 권고하고 있다. 제3조는 남성과 여성이 평등한 인권을 누릴 수 있는 권리가 있으며 이의 실현을 위한 노력을 권고하고 있다. 제5조는 인권과 기본적 자유 중 일부를 제한 또는 침해해서는 안 된다고 규정하고 있다.

경제적 · 사회적 · 문화적 권리에 관한 국제규약은 A규약으로도 불리며, 서문과 31개 조로 구성되어 있고, 사회적 · 경제적 · 문화적 권리, 즉 사회권에 관한 조항을 담고 있다. 이 국제규약에 제시된 사회권 항목은 제6조에서 제15조까지에 나타나 있다. 즉, 정당하고 쾌적한 근로조건을 향유할 권리, 노조를 결성하고 가입할 권리, 사회보험을 비롯한 사회보장제도의 수급을 받을 권리, 가족 특히 어머니, 아동과 유아를 위한 최대한의 보호와 지원을 받을 권리, 적절한 생활수준을 성취할 권리, 성취 가능한 최상의 신체적 및 정신적 건강을 향유할 권리, 교육을 받을 권리, 그리고 문화생활을 영위할 권리가 규정되어 있다.

시민적 · 정치적 권리에 관한 국제규약은 B규약으로도 불리며, 서문과 53개 조로 구성되어 있고, 시민권과 정치권, 즉 자유권에 관한 조항을 담고 있다. 이 조약에 포함된 인권 항목으로는 생명권, 고문 및 비인도적 대우나 처우를 받지 않을 권리, 노예 또는 강제노동을 받지 않을 권리, 자의적 체포나 구금을 당하지 않을 권리, 인간적 처우를 받을 권리, 거주 이전의 자유와 주거를 선택할 자유, 평화적 집회의 권리, 결사의 자유, 혼인과 가정을 꾸릴 권리와 의무, 아동의 권리보호를 위한 조치 강구, 공무에 참여하고 선거에 의해 선출될 권리, 보편적인 평등권에 입각하여 공직을 받을 권리, 사상과 양심 및 종교의 자유, 의사표현의 자유, 외국으로의 추방에 대한 제한, 법원에서의 평등한 대우와 소송절차상의 정당한 권리, 형법의 소급적용 금지, 차별 · 적개심 · 폭력사태를 선동하는 행위의 금지, 사생활 · 가족 · 통신 등의 자유, 명예와 평판에 대한 불법적 훼손의 금지, 민족 · 종교 · 언어적 소수집단의 권리보호 등이 포함되어 있다.

5. 인권의 영역과 항목

인권 개념의 포괄성과 복잡성으로 인하여 인권의 영역과 세부 항목을 면밀히 검토하여야만 인권에 대해 쉽게 이해할 수 있다. 이에 앞서 살펴본 세계인권선언, 시민적 · 정치적 권리에 관한 국제규약, 경제적 · 사회적 · 문화적 권리에 관한 국제규약을 근거로 하여 보면, 인권의 영역은 인간의 존엄권, 경제적 · 사회적 · 문화적 권리 및 시민적 · 정치적 권리라는 영역과 이들 영역의 인권이 침해당할 경우 이를 회복 · 구제받을 수 있는 권리인 법 절차적 권리로 구성되어 있음을 알 수 있다. 이러한 인권의 영역과 세부 항목을 살펴보면 〈표 1-1〉과 같다.

표 1-1 국제인권장전에 나타난 인권의 영역과 항목

영역	하위 영역	세부 항목
인간의 존엄에 관한 권리	인간의 존엄권	천부적 자유와 존엄, 생명권, 신체의 자유와 안전, 강제노동/노예금지, 고문금지, 법 앞에 평등, 차별금지
시민적 · 정치적 권리	시민적 권리	사생활의 자유(명예/명성/정보통신/통신/혼인선택 포함), 거주이전의 자유, 국적취득권, 아동의 권리, 재산소유권, 사상 · 양심 · 종교의 자유
	정치적 권리	의사표현의 자유(알권리, 정보접근권 포함), 언론 · 출판의 자유, 집회 · 결사의 자유, 참정권(발언권, 참정권, 공무참여권, 청원권 포함)
경제적 · 사회적 · 문화적 권리	경제적 권리	사회보장권, 노동에 대한 권리, 적정보수의 권리, 유리한 노동조건 향유권, 노동조합의 권리
	사회적 권리	가족형성권, 적정생활수준향유권(식량권, 물에 대한 권리, 주거권, 건강권 포함)
	문화적 권리	교육에 대한 권리, 문화생활참여(과학기술향유권, 저자권, 자기문화향유권 포함), 인권질서 추구권
법절차적 권리	법절차적 권리	법적 인격체의 인정, 법적 구제권, 인신보호, 공정/신속재판을 받을 권리, 적법절차, 무죄추정, 죄형법정주의, 수형자의 권리

자료: 이창수 외(2005). 인권관련 정부통계 현황에 대한 실태조사. 국가인권위원회.

우리나라 헌법 제10조부터 제37조에서는 자유권과 사회권을 망라한 기본권 조항을 규정하고 있다. 헌법 제10조는 "모든 국민은 인간으로서의 존엄과 가치를 가지며, 행복을 추구할 권리를 가진다. 국가는 개인이 가지는 불가침의 기본적 인권을 확인하고 이를 보장할 의무를 진다."로 인간의 존엄과 행복추구권 등을 규정하고 있다. 인권이란 인간이 생활하는 모든 영역의 기본원칙이기 때문에 헌법에 있는 한정된 기본권 조항으로 모든 인권의 내용을 포함한다는 것은 사실상 불가능하다. 이에 대하여 헌법 제37조 제1항은 "국민의 자유와 권리는 헌법에 열거되지 아니한 이유로 경시되지 아니한다."라고 규정하여, 개인의 인권이 헌법에 기본권으로 명시되지 않았다고 하더라도 보호를 받아야 한다는 점을 인정하고 있다.

국가인권위원회법 제2조의 1에서 "인권이라 함은 헌법 및 법률에서 보장하거나 대한민국이 가입·비준한 국제인권조약 및 국제관습법에서 인정하는 인간으로서의 존엄과 가치 및 자유와 권리를 말한다."라고 정의하고 있다. 이러한 정의는 인권을 결국 국내법에 의한 법적 권리로서의 성질뿐 아니라 자연권적인 인간으로서의 권리를 폭넓게 수용하는 것이라 할 수 있다.

우리나라의 헌법, 국가인권위원회법, 그리고 기타 법률에서 개인이 보장받을 수 있는 권리로 명기하고 있는 기본권은 〈표 1-2〉에서와 같이 ① 일반적 기본권(행복추구권, 평등권), ② 자유권적 기본권, ③ 사회권적 기본권, ④ 청구권적 기본권으로 그 영역을 분류할 수 있다(최용기, 1999).

이와 같이 우리나라의 헌법과 제반 법률에서 인권에 대한 사항을 규정하고 있지만, 법률에 규정된 인권이 진정한 의미의 인권은 아니며, 기본권에 해당한다. 인권은 인권사상을 바탕으로 하여 인간이 인간이기 때문에 당연히 누리는 인간의 생래적, 천부적 권리를 의미하는 반면, 기본권은 헌법이 보장하는 국민의 기본적 권리를 의미한다. 그러므로 기본권은 인류가 인권의 개념으로 만들어 온 권리를 제도적으로 인정한 것이므로, 법률에 명시된 기본권은 결국 인권의 구체적 구현 형태에 불과하다.

표 1-2 법률에 나타난 인권 영역과 항목

영역	하위 영역	세부 항목
일반적 기본권	행복추구권	행동자유권과 인격의 자유발현권
	평등권	성, 종교, 사회적 신분에 의한 차별금지
자유권적 기본권	신체의 자유권	불법 체포 및 구속으로부터의 자유, 불법강제 노역으로부터의 자유
	사생활에 관한 자유권	사생활의 비밀과 자유, 주거의 불가침, 거주 및 이전의 자유, 통신의 불가침
	정신적인 활동에 관한 자유권	양심의 자유, 종교의 자유, 학문과 예술의 자유, 표현의 자유(개인적/집단적 표현의 자유)
	경제생활에 관한 자유권	재산권의 보장, 직업선택의 자유
	정치활동에 관한 자유권	정치활동의 자유, 참정권
사회권적 기본권	인간다운 생활을 할 권리	사회보장(사회보험, 공적 부조를 받을 권리), 사회복지의 혜택을 받을 권리
	교육을 받을 권리 (교육문화권)	균등하게 능력에 따라 교육받을 권리
	근로의 권리	국가의 고용 증진의 의무
	근로자의 3권	근로자의 단결권, 단체 교섭권, 단체행동권
	환경권	쾌적한 환경에서 생활할 권리, 쾌적한 주거생활을 할 권리
	보건에 관한 보호를 받을 권리	모든 국민의 보건상의 보호, 모성의 보건상의 보호, 혼인과 가족생활의 보장
청구권적 기본권	청원권, 재판의 청구권, 형사보상 청구권, 국가배상 청구권, 범죄피해자의 구조 청구권	

자료: 최용기(1999). 법과 인권. 서울: 대명출판사.

6. 인권과 사회복지실천

1) 인권과 사회복지실천의 관계

인권은 인간이 살아가면서 누려야 할 당연한 권리로서, 인권에 대한 관심이 높아지고 이를 현실에서 구현해 내기 위해 노력을 기울이는 것은 사회성원 모두가 존엄한 존재로 대우받고 인간다운 삶을 누릴 수 있도록 하기 위함이다. 사회복지실천은 인간 존엄성 존중이라는 가치를 기반으로 하여, 빈곤, 차별, 고독과 소외, 질병, 실업, 교육 기회의 제한, 학대와 폭력 등의 다양한 사회문제에 개입하여 사회성원의 삶의 질 향상과 인간다운 삶을 영위할 수 있도록 돕는 데 그 목적을 두고 있다. 이와 같이 인권과 사회복지실천이 기반을 두고 있는 가치와 추구 목표는 그 맥락을 같이한다.

국제사회사업가협회(IFSW, 2002)는 인권이 사회복지의 심장부임을 강조하며, 이를 실현하기 위해 사회복지전문가와 사회복지대학에서 활용될 수 있는 인권훈련 매뉴얼을 제작하였다. 이 매뉴얼에서는 인도주의와 민주적 이상을 기반으로 태동한 사회복지실천은 그 시작에서부터 인간의 욕구충족과 잠재력 및 자원의 개발에 초점을 두어야 하며, 모든 시민의 삶의 질 향상을 위하여 집단과 지역사회의 서비스에 적극적으로 개입하고, 정치, 사회, 경제, 문화 및 정신적 문제를 문화적 민감성을 갖고 해결해 나갈 것을 권고하고 있다. 따라서 사회복지실천의 가치, 윤리, 이론 및 서비스 과정 전체에 걸쳐서 인권을 고려해야 하며, 인간의 욕구에 반응하는 인권은 반드시 옹호되고 촉진되어야 한다. 이와 같이 인권에 민감한 사회복지실천이 이루어질 때 사회복지실천은 정당성을 확보할 수 있을 것이다(UN Center for Human Rights, 2005). 그리고 사회복지실천의 기본 원칙이사 원소관계의 핵심 원칙이라 할 수 있는 클라이언트의 자기결정,

수용, 비심판적 태도, 비밀보장 등에는 인권의 원칙이 내재되어 있으므로, 인권과 사회복지실천이 서로 별개의 것이라고 보아서는 안 된다.

이에 국제사회사업가협회의 「인권에 관한 국제정책(International Policy on Human Rights)」에서는 사회복지실천에 있어 인권 실현의 서비스 제공을 위해 고수해야 할 기본 원칙을 〈글상자 1-1〉과 같이 제시하고 있다(김미옥 외, 2006; IFSW, 2002).

글상자 1-1 사회복지실천에서 준수해야 할 인권 원칙

- 모든 사람은 고유의 가치를 가지고 있으며, 그것은 그 사람을 위한 도덕적 배려로 정당화된다.
- 모든 개개인은 자기실현(self-fulfillment)의 권리를 가지며, 이는 다른 사람의 동등한 권리를 침해하지 않는 범위에서 최대화되어야 한다. 또한 모든 개개인은 사회의 안녕에 기여할 의무를 가진다.
- 어떠한 형태의 사회이던지 모든 사회는 그 구성원에게 최대의 이익을 제공하기 위한 기능을 해야 한다.
- 사회복지사는 사회정의의 원칙에 대한 소신을 가져야 한다.
- 사회복지사는 개인과 집단, 지역사회와 사회에 대해 그들이 발전할 수 있고 개인-사회적 갈등을 해결하기 위한 객관적이고 훈련된 지식과 기술에 헌신할 책임을 지닌다.
- 사회복지사는 성, 연령, 장애, 인종, 사회계층, 종교, 언어, 정치적 신념, 성적 취향에 기초한 어떠한 차별 없이 가장 최선의 가능한 지원을 제공하여야 한다.

이와 같이 사회복지전문직은 인권전문직이어야 하며, 사회복지전문직 종사자는 모든 사람의 인권을 증진하고 보호하며, 기본적 사회욕구를 충족하는 일에 적극적으로 관여해야 한다. 그러기 위해서 사회복지전문직 종사자는 인권에 관하여 더 많이 알고, 더 깊이 이해해야만 하며, 인권 민감성을 갖추고 인권관점(right-based perspective)에 근거하여 클라이언트의 욕구와 문제, 자원과 강점을 사정하고 서비스 계획을 수립하여 개별화된 맞춤형 서비스를 제공해 나갈 때 사회복지실천의 질적 수준이 높아질 수 있다. 이처럼 인권보장은 사회복지실천 과정을 통해 더욱 잘 이루어질 수 있고, 사회복지실천은 인권에 민감할수록 더욱 높은 수준의 실천이 가능해지므로, 인권과 사회복지실천은 상호보완적 관계에 있다고 하겠다.

2) 인권관점에 근거한 사회복지실천

인권이 3세대에 걸쳐 발전하면서 사회복지실천 영역에서의 강조점도 많은 변화를 가져왔다(Ife, 2000). 특히 1세대의 인권이 주로 법률가가 관심을 갖고 쟁취하기 위한 노력의 장이었다면, 2세대 더 나아가 3세대 인권은 사회복지전문가의 역할이 매우 중요한 인권 영역이다.

시민권과 정치권을 중심으로 한 1세대 인권, 즉 자유권이 발전하는 동안 사회복지 영역에서는 사회적 보호가 필요한 계층과 소수자의 권리에 대한 옹호활동, 교도소나 정신장애인 수용시설에서의 인권 보장, 난민 보호소와 난민노동의 인권문제에 개입하였다. 경제권과 사회권 그리고 문화권을 중심으로 한 2세대 인권의 발달과정에서는 교육권, 주거권, 건강권, 노동권, 사회보장권 등을 보장하는 사회복지제도가 확충되었으며, 사회복지실천 영역에서는 공공과 민간에 의한 직접서비스 제공과정을 인권보장을 목적으로 한 과정으로 간주하였다. 집단적 권리와 연대를 통한 권리를 강조하는 3세대 인권의 발달과정에서는 사회복지실천에서 지역사회 개발의 측면이 강조되고 있다(Ife, 2000). 더 나아가 인권은 사회복지실천에서 개인 수준의 개입, 옹호활동, 조직 수준의 실천, 정책 개발, 조사연구와 지역사회 개발 등으로 나뉘어져 있는 사회복지실천의 준거틀을 통합해 나갈 수 있는 개념틀을 제공하고 있다.

표 1-3 인권의 발전과 사회복지실천

구분	1세대 인권	2세대 인권	3세대 인권
명칭	시민권과 정치권 (자유권)	경제적 · 사회적 · 문화적 권리(사회권)	집합적 권리 (연대권)
기원	자유주의	사회주의, 사회민주주의	경제학, 사회개발, 녹색이념
인권 내용	투표, 집회, 언론의 자유, 공정한 재판에 대한 권리, 고문과 학대를 받지 않을 권리, 법적 보호에 대한 권리, 차별을 받지 않을 권리	교육, 주거, 의료, 고용, 적정 소득, 사회보장 등에 대한 권리	경제개발과 성장에 대한 관리, 경제성장의 혜택, 사회적 조화, 건강한 환경, 깨끗한 공기 등에 대한 권리
행위자	법률상담소, 인권감시단, 난민사업, 국제사면위원회	복지국가, 제3섹터, 민간의 시장복지	경제개발기구, 지역사회개발계획, 그린피스 등
사회복지	옹호, 난민사업, 시설보호, 교도소 개혁활동 등	직접서비스 제공, 복지국가의 운영, 정책개발과 옹호, 조사연구	지역사회개발(사회적, 경제적, 정치적, 문화적, 환경적 및 정신적 개발)

국제인권장전에 제시된 생명권, 비인도적 또는 비하적인 처우와 처벌 금지, 자유권과 안전권, 사생활과 가족생활에 대한 존중, 생각, 양심, 종교의 자유, 결혼과 가족을 형성할 권리, 사유재산소유권 등의 조항은 사회복지실천의 발전에 긍정적 영향을 미쳤다(김미옥 외, 2006). 그리고 미국사회복지사협회에서는 모든 사회복지이론과 응용지식이 기반으로 두어야 할 원리로서 인권을 채택하고, 이를 정책선언(policy statements)으로 발표하였는데 그 세부 내용은 〈글상자 1-2〉와 같다(NASW, 2000).

사회복지실천에서는 욕구모델, 사회정의모델, 시민권모델 등을 주로 활용해 왔으며, 이들 모델은 사회복지실천의 중요한 추진력이었다. 사회복지실천에서 클라이언트의 자기결정권, 권익옹호, 역량강화에 강조점

글상자 1-2 미국 사회복지사협회(NASW)의 인권 관련 정책선언

- 사회복지사는 세계인권선언뿐 아니라 국제연합의 경제 · 사회 · 문화적 권리 규약, 여성에 대한 모든 형태의 차별 제거 협약, 아동권리협약 등에 대해 정부의 비준을 촉진하도록 해야 한다.
- 사회복지사는 아동의 권리 및 아동노동, 아동매춘과 같은 아동착취와 관련한 인권 침해에 대해 특별한 주의를 기울여야 하며, 이러한 문제와 관련하여 공공과 전문직의 인식을 개선하는 데 주도적 역할을 해야 한다.
- 사회복지사는 사회적 약자 및 취약계층의 권리를 대변하고 옹호해야 하며, 한 사람의 권리를 죽음의 위험으로 몰고 갈 수 있는 정책과 실천, 편견적 태도, 증오, 인내심 없는 행동에 대해 비판해야 한다.
- 자격 기준이 없거나 부적절하게 이행되고 있을 때, 사회복지사는 정부 및 비영리조직, 기타 지역사회의 여러 집단과 함께 협력하여 세계에서 가장 취약한 사람을 포함한 모든 사람의 건강과 복지를 강화하도록 주도해야 한다.
- 사회복지사는 경제적 권리와 경제적 격차를 줄이기 위한 노력을 포함한 인간 개발과 인권의 발전을 위해 국제연합과 파트너가 되어야 한다.
- 개인이나 가족, 집단, 지역사회, 국내기관 또는 정부 등 사회복지실천의 모든 영역에서 사회복지사는 인권에 기초하여 실천해야 한다.
- 인권을 대표하여 옹호하는 사회복지사는 보복의 대상이 될 수 있음을 인식하여, 사회복지사협회는 사회복지사가 충분한 전문적 지원을 제공받고 있음을 확신할 수 있도록 해야 한다.

을 두고 있으며, 1970년대 중반에 역량강화모델이 새롭게 등장하면서 인권과의 관련성이 더욱 높아지고 있다. 그리고 강점관점모델은 클라이언트가 자신에 대해 자신감을 갖도록 지지해 주며, 이를 통해 대처능력을 향상하고 동기를 고양하며, 클라이언트가 자신의 문제에 도전하고 직면할 수 있도록 돕는다는 점에서 역량강화모델과 유사한 전략을 활용하고 있다(양옥경 외, 2010; 이윤화, 1999). 역량강화모델은 강점관점에 기반을 두고 있으며, 사회복지사가 클라이언트 문제의 원인을 환경에서 찾으려고 노력하게 되고, 사회복지사와 클라이언트가 동료의식을 갖게 되고, 클라이언트의 자존감을 강화하여 환경에 대한 적극적인 참여와 삶의 질 향상을 경험하게 된다(권중돈, 김동배, 2005)고 할 수 있다.

하지만 Ife(2006)는 역량강화 접근이 인권관점기반 접근(right-based approach)과는 차이가 있다고 설명한다. 즉, 역량강화 접근의 '역량'과 인권관점의 '인권'은 개념 규정에 논란의 여지가 많지만 서로 다르다고 본다. 역량강화 접근은 개인, 가족, 지역사회의 '역량이 부족하거나 역량을 빼앗겨서' 기능상의 한계가 발생하였다고 보고, 어떻게 이들의 역량을 효과적으로 증진할 수 있는지에 강조점을 둔다. 이에 반해 인권관점기반 접근은 개인, 가족, 지역사회가 권리가 있음을 분명하게 인정하고 이를 더욱 고양하는 데 강조점을 둔다. 따라서 역량강화 접근은 개인을 '무언가(역량)가 부족한 존재'로 보는 반면 인권관점기반 접근은 개인을 '무언가(권리)를 가진 존재'로 본다. Ife(2006)는 두 접근방법은 이러한 차이점이 있음에도 상호보완적이고, 사회복지사가 인권관점에 기초한 실천방법을 채택하더라도 역량강화 접근방법을 버릴 필요는 없으며 두 가지를 병행하는 경우 상호 강화하는 효과를 거둘 수 있을 것이라고 하였다. 이와 같이 인권관점에 기초한 실천방법은 기존의 사회복지실천모델을 폐기하거나 배타하는 것이 아니며, 오히려 기존 실천모델을 확장하거나 강화하고 사회복지실천의 정당성을 제고할 수 있는 기반을 제공해 준다(Ife, 2000).

인권관점기반 사회복지실천은 자선이나 시혜가 아니라 개인이 갖는 안전과 존엄, 경제사회적 기회와 권리를 보장할 수 있는 길을 제시하고 있으므로, 사회복지실천에 긍정적 영향을 미친다(김미옥 외, 2006; Ife, 2000; Skegg, 2005). 첫째, 인권에 대한 논의는 국내와 국제적 수준의 사회복지실천에 모두 적용할 수 있다. 둘째, 인권적 시각은 사회복지실천의 욕구모델이 지닌 제한점, 즉 가부장적이며 자선적 시각과 강제적 분배를 암시하는 사회정의 모델의 제한점 등에 대한 비판을 보완해 줄 수 있다. 셋째,

인권관점기반 접근은 자선(charity)보다는 자격(entitlement)을 강조하며 사회복지 수급자의 역량(empowering)을 강화하는 데 초점을 둔다. 넷째, 사회복지실천 현장에서 흔히 발생하지만 사회복지사가 쉽게 해결대안을 모색하지 못하는 윤리적 딜레마 상황에서 도덕적 합리화의 근거를 찾고 개입을 위한 합리적 의사결정을 할 수 있는 틀을 제공해 준다.

하지만 인권관점기반 사회복지실천은 아직 이론적인 틀이 구체화되지 못하였으며, 경험적 실천이나 연구가 뒷받침되지 못하고 있다. 그럼에도 인권관점기반 접근방법은 사회복지실천에서 인권이 어떠한 방식으로 존중될 수 있을 것인가에 대한 몇 가지 원칙 및 방법론적 측면의 시각을 제공해 주고 있다. 인권관점기반 사회복지실천은 다음과 같은 기본 전제를 바탕으로 하고 있다(Ife, 2000).

첫째, 인권관점기반 접근은 포스트모더니즘적 세계관에 근거하여 현대사회를 혼동되고 무질서하며 비합리적인 구조로 보고 있다. 따라서 인권관점기반 접근방법에서는 사회복지실천이 서비스 계획이나 전략수립 등을 통해 일정한 형태의 안정과 질서를 도모하고자 하는 시도를 통제와 질서를 강요하는 고전적인 계몽주의나 가부장적 모더니즘 해결방식이라고 비판하고 있다.

둘째, 인권관점기반 접근방법은 일종의 집합주의 이념과 참여민주주의를 강조하고 있다. 따라서 사회복지실천에서 수급자의 인권을 보장하기 위해서는 사회복지사나 수급자 모두 하나의 동등한 시민으로서의 자격을 가져야 한다. 따라서 권력과 통제의 대상으로서의 의미를 지니는 '클라이언트'나 '슈퍼비전'과 같은 사회복지실천의 용어는 가급적 사용하지 않아야 하며, 다른 용어로 변경하여 사용하여야 한다. 또한 사회복지사 개인에 의한 개별적 접근보다는 지역사회 차원에서의 개입을 더 중요시하며, 사회복지실천 전체 과정에서 사회복지사와 수급자 간의 끊임없는 대화, 수급자의 참여와 자기결정권을 보장하여야 한다.

셋째, 인권관점기반 접근방법은 사회복지실천의 결과보다는 과정에 중점을 두고 있다. 따라서 사회복지실천을 통해 인권을 실천하고자 하는 목표가 있다면 실천 과정 자체에서 인권원칙이 지켜지고 타인의 인권을 침해하지 않는 방식으로 행해져야 한다. 이 원칙은 사회복지 수급자를 비롯하여 사회복지사가 상호 작용하는 모든 사람, 즉 동료, 경영자, 지역주민, 학생, 기타 전문가에게 모두 적용되어야 한다. 사회복지실천의 과정을 강조하는 인권관점기반 접근방법은 사회복지 수급자가 실천과정에 직접 참여하여 의사를 명확히 표현하고, 최대한의 자기결정권을 행사하고, 자기통제력을 발휘할 수 있도록 도와야 한다고 본다.

제2장

노인 인권의 이해

1. 노인 인권에 관한 국제원칙과 계획

1) 노인 인권에 대한 국제원칙의 역사

장애인, 여성, 아동, 난민 등의 소수자 인권보호를 위한 국제 인권조약은 존재하지만, 노인 인권보호를 위한 조약은 존재하지 않는다(국가인권위원회, 2007a, 2007b). 그러므로 노인 인권보호를 위한 국제적 노력을 파악하기 위해서는 세계인권선언, 시민적 · 정치적 권리에 관한 규약, 경제적 · 사회적 · 문화적 권리에 관한 규약과 아울러 UN을 중심으로 한 노인 인권에 관한 국제원칙과 계획을 살펴보아야 한다.

노인 인권에 관한 국제사회의 논의가 본격화된 것은 1980년대이지만, 제2차 세계대전 직후인 1948년 UN에서는 '노인의 권리 선언'을 채택하였다. 이 선언에서는 노인의 권리를 신체적 · 정신적 건강권, 안전 · 안심에 대한 권리, 존경받을 권리 등 10개 권리로 제시하고 있는데, 사회권이 중핵을 이룬다(박수천, 2005). 1980년대에 세계적으로 인구 고령화에 관한 관심이 증가하고, 고령화 문제에 접근할 수 있는 행동계획을 마련하기 시작하면서 UN의 노인 인권보호에 관한 활동이 전개되었다. 1982년 UN은 오스트리아 빈에서 고령화에 관한 국제행동계획(International Plan of Action on Ageing)을 채택하였다. 이 계획은 고령화, 노인문제 관련 정책과 사업의 수립 · 지침을 위한 최초의 국제적인 도구로 건강과 영양 등 7개 하위 분야에서 실시되어야 할 정책방향 62개 항목이 권고되어 있다(보건복지부, 2000).

1990년에는 10월 1일을 세계노인의 날(International Day for the Elderly)로 정하였으며, 1991년에는 노인을 위한 유엔원칙(United Nations Principles for Older Persons)을 채택하였다. 이 원칙에서는 자립(independence) 등 5개 영역에서 정부가 고려해야 할 18개의 원칙을 제시하고 있다(국가인권위원회, 2004b). 또한 2002년 채택된 마드리드 고령화국제행동계획(International Plan of Action on Ageing)에서는 노인의 권익보호를 위하여 '노인과 발전, 노년까지의 건강과 안녕 증진, 능력을 부여하고 지원하는 환경 확보'를 위하여 117개의 행동계획을 실행에 옮길 것을 권고하고 있다(보건복지부, 2002).

한편 사회보장 측면의 노인 인권보장에 기여한 국제적인 활동은 ILO가 1952년 채택한 '사회보장의 최저기준에 관한 협약' 이며, 1967년에는 '장애 · 노령 · 유족연금에 관한 128호 협약'으로 노령연금의 지침을 제시함으로써 노인 인권보장에 기여했다. 아울러 OECD는 고용, 노인 등 사회보장제도 전반에 관한 각국 동향의 비교분석과 정책대안을 통해 노인 인권 증진에 기여하였으며, 1998년 '고령화 사회에 대비한 7대 원칙'을 제시하였다(박수천, 2005; 이석준, 2001). 이러한 노인 인권보호를 위한 주요 국제원칙과 계획을 살펴보면 다음과 같다.

표 2-1 노인 인권과 관련된 국제연표

연도	제목	주요 내용
1948	UN 노인의 권리선언	안심, 안전, 존경 등 사회권을 중심으로 10개 권리 제시
1952	ILO 사회보장의 최저기준에 관한 협약	보편적 사회보장 헌장 ILO가 제시한 9개의 사회위험에 노령보장이 포함됨
1967	ILO 장애 · 노령 · 유족연금에 관한 128개 조협약	노령연금 지침 제공, 국가별 특성 반영
1982	UN고령화에 관한 국제행동계획	고령화에 관한 세계회의에서 채택, 노인인권의 정책 · 사업의 실천적 지침 제공(62개항 권고), NGO의 자발적 활동장려
1991	노인을 위한 UN원칙	국제행동계획 중 인도적 측면 강조, 5개 원칙(자립, 참여, 보호, 자기실현, 존엄), 18개 권리 명시
1998	OECD 고령사회대비 7대 원칙	퇴직대비정책; 공공부채, 퇴직 후 소득, 조기 퇴직, 금융시장과 연금제도, 생산인력, 보건정책; 시설보호 대 재가보호 총괄; 전략적 틀
2002	고령화국제행동계획	노인과 발전, 노년까지 건강과 안녕 증진, 능력을 부여하고 지원하는 환경 확보

자료: 박수천(2005). 노인 인권 보호의 세계 동향과 성년후견인제 도입방안. 한국노인복지학회 2005년 추계학술대회 자료집, p. 15; 국가인권위원회 인권백서발간위원회(2004). 인권백서, p. 30.

2) 유엔 국제고령화행동계획

유엔 국제고령하행동계획(International Plan of Action on Ageing)은 고령화에 따른 노인문제의 정책과 사업세획의 수립을 위한 지침을 제시한 최초의 국제적인 행동원칙이다. 비엔나(Vienna) 계획이라 불리는 이 계획은 고령화에 따른 노인문제 예방과 해결을 위한 정책과 사업세획의 수립을 위한 지침을 제시한 최초의 국제적인 행동원칙으로, 1982년 오스트리아 비엔나에서 개최된 세계고령화총회(World Assembly on Ageing)에서 채택되고 같은 해 유엔 총회에서 인준이 되었다. 이 계획은 인구 고령화 문제에 효과적으로 대처할 수 있도록 정부와 시민사회의 역량을 강화하고 노인의 잠재적 개발능력과 의존 필요성을 알리는 것을 목적으로 하고 있다. 여기에는 건강과 영양, 노인 소비자의 보호, 주거와 환경, 가족, 사회복지, 소득보장과 고용, 교육 등 7개 하위 분야에서 실시되어야 할 정책방향 62개 항목이 권고되어 있다.

3) 노인을 위한 유엔원칙

노인을 위한 유엔원칙(United Nations Principles for Older Persons)은 1991년 12월 16일 유엔 총회(결의 46/91)에서 채택되었으며, 자립, 참여, 보호, 자기실현, 존엄을 5개 주요 원칙으로 제시하고 있다(보건복지부, 2000). 자립의 원칙과 관련하여 노인은 소득보장, 가족과 지역사회의 지원 및 스스로의 힘을 통해 적절한 음식, 식수, 주거, 의복, 의료서비스 등에 접근할 수 있어야 한다고 언급하고 있어 노인의 사회권이 보장되어야 함을 강조하고 있다. 또한 노인은 존엄성, 신념, 욕구 및 사생활에 대한 완전한 존중을 보장받아야 하고, 자신의 건강보호와 삶의 질에 관하여 결정할 수 있는 권리를 가져야 하며, 어떤 주거시설 또는 보호 및 치료시설에 거주하더라도 인권과 기본적인 자유를 향유할 수 있어야 한다고 하여 시설거주 노인의 인권보호에 대한 언급도 구체적으로 하였다. 특히 유엔원칙은 노인의 존엄성 보호가 매우 중요함을 강조하면서 노인은 스스로의 존엄성을 지킬 수 있고, 안전하게 살 수 있으며, 착취대상이 되어서도 안 되고, 신체적이나 정신적인 학대를 받아서도 안 된다고 언급하여 각종 학대에 대한 노인보호의 중요성을 지적하고 있다. 더불어 노인의 권익보호를 위해서는 노인 자신이 집단으로서의 행동을 해야 한다고 보고 있다. 5대 원칙의 주요 내용은 〈글상자 2-1〉과 같다.

글상자 2-1 **노인을 위한 유엔원칙**

1. 자립(independence)
   - 노인은 소득, 가족과 지역사회의 지원 및 자조를 통하여 적절한 식량, 물, 주거, 의복 및 건강보호에 접근할 수 있어야 한다.
   - 노인은 일을 할 수 있는 기회를 제공받거나, 다른 소득을 얻을 수 있는 기회에 접근할 수 있어야 한다.
   - 노인은 직장에서 언제 어떻게 그만둘 것인지에 대한 결정에 참여할 수 있어야 한다.
   - 노인은 적절한 교육과 훈련 프로그램에 접근할 수 있어야 한다.
   - 노인은 개인의 선호와 변화하는 능력에 맞추어 안전하고 적응할 수 있는 환경에서 살 수 있어야 한다.
   - 노인은 가능한 한 오랫동안 가정에서 살 수 있어야 한다.

2. 참여(participation)
   - 노인은 사회에 통합되어야 하며, 그들의 복지에 직접 영향을 미치는 정책의 형성과 이행에 적극적으로 참여하고, 그들의 지식과 기술을 젊은 세대와 함께 공유하여야 한다.
   - 노인은 지역사회 봉사를 위한 기회를 찾고 개발하여야 하며, 그들의 흥미와 능력에 알맞은 자원봉사자로서 봉사할 수 있어야 한다.
   - 노인을 위한 사회운동과 단체를 형성할 수 있어야 한다.

3. 보호(care)
   - 노인은 각 사회의 문화적 가치체계에 따라 가족과 지역사회의 보살핌과 보호를 받아야 한다.
   - 노인은 신체적, 정신적, 정서적 안녕의 최적 수준을 유지하거나 되찾도록 도와주고 질병을 예방하거나 그 시작을 지연하는 건강보호에 접근할 수 있어야 한다.
   - 노인은 그들의 자율과 보호를 고양하는 사회적 · 법률적 서비스에 접근할 수 있어야 한다.
   - 노인은 인간적이고 안전한 환경에서 보호, 재활, 사회적 · 정신적 격려를

제공하는 적정 수준의 시설보호를 이용할 수 있어야 한다.
- 노인은 그들이 보호시설이나 치료시설에서 거주할 때도 그들의 존엄, 신념, 욕구와 사생활을 존중받으며, 자신의 건강보호와 삶의 질을 결정하는 권리도 존중받는 것을 포함하는 인간의 권리와 기본적인 자유를 향유할 수 있어야 한다.

4. 자기실현(self-fulfillment)
- 노인은 자신의 잠재력을 완전히 개발하기 위한 기회를 추구하여야 한다.
- 노인은 사회의 교육적, 문화적, 정신적, 그리고 여가에 관한 자원에 접근할 수 있어야 한다.

5. 존엄(dignity)
- 노인은 존엄과 안전 속에서 살 수 있어야 하며, 착취와 신체적 · 정신적 학대에서 자유로워야 한다.
- 노인은 나이, 성별, 인종이나 민족적인 배경, 장애나 여타 지위에 상관없이 공정하게 대우받아야 하며, 그들의 경제적인 기여와 관계없이 평가되어야 한다.

4) 마드리드 고령화국제행동계획

마드리드 고령화국제행동계획(International Plan of Action on Ageing)은 세계적인 인구고령화 현상에 대응하여 2002년 스페인 마드리드에서 열린 제2차 유엔 세계고령화회의에서 채택되었다. 이 행동계획의 목적은 모든 사람이 존엄성을 갖고 안전하게 노후를 보내며 완전한 권리를 가진 시민으로서 사회에 계속적으로 참여하도록 보장하는 것이다. 이 계획은 서문, 행동을 위한 권고, 이행과 후속조치라는 3개 장 132개 문항으로 구성되어 있으며, 노인과 발전, 노년까지의 건강과 안녕 증진, 능력을 부여하고 지원하는 환경 확보라는 세 가지 주요 방향을 설정하고 그 아래 18개

분야의 과제를 제시하면서 분야별 목표와 다양한 행동지침을 권고하고 있는데, 주요 내용은 〈글상자 2-2〉와 같다(보건복지부, 2002).

글상자 2-2 마드리드 고령화국제행동계획의 주요 내용

1. 서문

2002 고령화국제행동계획에 담긴 여러 가지 핵심 주제는 다음과 같다.

- 모든 사람의 인권과 모든 노인의 기본적인 자유의 완전한 실현
- 노년기의 빈곤해소 및 노인을 위한 유엔원칙을 세우는 목표를 재확인하는 것을 포함하여 안전한 노후의 달성
- 노인이 소득활동과 봉사활동을 포함하여 사회의 경제 · 정치 · 사회적 생활에 완전하고 효과적으로 참여할 수 있도록 능력 부여
- 노인이 단일한 동질집단이 아니라는 것을 인식하면서, 노후에 지역사회에서의 평생교육과 참여는 물론, 전 생애를 통한 개인개발, 자아실현 및 복지를 위한 기회 제공
- 개인의 경제적, 사회적, 문화적 권리 및 시민적, 정치적 권리의 완전한 향유와 노인에 대한 모든 형태의 폭력과 차별의 철폐
- 특히 성차별의 철폐를 통하여 노인의 성평등 달성
- 사회개발을 위하여 가정, 세대 간 상호의존, 연대와 호혜주의의 중요성 인식
- 예방적 보건의료와 재활관련 보건의료를 포함한 노인을 위한 보건의료, 지원, 사회적 보호의 제공
- 국제행동계획을 실제적인 행동으로 전환함에 있어 모든 수준의 정부, 시민사회, 민간분야 및 노인 사이의 협력관계 촉신
- 특히 개도국에서 과학적 연구와 전문적 지식을 강화하고, 기술의 가능성을 고령화가 개인, 사회, 건강 분야에 미치는 영향에 초점을 맞추도록 하는 것
- 노화과정에 있는 노인의 고유한 상황과 특수한 환경에 대한 인식 및 노인에게 직접 영향을 미치는 결정에 노인이 자신의 소리를 효과적으로 낼 수

있는 방법을 찾아야 할 필요성에 대한 인식

2. 행동을 위한 권고

(1) 주요 방향 1: 노인과 발전

- 과제 1: 사회와 발전에 적극적인 참여
- 과제 2: 근로와 고령화되고 있는 노동력
- 과제 3: 농촌 개발, 이주 및 도시화
- 과제 4: 지식, 교육 및 훈련에의 접근
- 과제 5: 세대 간 연대성
- 과제 6: 빈곤 해소
- 과제 7: 소득보장, 사회보장 및 빈곤예방
- 과제 8: 긴급 상황

(2) 주요 방향 2: 노년까지의 건강과 안녕 증진

- 과제 1: 전 생애에 걸친 건강과 안녕 증진
- 과제 2: 보건의료 서비스에 대한 보편적이고 평등한 접근
- 과제 3: 노인과 에이즈
- 과제 4: 보호 제공자와 보건전문가의 훈련
- 과제 5: 노인의 정신건강 욕구
- 과제 6: 노인과 장애

(3) 주요 방향 3: 능력을 부여하고 지원하는 환경 확보

- 과제 1: 주택과 주거환경
- 과제 2: 보호 및 보호제공자 지원
- 과제 3: 유기, 학대 및 폭력
- 과제 4: 노화의 이미지

2. 노인 인권의 개념과 영역

노년기라는 특정 연령대에 속해 있는 노인은 다른 연령집단과 다름없이 인간이 누릴 수 있는 모든 권리를 향유할 수 있는 인권의 주체다. 그러므로 앞 장에서 살펴본 인권의 개념과 노인 인권의 개념은 다르지 않고, 다만 그 대상만 노인으로 국한될 뿐이다. 따라서 노인의 인권은 "노인이 존엄한 존재로 존중받고, 인간다운 노후생활을 영위하는 데 필요한 모든 권리"(권중돈, 2010b; 박수천, 2005; 이석준, 2001)이다. 그러나 인간다운 생활을 할 수 있는 권리라는 노인 인권에 대한 개념 정의는 매우 추상적이며, 노인의 특성과 사회환경을 충분히 반영하지 못하고 있으므로, 노인의 인권을 더욱 구체적으로 개념화할 필요가 있다.

노인을 위한 국제인권규약은 채택되지 않고 있지만, 앞서 살펴본 노인 인권에 관한 국제원칙과 계획, 법률, 그리고 노인 인권에 관한 기존 연구를 살펴보면, 노인 인권의 영역과 세부 권리 내용을 추론할 수는 있다. 1969년 백악관 노인회의에서 채택된 미국의 노인헌장에서는 노인의 권리를 9개로 명기하고 있다. 미국 노인헌장에서는 노인이 "① 인간으로서의 역할을 수행할 수 있는 권리, ② 각자의 능력에 따라 취업을 할 수 있는 권리, ③ 노후생활의 궁핍을 면할 수 있는 권리, ④ 여가 · 교육 및 의료에 대한 지역사회의 지원을 공평하게 향유할 수 있는 권리, ⑤ 노후의 필요를 충족하는 주거에 거주할 수 있는 권리, ⑥ 가족의 최선의 이익에 반하지 않는 한 정신적, 경제적 원조를 받을 수 있는 권리, ⑦ 본인이 원하는 경우에는 독립하여 생활할 수 있는 권리, ⑧ 생존이나 사망 시까지도 인간으로서의 존엄성을 잃지 않을 권리, ⑨ 노후를 풍부하게 보내는 데 필요한 모든 지식에 접근할 수 있는 권리"를 지닌다고 규정하고 있다(권중돈, 2006).

우리나라의 노인복지법 제2조에서는 노인은 존경받으며 건전하고 안정된 생활을 할 권리와 능력에 따른 경제활동 및 사회활동 참여 권리를 지님과 동시에 심신의 건강유지와 사회발전에 기여할 의무를 규정하고 있다. 국가인권위원회(2006a)의 국가인권정책기본계획에서는 노인의 주거권, 건강권, 사회복지권이라는 세 가지 권리 보장을 노인 인권 증진의 목표로 규정하고 있다. 밝은노후(2004)는 권리의 주체로서의 노인, 자기결정의 원칙, 잔존능력의 존중과 활용, 노인의 가치와 존엄의 확보라는 인권사상을 기반으로 하여, 노인의 권리 영역을 주거권, 고용보장의 권리, 건강권, 교육권, 소득보장권, 기타의 권리라는 6개 영역으로 구분하고 있다. 김미혜(1999) 역시 위와 같은 인권사상을 기반으로 하여 ① 의식주 등을 보장받을 권리, ② 수발을 요구하고 받을 권리(수발청구권), ③ 적절하고 충분한 의료를 보장받을 권리, ④ 적절한 노동과 이에 상응하는 소득을 보장받을 권리, ⑤ 재산상의 관리와 보호를 보장받을 권리, ⑥ 정치 및 정책에 참여할 권리, ⑦ 문화적 생활을 누릴 권리, ⑧ 권리구제를 요구할 권리라는 8개의 권리를 노인 인권의 영역으로 규정하고 있다. 서혜경(2001)은 노인이 갖는 복지권에 ① 의식주 보장의 권리, ② 수발청구권, ③ 적절하고 충분한 의료보장의 권리, ④ 노동과 적당한 소득보장의 권리, ⑤ 재산상의 권리 보호를 받을 권리, ⑥ 정치 및 정책에 참여할 권리, ⑦ 권리구제를 요구할 권리가 포함된다고 보고 있다.

이상의 노인 인권에 관한 국제원칙, 법률, 선행연구에서 제시한 노인 인권의 영역과 내용이 각기 상이하긴 하지만, 노인의 인권 역시 인간존엄권, 자유권, 사회권, 그리고 법절차적 권리를 포함하는 것으로 볼 수 있다. 이에 이 책에서도 노인 인권의 영역을 ① 행복추구권과 평등권 등의 인간존엄권, ② 신체적 자유권과 사생활에 관한 자유권, 정치 · 문화 · 종교활동의 자유권, 차별과 학대를 받지 않을 권리 등을 포함하는 자유권, ③ 건강권, 환경권, 소득보장권, 국가와 사회로부터 부양받을 권리, 교육문화권, 노동기본권, 복지수급권 등의 사회권, ④ 청원권, 국가배상 청구권 등의 법절차적 권리로 규정한다. 이러한 노인의 인권 영역을 좀 더 세부적으로 제시하면 〈표 2-2〉와 같다.

표 2-2 노인 인권의 영역과 세부 권리

영역	인권 항목	세부 권리
인간 존엄권	행복추구권과 평등권	• 천부적 자유와 존엄, 생명권, 신체의 자유와 안전, 강제노동과 노예제도의 금지, 고문금지, 법 앞에서의 평등, 차별금지
자유권	신체자유권	• 불법 체포 및 구속에서의 자유, 불법강제 노역에서의 자유
	사생활자유권	• 사생활의 비밀과 자유, 주거의 불가침, 거주 및 이전의 자유, 통신의 자유
	정신적 자유권	• 양심의 자유, 종교의 자유, 학문과 예술의 자유, 개인적 및 집단적 표현의 자유
	경제적 자유권	• 재산권의 보장, 직업선택의 자유
	정치적 자유권	• 정보접근권, 정치활동의 자유, 참정권
사회권	경제권	• 연금수급권, 기초생활보장권, 노후경제생활 교육을 받을 권리 등
	노동권	• 은퇴준비 교육권, 경제활동 참여권(기업체 취업, 창업, 노인일자리 사업), 적정 보수를 받을 권리, 적정 노동환경 요구권(산재보험 등) 등
	주거권	• 주거환경보장권(주택소유, 주거환경 개선, 임대보증금 지원 등)
	건강권	• 건강증진권(건강교육, 건강상담, 건강교실 등) • 위생 및 영양권(이미용, 목욕, 세탁서비스, 경로식당(중식서비스), 밑반찬 · 도시락배달, 푸드뱅크 등) • 건강급여권(의료이용, 건강보험과 의료급여 등) • 재활서비스 이용권(양 · 한방진료, 재활문제해결(물리치료, 작업치료, 운동재활, ADL훈련 등) • 요양보호권(방문요양, 노인돌봄서비스, 주간 · 야간 · 단기보호, 장제서비스), 시설입소권(노인요양시설 등) 등
	평생교육권	• 노인교실, 노인복지관 등의 교육프로그램 참여권(한글교실, 외국어교실, 교양교실, 정보화교육, 역사교실, 예능교실, 전통문화교실 등)
	문화생활권	• 경로당, 노인복지관 등의 여가프로그램 참여권(음악, 미술, 원예교실, 다도교실, 문화교실, 운동, 바둑 · 장기 등)
	사회참여권	• 자원봉사활동 참여권, 동아리 · 클럽 활동 참여권, 교통편의서비스 이용권 등
	가족유지권	• 가족과의 교류, 가족의 부양을 받을 권리 등
	소통권	• 가족, 이웃, 친구, 비노인층 등 관계망과의 교류권
법절차적 권리		• 청원권, 재판의 청구권, 형사보상 청구권, 국가배상 청구권, 범죄피해자의 구조 청구권

3. 노인복지시설의 인권 이해

노인복지시설에서 생활하는 노인의 인권은 집단생활이라는 특수성 때문에 지역사회에 거주하는 노인과는 인권 영역과 세부 권리가 다르다. 노인복지시설 생활노인의 인권의 영역과 세부 권리는 보건복지부(2006. 5.)의 「노인복지시설 인권보호 및 안전관리지침」이 있으며, 국가인권위원회(2008. 8.)에서 발간한 「노인분야 인권교육 교재」와 한국노인복지시설협회(현 한국노인복지중앙회)(2009. 10.)에서 발간한 「노인복지시설 인권매뉴얼」에 상세하게 규정되어 있다. 이에 다음에서는 노인복지시설 생활노인의 인권 논의에 포함될 노인복지시설의 범위에 대해 논의한 후에, 우리나라의 노인복지시설의 인권에 관한 연구와 지침을 살펴보고, 외국의 노인복지시설 인권 지침에 대해 살펴보고자 한다.

1) 노인복지시설 개념과 범위

노인복지시설이란 노인의 질병이나 장애, 또는 주택, 경제, 가족관계 등의 생활조건상의 곤란과 가족의 부양능력의 제한으로 인하여 가정에서 계속 생활할 수 없는 경우에 이러한 문제의 해결을 도모하는 대안적 노인 주거형태이다(현외성 외, 2000). 이러한 노인복지시설은 노인복지법 제31조에 따르면 노인주거복지시설, 노인의료복지시설, 노인여가복지시설, 재가노인복지시설, 노인보호전문기관이라는 5개 유형으로 구분된다. 이 중 노인이 입소하여 생활하는 시설은 노인주거복지시설, 노인의료복지시설, 그리고 재가노인복지시설 중에서 단기보호서비스시설뿐이다.

노인복지시설 생활노인의 인권에 대한 논의는 주로 노인복지법 제31조에 의거한 노인복지시설 5개 유형 중에서 노인주거복지시설에 속하는 양로시설, 노인공동생활가정과 노인의료복지시설에 속하는 노인요양시설,

노인요양공동생활가정, 그리고 재가노인복지시설 중에서 단기보호서비스시설에 국한된다. 이러한 노인복지시설 중에서 양로시설과 노인공동생활가정은 노인복지법의 적용을 받으며 비교적 건강이 양호한 노인이 입소하여 생활하는 시설로, 조세지원방식에 의해 운영된다. 이에 반해 노인요양시설과 노인요양공동생활가정, 단기보호서비스시설은 노인복지법과 노인장기요양보험법의 적용을 동시에 받으며, 사회보험방식에 의해 운영되는 장기요양기관이다.

이와 같이 노인복지시설은 종류별로 시설의 목적, 기능, 규모, 운영방식, 수급권자인 노인의 특성에서는 다소의 차이를 보이지만, 노인이 입소하여 생활한다는 점과 노인에게 제공되는 서비스의 내용과 절차에서는 유사한 측면이 있다. 하지만 노인복지시설은 생활노인의 생물학적 생존뿐 아니라 인간적으로 사회적 기능을 수행하는 데 필요한 전문적 서비스와 급여를 받을 수 있는 환경을 조성하여 인간존엄권과 자유권 보장을 전제로 사회권 전반을 보장할 수 있어야 한다. 그러므로 노인복지시설의 종류에 따라 생활노인의 인권 영역과 세부 권리에 있어서는 다소의 차이가 있을 수 있지만, 큰 틀을 벗어나지는 않는다.

2) 노인복지시설 생활노인의 인권 영역과 세부 권리

노인복지시설 생활노인의 인권 영역 및 항목은 모든 노인이 갖는 인권 영역 및 항목과 다르지 않다. 즉, 노인복지시설 생활노인의 인권은 ① 행복추구권과 평등권 등의 인간존엄권, ② 신체적 자유권과 사생활에 관한 자유권, 정치 · 문화 · 종교활동의 자유권, 차별과 학대를 받지 않을 권리 등을 포함하는 자유권 ③ 건강권, 환경권, 소득보장권, 국가와 사회로부터 부양받을 권리, 교육문화권, 노동기본권, 복지수급권 등의 사회권, ④ 청원권, 국가배상 청구권 등의 법절차적 권리라는 모든 노인이 향유할 수 있는 인권 영역과 동일하다. 그러나 노인복지시설 생활노인의 인권 영역과 항목을 어떤 목적에서 분류하는가에 따라 세부적인 인권 영역과 항목은 다르게 나타난다.

먼저 국가인권위원회와 한국보건사회연구원(2002)에서는 노인요양시설의 인권 실태를 파악하기 위한 조사에서 노인요양시설 생활노인의 인권 영역을 자유권과 사회권으로 분류하고 있다. 그리고 자유권의 하위 영역으로는 신체의 자유권, 사생활에 관한 자유권, 정신적 · 경제적 활동의 자유권을 포함하고, 사회권의 하위 영역으로는 인간다운 생활을 할 권리, 정서적 지원, 방임, 자기방임으로 구분하고 있다. 이러한 인권 영역 및 하위 영역별 세부 권리 항목은 〈표 2-3〉에서 보는 바와 같다.

국가에서는 헌법, 노인복지법, 저출산고령사회기본법, 고용상 연령차별 금지 및 고령자고용촉진에 관한 법률, 장애인 · 노인 · 임산부 등의 편의증진 보장에 관한 법률, 건강가정기본법, 교육기본법 등의 법령에서 노인의 권리보호를 위한 국가 및 지방자치단체의 책임과 가족의 노력을 명시하고 있다(http://www.law.go.kr).

우리나라 헌법 제10조부터 제37조까지는 자유권과 사회권을 망라한 기본권 조항을 규정하고 있으며, 국가인권위원회법 제2조에서도 인권을 국내법에 의한 법적 권리로서의 성질뿐 아니라 자연권적인 인간으로서의 권리로 폭넓게 규정하여 "인간으로서의 존엄과 가치 및 자유와 권리"라고 정의하고 있다. 그러나 헌법과 국가인권위원회법의 인권 관련 조항은 노인복지시설 생활노인의 인권에 대한 구체적이고 명확하며 직접적으로 적용될 수 있는 조항이 아니므로 노인복지법에 규정된 노인복지시설 생활노인의 인권 조항을 살펴볼 필요가 있다.

노인복지법 제2조의 기본이념에서는 "① 노인은 후손의 양육과 국가 및 사회의 발전에 기여하여 온 자로서 존경받으며 건전하고 안정된 생활을 보장받고, ② 능력에 따라 적당한 일에 종사하고 사회적 활동에 참여할 기회를 보장받고, ③ 노령에 따르는 심신의 변화를 자각하여 항상 심신의 건강을 유지하고 그 지식과 경험을 활용하여 사회의 발전에 기여하

표 2-3 노인요양시설 인권실태 사례조사의 인권 영역과 항목

영역	하위 영역	개별 항목
자유권	신체의 자유권	강제 노동
		강제 격리
	사생활에 관한 자유권	시설입소나 전원 결정에의 노인 참여
		입소 시 시설생활에 필요한 사항(시설이용규범, 생활규범, 서비스 내용 등)에 대한 충분한 설명
		거주노인의 동의에 기초한 개인 정보 유출
		통신수단(전화나 편지)에의 접근성
		노인의 의견이나 불평해소를 위한 공식 절차의 사용
	정신적, 경제적 활동 자유권	노인의 동의에 기초한 수입 및 재산의 사용
		개인물건을 가져올 권리
		시설의 각종 활동 프로그램의 참여 여부 결정권
		시설의 종교활동 참여 여부 결정권
사회권	인간다운 생활을 할 권리	식사서비스의 개별화
		깨끗한 의복과 침구류의 제공
		목욕서비스의 개별화
		적절한 의료서비스 제공
		충분한 수발서비스 제공
		충분한 상담서비스 제공
		투명한 시설운영을 통한 서비스 수준 유지
	정서적 지원	노인의 자긍심 유지를 위한 언어표현
		목욕, 기저귀 교체 시 신체 주요 부위를 가리고 옷 갈아입기
		노인 간의 통합
	방임	노인에 대한 충분한 관심
	자기방임	노인에게 필요한 서비스 제공 거부

자료: 국가인권위원회, 한국보건사회연구원(2002). 무료 및 실비 노인요양시설에서의 인권실태 및 사례조사.

도록 노력하여야 한다."라고 하여 노인이 향유할 수 있는 권리와 책임을 명기하고 있다. 그러나 이 역시 매우 추상적 수준의 인권 또는 노인복지의 기본 이념에 대한 조항으로 구체적인 노인인권 보호규정이라 할 수는 없다. 노인복지법에서는 노인인권보호 정책 제안과 개발의 업무를 수행하는 중앙노인보호 전문기관의 설치 · 운영을 규정한 제39조의 5를 제외하고 적극적인 노인 인권 보호를 위한 조항을 찾아보기 어려우며, 인권이 극도로 침해된 노인학대에 조치와 벌칙사항을 규정하고 있다. 노인복지법 제39조의 4에는 노인학대의 예방과 신고를 위한 긴급전화(1577-1389) 설치가 규정되어 있으며, 제39조의 5에는 노인보호전문기관의 설치, 제39조의 6에는 노인학대 신고의무와 절차, 제39조의 7에는 학대받은 노인에 대한 응급조치의무, 제39조의 8에는 학대받은 노인의 보조인의 선임, 제39조의 9에는 신체적 학대 등의 금지행위를 규정하고 있다.

노인장기요양보험법 제1조에서는 노인장기요양보험제도가 "고령이나 노인성 질병 등의 사유로 일상생활을 혼자서 수행하기 어려운 노인 등에게 제공하는 신체활동 또는 가사활동 지원 등을 통하여 노후의 건강 증진 및 생활안정을 도모하고 그 가족의 부담을 덜어 줌으로써 국민의 삶의 질을 향상시키는 데 목적"을 두고 있다고 규정하고 있다. 하지만 이 법에서도 역시 적극적인 인권보호 조항은 찾아보기 어려우며 인권 침해행위가 심각할 경우 장기요양기관의 지정을 취소할 수 있도록 규정하고 있다. 즉, 노인장기요양보험법 제37조에 따르면, 장기요양기관의 종사자 등이 수급자의 신체에 폭행을 가하거나 상해를 입히는 행위, 수급자에게 성적 수치심을 주는 성폭행, 성희롱 등의 행위, 자신의 보호 · 감독을 받는 수급자를 유기하거나 의식주를 포함한 기본적 보호 및 치료를 소홀히 하는 방임행위를 하였을 경우에 장기요양기관 지정을 취소할 수 있도록 규정하여, 소극적 인권보호 조치를 규정하고 있다.

보건복지부에서는 이러한 헌법과 법률의 노인 인권보호 규정으로는 노인복지시설 생활노인의 인권 보호에 한계가 있다는 점을 인식하여, 노인복지시설 생활노인의 인권을 명확히 규정하고, 이를 보호하기 위한 시설장, 종사자, 가족, 지역사회 등 관련자가 취해야 할 구체적인 행동강령을 규정한 「노인복지시설 인권보호 및 안전관리 지침」을 제정하였다. 이 지침의 '시설생활노인 권리선언'에서는 노인복지시설 생활노인이 갖는 권리를 11개 항목으로 명시하고 이를 실천에 옮기기 위한 윤리강령을 제시하고 있다(보건복지부, 2006. 5.).

글상자 2-3 노인복지시설 생활노인 권리선언

노인복지시설 생활노인은 대한민국 국민으로서 그리고 후손의 양육과 국가 및 사회의 발전에 기여하여 온 자로서 헌법과 법률에 정한 기본적 권리와 안정된 생활을 보장받을 권리를 지니고 있다. 노인복지시설 생활노인은 다음과 같은 기본적 권리를 가지며 어떠한 이유로도 권리의 침해를 받아서는 안 되며, 국가와 시설은 생활노인의 인권을 보호하고 삶의 질을 향상하기 위하여 최선의 노력을 기울여야 한다.

- 존경과 존엄한 존재로 대우받고, 차별, 착취, 학대, 방임을 받지 않고 생활할 수 있는 권리
- 개인적 욕구에 상응하는 질 높은 수발과 서비스를 요구하고 제공받을 권리
- 안전하고 가정과 같은 환경에서 생활할 권리
- 시설 내 · 외부 활동에 신체적 구속을 받지 않을 권리
- 개인적 사생활과 비밀 보장에 대한 권리
- 우편, 전화 등 개인적 통신을 주고받을 권리
- 정치적, 문화적, 종교적 활동에 제약을 받지 않고 자유롭게 참여할 권리
- 개인 소유 재산과 소유물을 스스로 관리할 권리
- 비난이나 제약을 받지 않고 시설운영과 서비스에 대한 개인적 견해와 불평을 표현하고 이의 해결을 요구할 권리
- 시설 내 · 외부에서 개인적 활동, 단체 및 사회적 관계에 참여할 권리
- 시설 입 · 퇴소, 일상생활, 서비스 이용, 제반 시설활동 참여 등 개인의 삶에 영향을 미치는 모든 부분에서 정보에 접근하고 자기결정권을 행사할 권리

자료: 보건복지부(2006. 5.). 노인복지시설 인권보호 및 안전관리지침.

글상자 2-4 노인복지시설 생활노인 권리보호를 위한 윤리강령

시설운영자, 종사자, 동료 생활노인, 가족, 지역사회 등 노인복지시설에서의 보호서비스와 관련된 모든 자는 '시설 생활노인의 권리 선언'에 포함된 기본적 권리를 보장하고, 인간다운 생활을 보장하기 위하여 다음과 같이 행동해야 한다.

1. 존엄한 존재로 대우받을 권리
   - 노인의 의사에 반하는 어떠한 노동행위도 시켜서는 안 된다.
   - 노인이 시설의 모든 서비스에 자유롭게 접근 또는 이용할 수 있는 기회를 부여해야 한다.
   - 생활노인이 시민으로서 또한 노인으로서 갖는 권리를 완전히 행사할 수 있도록 어떠한 차별, 감금, 방해, 강압 또는 보복 행위를 해서는 안 된다.
   - 어떠한 이유로도 신체적 학대, 언어 및 심리적 학대, 성적 학대, 재정적 착취, 방임 등의 학대행위를 해서는 안 되며, 학대행위가 발생했을 경우 법률과 지침에 따라 피학대 노인에 대한 보호조치를 신속하게 취해야 한다.
   - 가족은 면회나 전화 접촉 등을 통하여 노인과의 유대관계를 지속적으로 유지하고 존경하며, 시설의 서비스나 운영에 관하여 적극 협조하여야 한다.
   - 시설은 종사자에게 노인의 권리에 대한 홍보와 교육을 분기별로 실시해야 한다.
   - 종사자는 수발 및 서비스 과정에서 노인의 권익신장을 위한 상담과 조치를 적극적으로 취하여야 하며, 노인의 권리가 침해될 우려가 있거나, 침해받은 경우 이의 회복과 구제를 위한 적극적 조치를 강구하여야 한다.

2. 질 높은 서비스를 받을 권리
   - 노인의 삶의 질을 증진하고, 잔존능력을 유지하고 자립능력을 고양하기 위한 질 높은 전문적 수발과 서비스를 제공하여야 한다.
   - 정기적인 상담을 통해 노인의 개별적 욕구와 선호, 기능 상태를 고려하여 개별화된 서비스와 수발 계획을 수립하고, 이를 적극적으로 이행해야 한다.
   - 개인적 선호와 건강 및 기능 상태에 따라 다양한 영양급식을 제공해야 한다.
   - 건강에 해롭다는 의학적 판정 없이 노인이 개인적으로 복용하는 약물을

금지해서는 안 된다.

- 시설은 종사자의 능력 개발을 위한 직무훈련과 교육기회를 충분히 부여하여, 이들의 수발 및 서비스 능력을 제고하여야 한다.
- 월별 입소비용 미납 등의 경제적 이유만으로 시설에서 제공하는 서비스 이용을 제한해서는 안 되며, 노인의 입소비용 문제 해결을 위한 지지망을 개발하고, 노인의 전원 또는 퇴소 시까지 최선의 서비스를 제공해야 한다.
- 종사자는 직무수행상의 사고로 인하여 노인에게 위험을 초래하지 않기 위해서 직무안전에 최선을 다해야 한다.

3. 가정과 같은 환경에서 생활할 권리

- 시설은 안전하고 깨끗하며 가정과 같은 환경을 제공하여야 한다.
- 공간이 허용하는 한 개별적인 수납공간을 제공하여야 한다.
- 목욕, 의복 및 침구의 세탁 등 노인의 위생관리에 만전을 기해야 한다.
- 적절하고 편안한 조명과 음향을 제공하여야 한다.
- 편안하고 안전한 실내온도를 유지하여야 한다.

4. 신체적 제한을 받지 않을 권리

- 생활노인 또는 종사자 등의 생명이나 신체에 위험을 초래할 가능성이 현저히 높거나, 대체할 만한 간호나 수발방법이 없거나, 증상 완화를 목적으로 불가피하게 일시적으로 신체적 제한을 하는 경우 등의 긴급하거나 어쩔 수 없는 경우를 제외하고는 노인의 의사에 반하는 신체적 제한을 해서는 안 된다.
- 긴급하거나 어쩔 수 없는 경우로 인해 일시적으로 신체를 제한할 경우에도 노인의 심신의 상황, 신체 제한을 가한 시간, 신체적 제한을 할 수밖에 없었던 사유에 대하여 자세히 기록하고, 노인 본인이나 가족에게 그 사실을 통지하여야 한다.
- 시설 규정에 위반되거나 또는 의료적 목적을 달성하기 위한 경우를 제외하고는 신체적인 제한이나 심리적인 영향을 미치는 약물을 처방해서는 안 된다.

5. 사생활 및 비밀 보장에 대한 권리

- 노인의 사생활을 보장하고, 직무수행과정에서 얻은 비밀을 철저히 지켜야 하며, 질병과 치료, 통신, 가족 등과 같은 어르신의 사생활에 관한 정보나 기록을 사전 동의 없이 공개해서는 안 된다. 다만 인지능력이 제한된 노인의 경우에는 가족 등 관계자의 동의를 받은 후 노인이 서비스 증진을 위한 전문적 목적에 한하여 정보를 공개할 수 있다.

6. 통신의 자유에 대한 권리

- 노인은 자유롭게 전화를 이용하고, 우편물을 발송할 수 있어야 하며, 노인의 우편물을 개봉하지 않는 등 개인적 통신의 권리를 최대한 보장하여야 한다.

7. 문화, 종교적 신념의 자유에 대한 권리

- 노인의 정치적 이념을 존중하고, 투표 등의 정치적 권리행사에 부당한 영향력을 행사해서는 안 된다.
- 노인의 종교적 신념을 인정하고, 특정 종교행사 참여의 강요 등 종교적 신념의 변화를 목적으로 부적절한 영향력을 행사해서는 안 된다.
- 노인의 문화적 다양성을 인정하고, 이에 따른 생활양식의 차이를 최대한 존중하여야 한다.

8. 소유 재산의 자율적 관리에 대한 권리

- 노인 개인 소유의 재산과 소유물을 갖거나 이용할 권리를 최대한 보장하고, 이를 스스로 관리할 수 있는 권리를 보장하여야 한다.
- 다만 노인이 스스로 재산을 관리할 수 있는 능력이 없어 노인이나 가족 또는 기타 후견인의 특별한 요청이 있을 경우에는 시설에서 사용 또는 처분할 수 있으며, 이 경우 분기별 또는 수시로 재정 사용에 대한 결과를 알려 주어야 한다.

9. 불평의 표현과 해결을 요구할 권리

- 노인의 의견이나 불평을 수렴하기 위한 공식 절차(예: 건의함, 운영위원

회 등)를 마련하여 시행하여야 한다.

- 노인이나 가족에 의해 제기된 불평을 즉각적으로 해결하기 위한 조치를 취해야 한다.
- 노인이나 가족이 불평을 제기했다는 이유로 노인에게 차별적 처우나 불이익을 주어서는 안 된다.

10. 시설 내 · 외부 활동 참여의 자유에 대한 권리

- 시설 내의 자발적 모임이나 다른 노인과 사귀고 의사소통할 수 있는 권리를 보장하여야 한다.
- 다른 생활노인의 권리를 침해하지 않는 범위 내에서 자신의 의사에 따라 시설 내부의 다양한 서비스, 여가, 문화활동에 참여할 수 있는 기회를 부여해야 한다.
- 시설 외부의 건강, 사회, 법률, 또는 다른 서비스 기관의 이용을 적극적으로 권장하고, 필요시 지역사회 서비스를 연계하여야 한다.
- 노인의 원하지 않는 경우를 제외하고는 면회나 방문객을 거부해서는 안 된다.
- 노인의 자유로운 외출, 외박 기회를 최대한 보장하여야 한다.
- 지역사회 주민은 시설 생활노인의 지역사회 활동 참여를 적극적으로 권장하고 지원하며, 지역사회와의 유대관계 증진을 위하여 노력하여야 한다.

11. 정보 접근과 자기결정권 행사의 권리

- 노인의 의사에 반하는 전원 또는 퇴소를 하여서는 안 되며, 불가피한 경우 전원 또는 퇴소 시 그 사유를 통보하고 의사결정 과정에 노인 또는 가족을 참여시켜야 한다.
- 노인이 요구할 경우 건강상태와 치료 · 수발, 제반 서비스에 관한 정보와 기록에 대한 접근을 허용하여야 한다.
- 노인이 의식수, 보건의료서비스, 여가활용 등 개인의 삶에 영향을 미치는 모든 부분에서 자기결정권을 행사할 수 있도록 해야 한다.
- 노인의 권리 변화, 건강과 일상생활의 변화, 수발 및 의료적 처치의 변화 등과 관련하여서는 충분한 시간을 갖고 사전에 노인과 가족에게 통보하

고, 의사결정과정에 노인 또는 가족을 참여시키고 이들의 결정을 존중하여야 한다.

- 생활노인의 권리, 시설 입·퇴소 및 운영과 관련된 시설의 규칙과 규정을 구두 또는 문서로 생활노인과 가족에게 충분히 설명 또는 공지하여야 한다.

자료: 보건복지부(2006. 5.). 노인복지시설 인권보호 및 안전관리 지침.

국가인권위원회(2008. 8.)에서 발간한 「노인분야 인권교육 교재」에서는 노인복지시설 생활노인의 권리를 건강권, 주거권, 인간존엄권, 경제권, 문화생활권, 교류 및 소통권, 자기결정 및 선택권이라는 7개 인권 영역으로 구분하였다. 각각의 인권 영역에 속하는 하위 영역과 세부적인 권리 또는 서비스 관련 내용은 〈표 2-4〉에서 보는 바와 같다.

이상에서 살펴본 노인복지시설 생활노인의 인권 영역과 세부 권리는 '인권'을 기준으로 하여 분류한 것으로서, 인권에 대한 식견이 높은 노인복지종사자가 아니면 각각의 인권 항목을 인권관점에 기초한 서비스나 급여로 전환하여 노인에게 제공하기가 쉽지 않다. 이에 한국노인복지시설협회(2009. 10.)는 노인복지시설에서 제공하는 서비스 단계와 내용을 기준으로 하여 인권 영역과 항목을 분류하여 제시함으로써 종사자가 자신이 제공하는 서비스와 직접적으로 연관된 인권 항목이 무엇인지를 손쉽게 파악하고, 서비스 제공 시 따라야 할 행동원칙이나 실천가이드라인의 준수로 인권관점에 기초한 양질의 서비스 제공이 용이하도록 노인복지시설 인권매뉴얼을 개발하였다. 이 매뉴얼은 한국노인복지시설협회(2009)에서 발간한 「노인요양시설의 직무분석을 통한 업무매뉴얼」의 서비스 단계 구분 기준에 따라 입소이전단계, 입소초기단계, 입소생활단계, 퇴소단계로 서비스 단계를 구분하고, 각각의 단계에서 제공하는 서비스 내용별로 인권 영역과 인권 항목을 분류하였는데, 그 내용은 〈표 2-5〉에서 보는 바와 같다.

표 2-4 노인분야 인권교육 교재에 나타난 시설생활노인의 인권

영역	하위 영역	개별 항목
건강권	1. 건강 증진 및 치료	의료, 간호, 물리치료, 작업치료, ADL 및 기타 재활요법 등
	2. 위생관리	의복, 청소, 목욕, 대소변, 양치, 용모단장, 전염병, 식중독 등
	3. 영양관리	급식, 간식, 특별식 등
주거권	1. 안전한 생활	실종, 시설 내 안전사고, 화재 등
	2. 주거생활	시설의 쾌적성, 편의성, 접근성, 안전성, 집단활동실, 생활실 환경
인간존엄권	1. 존엄한 존재로 대우받을 권리	평등, 행복추구, 집단과 개인의 생활시간 등
	2. 안전한 생활	신체적 학대, 방임 등
경제권	1. 노동권	강제노동, 치료적 목적의 노동행위 등
	2. 물품 및 금전관리	기초노령연금, 개인소유물품 및 지참금 관리, 요양급여자부담 등
	3. 장제서비스	임종, 장례, 유류품 처리 등
문화생활권 및 정치 · 종교 자유권	1. 여가문화생활	음악, 미술, 레크리에이션 등 문화생활 참여 등
	2. 정치 및 종교활동	투표참여, 종교활동 참여 등
교류 및 소통권	1. 가족 및 사회관계 유지	외출, 외박, 외부활동 참여, 면회, 서비스정보 등
	2. 동료노인의 인권	동료노인의 사생활보호, 존엄한 대우, 집단따돌림, 폭언과 폭행 등
	3. 시설종사자의 인권	서비스 요구 수준, 종사자의 인권 보호 등
자기결정 및 선택권	1. 입소와 퇴소	시설 요양급여와 시설생활에 대한 충분한 정보 제공과 자기결정, 생활규범 설명 등
	2. 서비스 선택 및 변경	요양급여 정보, 서비스 정보제공과 선택, 서비스 변경, 가족통지 등
	3. 정보통신생활	우편, 전화, 인터넷 이용 등
	4. 사생활보호 및 비밀보장	생활노인의 개인 정보 보호, 생활실 환경 등
	5. 생활고충 및 불평 처리	생활상담, 사례관리, 불평 및 건의절차 등
	6. 이성교제, 성생활 및 기호품	음주, 흡연 등

표 2-5 노인복지시설 인권매뉴얼에 나타난 생활노인의 인권 영역과 항목

단계	서비스 내용	인권 영역과 항목
입소 이전 단계	시설홍보와 정보 제공	거주 이전과 선택의 자유권, 시설에 관한 정보접근권
	입소상담	의사표현의 자유권, 시설운영 및 입소절차에 관한 정보접근권, 개인 정보 및 사생활보호권
	입소결정과 입소계약	입소시설 선택과 입소 여부의 자기결정권, 입소계약 내용에 대한 정보접근 및 공정한 입소계약을 맺을 권리
입소 초기 단계	시설생활 안내	시설 공간과 서비스에 대한 종합적 정보를 제공받을 권리, 생활규칙에 대한 정보를 제공받고 동의할 권리
	입소 사정 및 서비스 목표 설정	욕구사정을 위한 자유로운 표현과 정보 제공의 권리, 서비스 목표설정 과정에 참여할 권리
	서비스 계획 수립	서비스 선택 수립과정에의 참여와 자기결정권, 질 높은 서비스를 제공받을 권리
	초기 적응지원	생활불편 해결을 위한 조치를 받을 권리, 서비스 이용의 자유권
입소 생활 단계	시설생활 기본 처우	종사자와 동료노인에게 인격적 존중을 받을 권리, 개인적 생활방식을 유지하고 영위할 권리, 차별받지 않고 평등한 처우를 받을 권리, 학대와 부적절한 처우를 받지 않을 권리
	보건의료서비스	적절한 보건의료서비스를 받을 권리
	재화치료서비스	개인적 욕구에 상응하는 재활치료서비스를 받을 권리, 안전한 재활치료서비스를 받을 권리, 재활치료서비스에 대한 동등한 접근권
	특정 질환 및 상태	특정 질환을 이유로 차별받지 않고 평등한 처우를 받을 권리, 서비스 내용과 과정에 대한 알 권리, 신체적 제한을 받지 않을 권리, 치료 및 약물처방에 대한 자기결정의 권리
	일상생활 지원	질 높은 영양 및 급식서비스를 받을 권리, 개인적 선호에 따른 의복착용의 권리, 깨끗하고 위생적인 환경에서 생활할 권리, 세심하고 안전한 목욕서비스를 받을 권리, 적절한 배변서비스를 받을 권리, 외출 및 이동서비스를 받을 권리
	의사소통 및 고충처리	자유로운 의사표현과 소통의 권리, 자유로운 정보통신생활의 권리, 고충 표현과 해결을 요구할 권리
	여가문화생활	공평한 여가문화생활서비스를 받을 권리, 여가문화생활서비스의 선택권, 지역사회 여가문화서비스를 이용할 권리

단계	서비스 내용	인권 영역과 항목
입소생활단계	경제, 노동, 정치, 종교활동	개인소유물 관리 및 소비활동의 권리, 노동활동을 선택하고 거부할 권리, 정치적 의사표현 및 투표의 자유권, 종교의 자유를 보장받을 권리
	생활환경	적절한 주거환경에서 생활할 권리, 안전한 환경에서 생활할 권리
	특수욕구 및 개별적 욕구	개인의 사적 생활과 특별한 욕구에 대해 요구할 권리, 공평한 서비스를 누릴 권리
	서비스 선택과 변경	서비스에 대해 알고 선택할 권리, 서비스 변경을 요구할 권리
	서비스 이용 지원	가족과의 유대관계를 유지할 권리, 지역사회와 교류할 권리, 외부인과 친밀한 관계를 맺을 권리, 동료노인에게 존엄한 존재로 대우받을 권리, 종사자의 인권을 보호해야 할 의무
퇴소단계	퇴소상담	의사표현의 자유권, 퇴소의 자기결정권, 부당한 사유로 퇴소당하지 않을 권리
	서비스 의뢰 및 사후서비스	전원이나 입원에 대한 의사표현과 자기결정권, 지역사회 다른 시설의 서비스에 대한 정보접근권, 서비스 내역에 대한 알 권리와 비밀보장에 관한 권리, 서비스의 지속성을 보장받을 권리
	장례서비스 지원	보호자 등이 지켜보는 가운데 임종할 권리, 노인의 유지에 따른 존엄한 장례서비스를 받을 권리, 장례서비스와 애도과정에서 지원받을 보호자의 권리, 노인의 유지에 따른 유류품 처리의 권리

3) 국외 노인복지시설 생활노인의 인권보호 원칙과 기준

(1) 미국 장기요양시설 생활노인의 권리와 인권보호 원칙

미국의 노인법 제11조의 근거하여 실시되는 장기요양보호시설 옴부즈맨(ombudsman) 프로그램에서는 시설 생활노인의 권리를 〈글상자 2-5〉와 같이 10개 항목으로 규성하고 있다

글상자 2-5 **미국 장기요양시설 생활노인의 권리**

- 존경과 존엄한 존재로 대우받을 권리
- 화학적 및 물리적 제약에서의 자유
- 자신의 재정을 관리할 수 있는 권리
- 보복에 대한 두려움 없이 불평을 호소할 수 있는 권리
- 자유로이 다른 생활노인과 사귀고 의사소통할 수 있는 권리
- 개인적인 통신을 주고받을 권리
- 개인적, 의료적 기록에 대한 비밀을 보장받을 수 있는 권리
- 차별 없이 주정부와 연방정부의 도움을 요청할 권리
- 입소 이전에 자신이 받을 수 있는 권리, 서비스 내용과 비용에 대한 충분한 정보를 제공받을 권리
- 퇴소나 전원에 대하여 사전통지 받을 권리

자료: http://www.aoa.gov/eldfam/Elder_Rights/LTC/LTC.asp.

미국의 공법 100-203에서는 장기요양시설(nursing homes) 생활노인의 인권보호를 위한 주요 원칙을 다음의 〈글상자 2-6〉과 같이 제시하고 있다.

글상자 2-6 **미국 장기요양시설 생활노인 인권보호 원칙**

1. 권리의 행사

- 차별, 감금, 방해, 강압 또는 보복을 두려워하지 않고 시민으로서 또한 시설 생활노인으로서의 권리를 행사할 권리와 자유를 가진다.
- 혼자서 권리를 행사할 수 없는 경우에는 주법에 의하여 대리자로 지정된 사람에 의하여 행사된다.

(1) 권리와 서비스의 공지

- 언어와 문서를 통하여 생활노인의 권리와 생활노인의 행위와 의무를 규정하는 모든 규칙과 규정에 대하여 공지받아야 한다.

- 기록을 검토하고 사본을 구매할 권리가 있다.
- 건강에 대한 모든 정보를 통지받을 권리가 있다.
- 치료와 실험적 연구에의 참여를 거부할 권리가 있다.
- 시설시책에 상응하는 지시사항을 미리 제시할 권리가 있다.
- 의료보험/의료보호와 관련된 정보를 통보받을 권리가 있다. 이러한 정보는 공지되어야 한다.
- 시설의 서비스와 비용에 대하여 통보받을 권리가 있다.
- 담당의사와의 접촉방법에 대하여 통보받을 권리가 있다.
- 담당의사와 관심 있는 가족에게 생활노인의 상태 및 치료방법의 변화 또는 전원과 퇴소 등과 관련된 결정에 대하여 통보하여야 한다.
- 생활실이나 생활실 공유 노인에 변화가 있을 시 노인과 관심 있는 가족에게 통보하여야 한다.
- 시설이 요청하는 생활실 변경을 거부할 권리가 있다.
- 법적 대리자나 관심 있는 가족의 주소와 전화번호를 최근 자료로 유지하여야 한다.
- 생활노인으로서의 노인의 권리에 있어 변화가 있는 경우 노인과 관심 있는 가족에게 통보하여야 한다.

(2) 소지금의 보호

- 재정적인 관리를 할 수 있다. 시설에 개인적인 자금을 맡길 필요는 없다.
- 시설에 맡겨진 노인의 자금은 노인의 이해를 가장 잘 반영하는 방법으로 관리되어야 한다. 노인의 돈이 시설의 자금과 섞여서 사용되어서는 안 된다.
- 재정적인 상태보고를 분기별로 또한 노인의 요청에 의하여 통보하여야 한다
- 잔여 부동산은 상속자에게 전달되어야 한다.
- 시설의 모든 자금은 채권에 의하여 보호받는다.

(3) 자유선택권

- 담당의사를 선택할 권리가 있다.
- 보호와 치료, 관련된 변화에 참여하고 관련 변화를 통보받을 권리가 있다.

(4) 사생활 확보

- 개인적, 의료적 기록에 대하여 프라이버시를 확보할 권리가 있다.
- 프라이버시는 개인적인 요양서비스, 의료적 치료, 전화사용, 방문, 편지, 가족이나 생활노인 집단과의 만남 등을 포함한다.
- 전원과 퇴소 시를 제외한 어떠한 경우에도 노인은 기록의 공개에 대하여 승인 또는 거부할 권리가 있다.

(5) 불평

- 차별이나 징계의 두려움 없이 요양서비스에 대한 불평을 이야기할 권리가 있다.
- 불평은 즉각적으로 해결되어야 한다.

(6) 조사결과의 검토

- 조사결과와 교정계획을 검토할 수 있어야 한다. 조사결과와 교정계획 또는 그것의 위치를 알리는 공고가 쉽게 접근할 수 있는 곳에 공지되어야 한다.
- 불평등이 즉각적으로 해결되어야 한다.

(7) 노동

- 시설을 위하여 서비스를 행하거나 거부할 권리가 있다.
- 행해진 모든 서비스는 요양서비스 계획 안에 일의 성격과 그 배상금을 포함하여 잘 기록되어야 한다.

(8) 우편

- 우편물을 즉각적으로 발송할 수 있고, 개봉되지 않은 상태의 우편을 받아 볼 수 있으며, 필기도구에 접근 가능해야 한다.

(9) 접근과 방문권

- 방문객을 받거나 거부할 권리가 있다.
- 건강, 사회, 법률, 또는 다른 서비스 제공기관을 방문할 권리가 있으며 시설은 그러한 접근을 허용하여야 한다.

(10) 전화

- 사적으로 전화를 사용할 권리가 있다.

(11) 개인적인 소지품

- 공간이 허락하는 한 개인적인 소지품을 갖거나 이용할 권리가 있다.

(12) 기혼자는 방을 공유할 수 있다.

(13) 약물의 자기관리

- 다학제 간 팀에 의하여 안전하지 않다고 결정된 경우를 제외하고는 약물을 자기 관리할 권리가 있다.

2. 입소, 전원, 퇴소 관련 권리

(1) 전원과 퇴소

- 욕구가 충족되지 않은 경우, 안전이 위협받는 경우, 서비스가 더 이상 필요하지 않은 경우, 비용이 지급되지 않은 경우를 제외하고는 전원 또는 퇴소하지 않을 권리가 있다.
- 이해 가능한 방법으로 전원 또는 퇴소의 이유가 통보되어야 한다.
- 건강 또는 안전상의 필요가 있는 경우를 제외하고는 30일 이전에 전원 또는 퇴소가 통보되어야 한다.
- 전원 또는 퇴소 시에는 적절하고 책임질 수 있는 옹호기관의 이름, 주소, 전화번호가 제공되어야 한다.
- 시설은 안전한 전원 또는 퇴소를 위해 충분한 준비를 하여야 한다.

(2) 병상 보유 정책과 재입소에 대한 통보

- 노인과 그의 가족은 전원 시나 그 전에 시설이나 주 정부의 병상보유 정책에 관한 내용을 문서로 통지받아야 한다.
- 병상보유 기간을 초과할 경우, 재입소에 대한 명문화된 원칙을 준수해야 한다.
- 전원, 퇴소, 서비스에 대하여 생활노인 모두에게 동일한 원칙을 적용하여야 한다.
- 입소 시 명문화된 통보가 있는 경우, 비의료급여 생활노인에 대한 요금을 결정해야 한다.

(3) 입소원칙

- 입소나 지속적인 거주를 조건으로 하여 제3자에게 현금제공을 보장할 것을 요구하거나 어떠한 선물을 받아서는 안 된다.
- 시설이 생활노인에게 의료보험 또는 의료보호 혜택을 받거나 청구할 권리를 포기할 것을 요구해서는 안 된다.

- 개인적인 부채가 발생하지 않는 범위에서 지불에 대한 법적인 재정적 접근성을 갖는다.
- 의료보호 대상 생활노인에게 요청된 항목이나 서비스에 대한 비용을 청구할 수 있다.
- 시설 입소나 지속적인 거주의 조건이 아닌 경우에 한해서 기부를 받을 수 있다.

3. 생활노인의 행위와 시설관례

(1) 제한

- 규율이나 편리를 위하여 또는 의료적인 증상을 치료하기 위하여 요구되는 경우를 제외하고는 육체적인 제한이나 심리적인 영향을 미치는 약물을 이용해서는 안 된다.

(2) 학대

- 언어, 성, 신체적, 정신적 학대와 신체적인 벌, 비자발적인 격리에서 자유로울 권리가 있다.

(3) 직원

- 시설은 학대, 방임, 부당한 처우, 재산의 부적절한 전용에서 생활노인을 보호하는 절차를 실행하여야 한다.
- 생활노인 처우 등을 포함하는 내용의 위반이 제기된 경우에 시설은 적절한 공무원에게 보고하여야 한다.
- 위반사항에 대해서는 심층적으로 조사하고 그 결과를 보고하여야 한다.

(4) 삶의 질

- 시설은 생활노인의 삶의 질을 증진하는 방법으로 요양서비스를 제공하여야 한다.

(5) 존엄성

- 생활노인의 개별성을 충분히 인지하면서 생활노인을 존엄성과 존경심을 갖고 대우하여야 한다.

(6) 자기결정권

- 생활노인은 자신의 활동, 일정, 보건 및 요양서비스와 시설 내에서의 생활에 영향을 미치는 여러 가지 측면에서 자기결정권을 갖는다.

- 선택에 의하여 방문객과 상호작용할 수 있다.
- 선택에 의하여 집단을 조직하거나 참여할 수 있다.
- 가족은 다른 가족과 함께 방문할 권리가 있다.
- 시설은 집단모임을 위한 독립적 공간을 제공하여야 한다.
- 종사자나 방문객은 집단이 초대하는 경우 집단의 모임에 참여할 수 있다.
- 시설은 집단의 요구사항이나 관심사에 관심을 보이고 반응하여야 한다.

(7) 다른 활동에의 참여

- 다른 생활노인의 권리를 침해하지 않는 범위 내에서 선택적으로 활동에 참여할 권리가 있다.

(8) 욕구의 수용

- 생활노인으로서 개별적 욕구와 선호에 상응하는 서비스를 받을 권리가 있다.
- 생활실이나 공동 생활노인의 변경을 통보받을 권리가 있다.
- 생활노인에게 중요한 시설 내의 생활에 대하여 선택할 권리가 있다.

(9) 활동

- 시설은 생활노인의 욕구와 관심사에 대응하는 활동 프로그램을 제공하여야 한다.

(10) 사회서비스

- 생활노인의 안녕을 유지 또는 고양하기 위한 사회서비스를 제공하여야 한다.

(11) 환경

- 가능한 한 생활노인이 개인적인 소유물을 이용할 수 있도록 안전하고 깨끗하며 가정과 같은 환경을 제공하여야 한다.
- 가사서비스와 생활보조서비스를 제공하여야 한다.
- 깨끗한 목욕과 침구를 제공하여야 하며 잘 유지되어야 한다.
- 공간이 허용하는 한 개별적인 수납공간을 제공하여야 한다.
- 적절하고 편안한 조명과 음향을 제공하여야 한다.
- 편안하고 안전한 실내온도를 유지하여야 한다.

자료: http://www.aoa.gov/prof/international/resources/resources_rights_care_01.asp.

(2) 호주 시설 생활노인의 권리헌장과 윤리강령

호주 정부에서는 시설 생활노인의 권리헌장(The Charter of Residents' Rights and Responsibilities)을 제정하여 공포하였는데, 그 내용은 〈글상자 2-7〉에서 보는 바와 같다.

글상자 2-7 호주의 시설 생활노인의 권리헌장

1. 시설 생활노인의 권리
   - 개인, 시민, 법적, 그리고 소비자의 권리를 완전하고도 효과적으로 활용할 권리
   - 욕구에 상응하는 질 높은 요양서비스를 제공받을 권리
   - 건강상태와 가능한 치료 방법에 대한 충분한 정보를 제공받을 권리
   - 존경과 존엄한 존재로 대우받고, 착취, 학대, 방임 없이 생활할 수 있는 권리
   - 차별이나 낙인을 당하지 않고, 서비스를 제공하는 사람에 대하여 의무적으로 감사하지 않고 생활할 수 있는 권리
   - 개인 사생활 보호에 대한 권리
   - 안전하고 가정과 같은 환경에서 생활하고, 부적절한 제한 없이 시설 내·외부에서 자유롭게 활동할 권리
   - 개별 인격체로 받아들여지고 대우받으며, 개인적 선호를 충분히 고려하여 존중받을 권리
   - 차별받지 않고 문화적, 종교적 활동을 유지하고, 자신이 선택한 언어를 사용할 수 있는 권리
   - 두려움, 비난, 또는 제한을 받지 않고 타인과의 개인적, 사회적 관계를 선택하고 유지할 수 있는 권리
   - 표현의 자유에 대한 권리
   - 개인적 행동이나 선택에 대한 책임의 인식을 포함한 개인적 독립성을 유지할 수 있는 권리. 개인의 어떤 행동이 생활노인의 권리를 위협하는 요인이 될지라도, 이러한 행동을 예방 또는 제한하기 위해서 사용되어서는 안 된다.

- 개인의 일상생활, 재정이나 소유재산에 대한 통제권을 유지하고, 의사결정을 지속할 수 있는 권리
- 시설 내·외부에서 개인이 선택한 활동, 단체 그리고 대인관계에 참여할 수 있는 권리
- 지역사회에서 활용 가능한 서비스와 활동에 접근할 수 있는 권리
- 시설에서의 거주형태에 대한 자문을 받고, 선택하고, 결정할 수 있는 권리
- 자신의 권리, 요양서비스, 편의, 개인적인 관심사에 대한 정보에 접근할 수 있는 권리
- 불평을 제기하고 분쟁을 해결하기 위한 조치를 취할 수 있는 권리
- 옹호자나 손해 배상에 접근할 수 있는 권리
- 자신의 권리행사를 위한 어떠한 행동에 대한 보복이나 이에 대한 두려움에서 자유로울 수 있는 권리

2. 시설 생활노인의 책임

- 시설 내 다른 생활노인의 권리와 욕구를 존중하고, 전체 시설서비스의 욕구를 존중해야 할 책임
- 종사자와 시설운영자가 편안한 환경에서 일할 수 있는 권리를 존중해야 할 책임
- 가능한 한 자신의 건강과 안녕상태를 돌보아야 할 책임
- 가능한 한 자신의 의학적 치료와 현재 건강상태에 대한 정보를 의료진에게 제공해야 할 책임

자료: Australian Goverment Dept. of Health and Ageing. (2005. 4.). *The residential care manual.*

또한 호주 정부는 시설 생활노인의 권리헌장이 노인요양시설의 서비스에서 구현될 수 있도록 구체적인 윤리강령과 행동지침을 마련하여 공포하였는데, 그 내용은 〈글상자 2-8〉과 같다.

글상자 2-8 **호주 시설보호 윤리강령 및 윤리적 행동지침**

1. 노인 시설보호 윤리강령

노인복지 분야에서는 시설보호서비스의 제공자나 수급자 모두에게 도움이 되는 맥락에서 기본적 인권 보호의 필요성을 인정한다. 시설보호서비스의 파트너로서 서비스 제공자는 기본적 인권이 각 개인의 천부적 존엄성에서 유래되었다는 점을 인정한다. 우리의 노력과 시설 생활노인과의 관계와 일치하게 우리는 시설 생활노인의 다음과 같은 권리를 보호하기 위하여 최선을 다할 것이다.

(1) 존엄한 존재로 처우받을 권리
(2) 생명, 자유, 및 안전에 대한 권리
(3) 종교 및 문화적 정체성을 존중받을 권리
(4) 자기결정권에 대한 권리
(5) 개인적 욕구충족에 필요한 적정 수준의 보호서비스에 대한 권리
(6) 사생활 및 비밀보장에 대한 권리
(7) 사회적 욕구를 가진 사회적 존재로 인정받을 수 있는 권리

그리고 우리는 생활노인이 신체 또는 정신 장애가 있든, 또는 재정적, 사회적, 심리적으로 취약하고 허약하든 간에 이러한 권리를 보장할 것이다. 더 나아가 노인복지서비스 전달체계의 모든 파트너가 기본적 인권을 지니며, 윤리적 행동지침에 규정된 의무를 수행해야 한다는 점을 인정한다.

2. 서비스 제공자 윤리강령

- 인간존엄성의 존중과 존경받을 권리를 보장할 수 있는 환경을 증진하여야 한다.
- 생활노인에게 서비스를 제공함에 있어서, 정서적 안정을 증진하고, 물리적 안전을 도모하고, 종교적·영적 안정을 확보할 수 있도록 하여야 한다.
- 생활노인에게 독립성을 조장할 것이란 확신을 갖게 해야 한다.
- 생활노인과 종사자가 보복에 대한 두려움 없이 불평을 제기하고 피드백

할 수 있는 장치를 마련하고, 고충처리기구(Complaints Resolution Scheme)와 옹호서비스와 같은 외부기관에의 접근을 촉진해야 한다.

- 조직의 사업상 이루어지는 재정적 거래와 관련된 이해갈등에 대해 생활노인과 관련자에게 알려야 한다.
- 생활노인의 일상 지출은 청렴하고 책임 있게 처리해야 한다.
- 유산, 기증 또는 기부는 생활노인의 법적 재량과 서비스 접근을 제한하지 않는 범위 내에서 자발적이고 자유롭게 이루어지도록 하여야 한다.
- 종사자와 참여 전문가에게 안전한 직무환경을 제공하고 증진하여야 한다.
- 종사자의 결사의 자유를 존중하고 보장하여야 한다.
- 생활노인과 가족의 문화적, 언어적 욕구를 지지하는 환경에서 요양서비스를 제공해야 한다.
- 개인적, 문화적, 그리고 종교적 선호에 대한 욕구를 충족하는 식사와 음료를 제공해야 한다.
- 생활노인의 희망에 따라 영적 지도자와 종교적 집회장에 쉽게 접근할 수 있도록 해야 한다.
- 생활노인에게 자기개발 기회를 부여하고, 안녕에 대한 잠재력을 최대화할 수 있는 환경을 조성해야 한다.
- 요양서비스에 대한 생활노인의 선택권을 존중해야 한다.
- 생활노인이 자신의 행동과 선택에 대한 책임을 질 수 있도록 격려해야 한다.
- 생활노인이 입소비용 문제를 겪는 경우에도 독립적인 사회적, 법적 또는 기타 조언과 원조에 접근할 수 있도록 해야 한다.
- 법이 허용하는 범위 내에서 생활노인의 자가처방을 지원할 수 있는 계획을 수립해야 한다.
- 조직이 생활노인의 욕구에 적합한 요양서비스를 제공할 수 있는 능력이 있는지의 여부를 결정함에 있어서 생활노인의 이익을 우선으로 고려해야 한다.
- 적정 수준의 건강과 안녕 상태를 유지할 수 있도록 생활노인의 욕구에 적절한 식사, 요양서비스, 지지를 제공해야 한다.

- 제공되는 모든 요양서비스에 대하여 생활노인, 가족 또는 관계자의 의견을 수렴할 수 있는 방법을 개발해야 한다.
- 요양서비스, 치료, 지지 및 보호를 안전하고 효율적이고 효과적으로 전달하는 데 필요한 질 높은 종사자를 적절히 확보하며, 교육, 훈련 기회를 부여하여 종사자의 질을 유지하고 향상하여야 한다.
- 의료적 처방과 관련하여 생활노인의 안전을 확보하여야 한다.
- 위험경감 프로그램을 강화하고, 적절한 의사소통 및 관리체계를 구축하여 종사자가 실수와 부적절한 사건을 확인하고, 비난에 대한 두려움 없이 보고하고, 토론하여 해결해 나가는 문화를 조성해야 한다.
- 시설에 근무하는 전문가가 시설의 윤리 기준을 따르도록 권장해야 한다.
- 생활노인에게 적정 수준의 요양서비스를 제공하는 데 필수적인 시설과 설비를 갖추어야 한다.
- 생활노인, 가족 및 종사자의 사생활과 비밀을 보장할 수 있는 환경을 조성해야 한다.
- 부부에게는 결혼생활을 할 수 있도록 해 주어야 한다.
- 생활노인의 희망에 따라 가족과 다른 방문자의 방문을 용이하게 해 주어야 한다.
- 생활노인의 사회 접촉에 대한 욕구를 인정하고, 시설 내에서 새로운 우정을 맺을 수 있는 기회를 포함한 사회적 상호작용의 기회를 부여해야 한다.

3. 시설 종사자 윤리강령

- 생활노인, 가족, 서비스 제공자, 종사자의 존엄성을 인정하고, 존경과 예의로 대하여야 한다.
- 서비스를 제공함에 있어서 생활노인의 정서적 안정, 물리적 안전, 종교 및 영적 안정을 도모해야 한다.
- 생활노인, 종사자 자신, 그리고 타인의 직무상 사고의 위험을 최소화하기 위하여 직무안전에 유의해야 한다.
- 생활노인과 관계자에게 옹호서비스 및 불평처리 제도와 관련된 정보를

제공해야 한다.

- 조직의 사업상 거래와 관련된 재정적 관계와 생활노인과의 개인적 관계에서 발생하는 이해갈등에 대해 서비스 제공자에게 알려야 한다.
- 생활노인의 일상적 재정지출을 청렴하게 처리해야 한다.
- 생활노인, 가족과 관계자, 다른 종사자와 서비스 제공자의 개인적, 문화적, 종교적 신념에 대한 권리를 보장해야 한다.
- 생활노인과 가족의 문화적, 언어적 욕구를 지지하는 방향으로 요양서비스를 제공해야 한다.
- 요양서비스를 합리적으로 선택할 수 있는 생활노인의 권리를 존중해야 한다.
- 생활노인에게 자기개발과 안녕 상태의 잠재력을 극대화할 수 있는 기회를 부여해야 한다.
- 생활노인과 관계자가 자신의 행동과 선택에 대한 책임을 지도록 권장해야 한다.
- 생활노인이 입소비용 문제를 겪는 경우에도 독립적인 사회적, 법적 및 기타 조언과 원조를 받을 수 있도록 촉진해야 한다.
- 시설의 모든 윤리적 기준을 준수해야 한다.
- 생활노인의 건강과 안녕 상태를 적정 수준에서 유지하기 위하여 생활노인의 욕구에 적절한 요양서비스를 지속적으로 제공해야 한다.
- 종사자 자신의 전문성, 자격 및 권위 내에서 최상의 요양서비스를 제공해야 한다.
- 영양 기준과 개인적, 문화적 및 종교적 선호를 충족하기에 적절한 식사가 제공되는지 점검하고 지원해야 한다.
- 생활노인, 가족 또는 관계자와 수시로 상의해야 한다.
- 요양서비스 기준에 미달한 부분에 대해 적절한 불평처리 기제를 통하여 보고하여야 한다.
- 실수와 부적절한 사건을 확인하고, 비난에 대한 두려움 없이 보고하고 토론하여 해결해 나갈 수 있는 위험경감 프로그램에 참여해야 한다.
- 생활노인에게 최상의 이익이 될 수 있도록 서비스 제공자, 관계 전문가,

동료와 협력하여야 한다.

- 지속적인 교육과 훈련 기회를 이용해야 한다.
- 시설과 설비를 적절한 방식으로 이용하고 관리하여야 한다.
- 생활노인, 가족, 다른 종사자 및 서비스 제공자의 사생활과 비밀보장의 권리를 존중하는 방식으로 모든 요양서비스, 과정 및 과업을 수행해야 한다.

4. 생활노인, 가족 및 관계자 윤리강령

- 다른 생활노인, 종사자, 서비스 제공자의 존엄성을 인정하고, 존경과 예의로 대해야 한다.
- 다른 생활노인, 종사자, 제공자의 물리적, 정서적 안전에 대한 욕구를 존중해야 한다.
- 요양서비스 비용에 대한 재정적 책임을 이행해야 한다.
- 다른 생활노인, 가족 또는 관계자, 종사자, 서비스 제공자의 개인적, 종교적, 도덕적, 문화적, 그리고 사회적 견해와 신념에 대한 권리를 존중해야 한다.
- 치료의 거부와 동의와 관련된 권리를 포함하여 개인의 선택에 대한 책임을 수용해야 한다.
- 필요에 따라서는 종사자와 서비스 제공자의 도움 없이 사회적, 재정적, 법적 또는 다른 조언을 구해야 한다.
- 보건전문가에게 의학적 치료와 투약, 현재 건강상태에 대해 적절한 정보를 제공해야 한다.
- 시설과 설비를 책임 있게 이용해야 한다.
- 다른 생활노인, 가족 또는 관계자, 그리고 종사자의 사생활과 비밀보장에 대한 권리를 존중해야 한다.
- 다른 생활노인의 사회적 활동 참여에 대한 권리를 인정해야 한다.

자료: Commonwealth of Australia. (2001). *Code of ethics and guide to ethical conduct for residential aged care.*

제3장

인권관점 노인복지실천

1. 인권과 노인복지실천의 관계

1) 인권과 노인복지 분야의 융합

인권 분야에서는 인권이 추상적이고 형식적 수준의 담론에 그친다면, 인권은 공허한 메아리에 불과할 수 있다는 비판이 제기되면서, 인권을 현실에서 보장하고 실현할 수 있는 실질적인 기제가 만들어져야 한다는 주장(이봉철, 2001; 조효제, 2007)이 강력하게 제기되고 있다. 이에 인권 분야에서는 법률적, 제도적 접근 이외에 실제로 인권 문제를 효과적으로 다룰 수 있는 방법이 있는가에 대한 논쟁이 진행되고 있다(Ife, 2006). 인권을 현실에서 실현하기 위한 각종 사회제도가 있지만, 인권이 삶을 영위하는 데 필요한 자유와 욕구의 충족을 목적으로 한다는 점(Gewirth, 1982)에서 노인복지정책이나 실천과 더욱 깊은 연관성을 맺어야 한다. 미래의 인권

담론 역시 인권 고유의 이념을 계승하되 인간의 욕구충족과 역량강화를 통하여 행복을 증진하는 복지형 체계를 비전으로 삼아야 한다는 점을 강조하고 있다(조효제, 2007).

노인복지 분야에서도 노인복지정책과 실천을 통하여 노인의 욕구 충족과 문제해결을 위한 서비스 제공에는 헌신적이었지만, 노인복지가 추구해야 할 가치와 이념적 지향점, 궁극적으로 도달하고자 하는 목적에 대해서는 비교적 소홀했다는 비판이 제기되고 있다. 국가마다 사회문화적 상황이 상이하기는 하지만, 대개 노인복지제도의 발달단계는 첫째, 자선과 구제, 둘째, 노인문제의 해결, 셋째, 노인의 욕구충족단계를 거치게 되며, 마지막 발달단계로는 노인의 권리보장 또는 인권보호단계로 진행되게 된다(권중돈, 2011. 9.). 우리나라의 노인복지정책과 실천은 현재 노인복지제도 발달의 2단계 또는 3단계에 속하고 있지만, 학술 분야와 이념적 지향에서는 4단계에 진입하고 있는 상황이다. 그리고 2011년 6월 노인복지법 개정을 통하여 노인보호전문기관이 노인 인권보호 관련 사업을 전개하도록 공식화함으로써 노인복지정책과 실천에서 인권관점에 기초한 노인복지실천(right-based approac: RBA)에 대한 관심이 증가하고 있다(권중돈, 2011. 8.). 실제로 국제사회사업가협회(IFSW, 2002)는 인권이 노인복지의 심장부라고 보고, 노인복지의 가치, 윤리, 이론 및 서비스 과정 전체에 걸쳐서 인권을 고려하지 않으면 안 되며, 인간의 욕구에 반응하는 인권은 노인복지실천에서 반드시 옹호되어야 한다는 점을 강조하고 있다.

이와 같이 인권 분야와 노인복지 분야는 상호 간의 융합과 협력적 노력을 통하여 각각의 분야가 지닌 한계를 보완하고, 노인의 인권보호와 복지증진을 도모하기 위한 실천적 행동에서 시너지 효과를 거둘 수 있다.

2) 인권과 노인복지실천의 연관성

인권과 노인복지는 서로 다른 길을 걸어왔지만, 두 분야 사이에는 많은 연관성이 있다(Ife, 2000). 인권의 발달단계를 기준으로 하여 살펴보면, 1세대의 인권이 주로 법률가가 관심을 갖고 자유를 쟁취하기 위한 노력의 장이었지만, 사회복지 분야에서도 사회적 보호가 필요한 계층과 소수자의 권리에 대한 옹호활동과 인권보장을 위한 노력을 전개해 왔다. 2세대 더 나아가 3세대 인권은 사회복지전문가의 역할이 중요한 영역이다. 2세대 인권의 발달과정에서는 교육권, 주거권, 건강권, 직업권, 사회보장권 등을 보장하는 노인복지제도가 확충되었으며, 공공과 민간에 의한 직접서비스 제공과정을 인권보장의 한 과정으로 이해하였다. 3세대 인권의 발달과정에서는 사회복지실천에서 지역사회 개발의 측면이 강조(Ife, 2000)되고 있으며, 최근에는 서로 간의 상생발전(相生發展)을 도모할 수 있는 방안을 모색하는 과정에서 더욱 깊은 연관성을 지니게 되었다. 이러한 인권과 노인복지 사이의 관계를 좀 더 구체적으로 살펴보면 다음과 같다.

첫째, 노인복지가 뿌리를 두고 있는 가치는 인권 사상과 유사하다. 인간 존엄성, 자유, 평등, 민주, 정의, 사회적 책임과 연대 등의 노인복지의 기본 가치는 인권에 함축된 기본 가치와 동일하다. 그러므로 인권과 노인복지는 출발점이 동일하다.

둘째, 인권과 노인복지의 목적이 유사하다. 인권은 '인간이 그 자체로서 존엄성을 인정받고 인간답게 살아가는 데 필요한 모든 권리'를 말한다. 노인복지의 목적은 대한민국 헌법에 명시되어 있는 바와 같이 '인간다운 노후생활의 영위' 로서, 인권과 동일한 목적을 추구하고 있으며, 우리나라 헌법에서도 이를 노인의 권리라고 명시하고 있다.

셋째, 노인복지의 원칙은 인권의 원칙과 유사하다. 노인복지의 원칙이라 할 수 있는 자립, 보호, 참여, 자기실현, 존엄은 인권의 인간존엄권을 바탕으로 한 자유권과 사회권의 보장이라는 인권의 원칙과 동일하다. 그리고 노인복지실천의 기본 원칙이자 원조관계의 핵심 원칙이라 할 수 있는 수급권자의 자기결정, 수용, 비심판적 태도, 비밀보장 등에는 인권의 원칙이 내재되어 있으므로, 인권과 노인복지의 원칙을 서로 별개의 것이라고 보아서는 안 된다(Reighert, 2003; UN Center for Human Rights, 2005).

넷째, 노인복지 정책과 실천의 다양한 급여와 서비스, 원조행위는 결국 인권을 현실에서 구현해 내는 방법이다. 노인복지는 목적과 목표를 달성하기 위하여 노인복지정책과 노인복지실천이라는 두 가지 방법을 활용한다. 현행 노인복지정책의 소득보장, 주거보장, 고용보장, 건강보장, 그리고 사회서비스는 결국 경제권, 주거권, 노동권, 건강권, 사회참여권 등의 자유권과 사회권을 보장하기 위한 급여와 서비스로 구성되어 있다. 그리고 노인복지실천에서 이루어지는 상담, 사례관리, 옹호나 지지, 평생교육 프로그램, 지역복지활동 등의 비물질적 사회서비스 역시 모든 노인의 문제해결, 욕구충족, 그리고 사회적 기능 향상을 목적으로 하고 있으므로, 결국은 인간존엄권을 기반으로 하여 노인의 자유권과 사회권을 보장하기 위한 노력이라 할 수 있다.

다섯째, 노인복지실천의 다양한 이론과 모델, 개입활동은 인권관점에 근거를 두고 있다. 미국사회복지사협회(NASW, 2000)는 정책선언에서 모든 사회복지이론과 응용지식의 기반이 되는 원리로 인권관점을 채택하였다. 이 정책선언에 따르면 사회복지사는 사회적 약자 및 취약계층의 권리옹호, 취약집단의 건강과 복지 증진에의 기여 등과 같은 모든 개입 영역에서의 인권관점에 기초한 실천을 할 것을 요구하고 있다. 실제로 노인복지실천의 욕구모델, 사회정의모델, 시민권모델, 역량강화모델은 노인복지 수급권자의 인권을 증진하는 데 강조점을 두고 있다. 특히 수급권자의 선택권과 자율성을 높여 줌으로써 이들의 역량을 강화하는 데 중점을 두는 역량강화모델(empowerment model)과 수급권자가 자신감을 갖도록 지지하고 대처능력과 동기를 고양하여 스스로 자신의 문제에 도전하고 직면할 수 있도록 돕는 강점관점모델(strength model)은 수급권자의 자기결정권과 자율성을 강조하고 수급권자의 역량과 대처능력을 고양하는 데 목적을 두고 있는 것으로 인권관점을 채택하고 있다(조효제, 2007). 이와 같이 인권관점기반 접근법은 기존의 노인복지 실천모델을 폐기하거나 배타하는 것이 아니며, 오히려 기존 모델을 확장하며, 노인복지실천을 강화하고 그 정당성을 부여해 준다(Ife, 2000).

여섯째, 노인복지실천의 원조관계는 인권관점을 반영한다. 초기의 노인복지실천에서는 사회복지사를 원조제공자로, 수급권자를 수혜자로 규정하고 도움을 주고받는 관계로 보았다. 그러나 최근에는 수급권자가 무조건 받기만 하는 것이 아니며 원조과정에 직접적이고 적극적으로 참여할 것을 강조하고 있으며, 사회복지사와 수급권자 간의 끊임없는 대화와 자발적 참여를 강조한다. 즉, 노인복지실천과정에서 욕구사정이나 서비스 계획 수립, 프로그램 참여 등의 원조과정 전반에 수급권자가 직접 참여하여 자신의 의사와 요구를 적극적으로 개진하고, 스스로 서비스를 선택하고 결정할 수 있도록 하고 있다.

이와 같이 인권과 노인복지는 많은 유사점을 갖고 있음에도 인권관점기반 노인복지실천모델은 아직 이론적인 틀이 구체화되지 못하였으며, 경험적 실천이나 연구가 뒷받침되지 못하고 있다. 그럼에도 인권관점기반 접근법은 앞으로 노인복지실천의 발전에 크게 기여할 수 있을 것이다. 인권관점기반 노인복지실천은 자선이나 시혜가 아니라 개인이 갖는 안전과 존엄, 기회와 권리를 보장할 수 있는 길을 제시하고 있으므로, 노인복지실천에 긍정적 영향을 미쳤으며 앞으로도 영향을 미칠 것이다(김미옥 외, 2006; 조효제, 2007; Ife, 2000; Reighert, 2003; Skegg, 2005). 실제로 현재 이루어지는 노인복지 정책과 실천이 곧 노인의 인권을 보호하고 증진하는 인권관점 실천이라 해도 과언이 아니므로, 인권관점을 도입한다고 하여 노인복지 종사자에게 또 다른 역할이나 업무를 별도로 요구하는 것은 아니다. 다만 노인을 '의존적이고 보호받아야 할 대상으로 보던 사고'에서 '완전한 권리를 가진 주체로 규정하는 사고'로의 전환이 노인복지 종사자에게 요구된다. 물론 사고의 전환이 실제로 서비스를 제공하거나 프로그램을 수행하는 것보다 훨씬 어려운 일이지만, 인권관점으로의 사고 전환이 없으면 노인복지실천은 늘 노인의 문제와 욕구의 뒤꿈치를 좇아가는 복지지체 현상을 지속적으로 드러낼 가능성이 높다(권중돈, 2006).

2. 인권보호를 위한 노인복지실천의 현상

누구나가 꿈꾸는 이상사회(utopia)가 아니고서는 모든 인간이 인간으로서의 존엄성을 보장받고 자유롭고 평등한 인간다운 삶을 영위한다는 것은 현실적으로 불가능할 것이다. 노인 등을 포함한 사회적 약자는 삶의 과정에서 다양한 불평등과 차별을 겪고, 인간존엄성이 침해당하고, 생존을 위협받고 있는 것이 현실이다. 이러한 상황을 극복하고 인간다운 생활, 즉 건강하고 문화적인 삶을 누리기 위해서는 노인의 권리와 이익을 보장받기 위한 사회운동이 필요하다. 노인권익운동이란 노인의 안정된 삶과 복리 증진에 방해가 되는 기존의 사회관계를 변화시키려는 집합적 노력이라고 정의할 수 있다(권중돈, 2010a).

외국에서는 노인권익운동이 매우 활성화되어 있지만, 우리나라에서 노인의 권리와 이익을 옹호하는 노인권익단체는 실질적인 노인권익 옹호활동을 전개하지 못하고 있다. 우리나라에서 노인의 인권보호를 위한 실천적 노력을 기울여 온 대표적인 기관은 2004년부터 설립 · 운영되고 있는 노인보호전문기관이다. 노인보호전문기관은 2010년 한 해 동안 3000여 건의 극단적 인권침해 행위인 노인학대 사례를 발견하여 해결하였다는 점에서 노인 인권 침해사례의 구제와 노인 인권 증진에 크게 기여하고 있다(보건복지부, 중앙노인보호전문기관, 2011). 하지만 노인보호전문기관에서는 노인 인권이라는 큰 틀을 정립하고 그 속에서 노인학대 문제에 접근하는 방법이 아니라 학대라는 좁은 틀을 설정하고 노인 인권 문제에 접근을 해 왔으므로, 노인 인권보호를 위한 소극적 실천에 머무는 한계가 있다(권중돈, 2011. 8.). 하지만 2011년 6월 노인복지법 개정을 통하여 중앙노인보호전문기관이 노인 인권보호 관련 정책제안, 노인인권보호를 위한 연구 및 프로그램의 개발을 담당하게 됨으로써, 향후 노인보호전문기관의 노인인권보호와 관련된 역할이 더욱 중요해지고 있다.

2006년에 제정된 보건복지부의 노인복지시설 인권보호 및 안전관리지침은 노인복지시설에서의 인권에 대한 관심을 고조하고, 인권관점에 기초한 서비스와 실천을 도입하는 데 노인복지시설의 자체적인 노력을 이끌어 냈다는 점에서 매우 긍정적인 평가를 받을 수 있다. 이러한 인권보호지침을 노인복지실천과 서비스로 전환하기 위하여 한국노인복지시설협회(2009. 10.)에서는 「노인복지시설 인권매뉴얼」을 개발 · 보급하고 종사자교육을 지속적으로 실시하여, 노인복지시설에서는 이를 바탕으로 인권관점기반 노인복지실천을 실행에 옮기기 위한 노력을 기울이고 있다. 하지만 노인복지시설 인권보호 지침의 이행과 관련된 지도감독과 점검이 이루어지지 않고 있으며, 학대와 같은 노인 인권 침해 사례가 발생하여 외부로 알려진 이후에 사후 개입하는 정도에 머물러 있다.

2007년부터 동대문노인종합복지관에서는 한국노인인권센터를 설립하여 운영하고 있는데, 연극이나 홍보활동을 통한 노인과 지역주민의 노인인권에 대한 이해를 증진하는 데 중점을 두고 있다. 2009년부터 국가인권위원회에서는 '노인인권지킴이단'을 발족하여 운영하고 있지만, 실질적인 노인 인권 침해 사례를 발견하여 구제하는 활동을 전개하지는 못하고 있다(국가인권위원회, 2010. 5.). 한국노인종합복지관협회에서는 사회복지공동모금회의 지원을 받아 2010년부터 노인 일자리사업으로 노인 옴부즈맨(ombudsman) 사업을 추진하고 있는데, 언론, 편의시설, 소비자, 학대, 노인복지서비스라는 5개 분야에서 노인차별과 인권 침해 사례를 발견하고 직접 해결하기 위한 노력을 기울여 상당한 성과를 거두고 있다(권중돈, 2010c). 하지만 노인 인권 침해 사례를 발견하고도 공식 옴부즈맨이 아니라는 지위상의 한계로 인하여 실질적인 구제활동을 전개하지 못하는 한계도 동시에 노정하고 있다. 이 외에도 부산, 광주 지역 등 일부 지역의 재가장기요양기관 등에서 자체적으로 옴부즈맨 제도를 도입하여 운영하고 있지만, 이 역시도 지위상의 한계로 인하여 실질적인 인권 침해 구제 활동을 하지는 못하고 자체 자정 노력에 그치고 있다.

이상과 같이 국내에서는 공공과 민간 부문에서 노인 인권을 보호하기 위한 다양한 실천적 노력을 전개하고 있지만, 아직 그 범위나 활동의 양과 질적 측면에서 매우 미진하다고 평가할 수 있다.

3. 인권관점 노인복지 정책과 실천 강화를 위한 과제

노인복지 정책이나 실천이 노인 문제나 욕구를 해결하고 충족하는 데 강조점을 두기보다는 노인의 인권을 보장하기 위한 인권관점 접근(right-based approach)으로 전환되어야만 노인 문제의 예방과 기초 욕구뿐 아니라 높은 수준의 욕구까지도 충족할 수 있으며, 노인이 당연히 누려야 할 권리를 보호받을 수 있는 진정한 의미의 노인복지제도로 발전할 수 있을 것이다. 이에 다음에서는 노인복지 분야에 인권관점 실천을 도입하고 더욱 확산해 나가기 위해서 현 시점에서 노력해야 할 과제에 대해 살펴보고자 한다.

1) 노인 인권포럼의 구성과 노인권리선언의 채택

노인 인권 증진과 인권관점 노인복지실천의 강화를 위해서 가장 우선으로 추진해야 할 과제는 노인 인권의 영역과 세부 권리에 대한 사회적 합의의 도출이다. 이러한 합의 도출을 위해서 선행되어야 할 것은 노인 인권의 영역과 세부 권리를 규정하기 위한 공개적 논의의 장을 마련하는 것이다. 따라서 보건복지부와 국가인권위원회가 중심이 되어 '노인 인권

포럼(가칭)' 과 같은 논의 구조를 마련하고, 학계, 행정부, 법조계, 실천현장이 함께 참여하여 노인 인권의 개념, 범위와 영역, 세부 권리조항에 대한 합의된 시안을 마련할 필요가 있다. 이를 공청회 등을 통하여 의견 수렴을 하여 보완하고, '노인권리선언(가칭)' 과 같은 하나의 선언문 형태로 정리하여 공식으로 공포하고, 세부 행동원칙 또는 지침을 마련하도록 한다. 그래야만 앞으로 노인 인권 정책이 어느 방향으로 어떻게 추진되어야 할 것인가에 대한 기본 틀을 갖추고 시작할 수 있을 것이다.

2) 법 및 제도적 기반 구축

노인 인권을 증진하기 위한 복지급여나 서비스는 법에 기반을 두고 이루어지며, 인권을 서비스로 구현해 내기 위해서는 법의 제정, 개정, 이행, 준수가 전제되어야 한다(조효제, 2007). 따라서 노인복지실천에서 인권관점에 기초한 급여나 서비스가 제공되기 위해서는 노인 인권보호를 위한 법률의 제정과 정비가 이루어져야 한다. 즉, 노인복지법을 개정하여 '권리로서의 복지' 의 성격을 더욱 분명히 하고, 장애인차별금지법과 같은 수준의 구체적 조항을 담은 노인차별금지법(가칭)을 제정하거나 노인복지법에 노인 차별금지와 인권보호에 관한 구체적 조항을 신설하여 노인 인권보호를 위한 법적 및 제도적 기반을 구축하여야 한다.

이러한 법적 제도의 개선과 함께 민주주의 체제하에서 노인의 삶의 질 향상에 기여하려면 정책의 영역에 인권관점을 적용하는 것이 가장 확실한 방법이다. 즉, 시혜적 성격의 복지정책을 권리로서의 복지정책으로 전환해야 할 필요가 있다(조효제, 2007). 노인에게 제공되는 급여나 서비스는 국가가 노인의 삶의 질 향상을 위해 선택한 행동노선인 정책에 의거하여 이루어지므로, 인권관점에 근거한 노인복지정책의 개발과 시행이 요구된다. 즉, 기존의 문제해결과 욕구충족에 치중하고 있는 노인복지정책이 인권관점에 기초한 정책으로 전환되어야 한다. 현행 노인복지정책에서는 학대나 차별과 같은 노인 인권 침해 사례에 개입하는 소극적 인권보호정책을 채택하고 있는데, 인권이 침해되기 이전에 적극적으로 예방하고 노인 인권을 보호하는 적극적 노인 인권 보호정책으로 정책기조를 전환해 나가야 할 것이다. 이와 같이 인권관점에 기초한 노인복지정책으로의 방향을 전환하기 위해서는 노인복지정책의 목표에 '노인의 삶의 질 향상과 권익보호'를 명기해야 하며, 다음과 같은 세부적인 정책과제의 추진이 필요하다.

먼저 경제권과 관련하여서는 기초노령연금을 실제 최저 생계비를 보장하는 수준으로 끌어올리고, 노동권과 관련해서는 월 20시간의 노동과 월 20만 원의 보수를 받는 자원봉사형 일자리보다는 실질적인 노동기회와 소득증진에 기여할 수 있는 시장형이나 창업형 등의 노인을 위한 사회적 노동시장을 확대해 나가야 한다. 건강권과 관련하여서는 노인장기요양보험제도를 통하여 중증질환으로 인한 장기요양서비스가 필요한 노인을 위한 요양보호권을 보호함과 아울러 사전에 질병에 걸리지 않도록 예방하고 건강증진을 할 수 있는 건강관리권 보호를 위한 급여와 서비스를 강화해야 할 것이다. 또한 아동과 청소년 학생의 무상급식만을 논의할 것이 아니라 결식노인의 위생 및 영양권을 보호하기 위한 급식서비스의 확대가 필수적이다. 뿐만 아니라 경도 및 중등도의 만성질환을 앓지만 일상생활에 지장을 받는 노인을 위하여 노인돌봄종합서비스의 장기요양 등급기준과 소득기준을 폐지하는 조치가 강구되어야 한다.

주거권과 관련하여서는 현재 노인복지정책에서 가장 취약한 주거보장을 위한 대책을 획기적으로 확대하여, 집 없는 노인을 위한 임대주택 공급, 전월세 등의 주거비 지원을 위한 주거바우처 또는 주택수당제의 도입이 필요하다. 평생교육권이나 문화생활권을 보장하기 위해서는 노인여가복지시설의 확대설치와 함께 노인의 요구에 기초한 질 높은 문화·여가·교육서비스를 집중적으로 개발하여 제공하여야 한다. 사회참여권의 보장을 위해서는 노인 특성에 맞는 자원봉사 프로그램의 개발과 인센티

브 제공, 자발적 동아리 활동에 대한 지원 등이 이루어져야 한다. 가족유지권과 소통권을 보장하기 위해서는 노인장기요양보험제도의 시행으로 서비스 사각지대로 내몰린 경도 및 중등도 노인을 부양하는 가족을 위한 서비스의 확대, 효행교육 등을 통한 가족의 부양기능 회복, 세대 통합 프로그램의 확대 보급을 통한 가족통합의 촉진 등이 이루어져야 할 것이다.

3) 성년후견인제도와 노인 옴부즈맨 제도의 시행

노인 인권에 대한 논의가 학술적 및 이념적 논의에 그치지 않고, 실천으로 옮겨지기 위해서는 실질적인 노인 인권 보호를 위한 제도를 마련하여 시행해야 한다. 시기적으로 가장 먼저 검토해야 할 제도는 민법 개정으로 2013년부터 시행되는 성년후견제도의 도입과 관련된 준비이다. 치매나 중증질환 등으로 인하여 자신의 의사를 표현하는 데 한계가 있거나 권리를 행사하는 데 어려움이 있는 노인을 대신하여 권리를 행사할 수 있는 성년후견제도의 도입은 노인 인권보호에 크게 기여할 것이 분명하다. 그러나 현재 노인복지 분야에서는 성년후견제도에 대한 논의가 거의 이루어지지 않고 있으며, 장애인 분야에서 주도하고 있다. 따라서 노인의 인권이 충분히 보호받을 수 있는 성년후견제도가 될 수 있도록 제도의 운영에 관한 세부적 내용이 결정되기 전에 노인 분야에서도 성년후견제도 도입에 관한 논의에 적극적으로 참여하여야 한다.

성년후견제도와 아울러 도입을 긍정적으로 검토할 필요가 있는 제도는 노인 옴부즈맨 세노이다. 현재 노인복지 분야에서 질 높은 서비스를 담보해 내고 부당서비스를 방지할 수 있는 장치는 사회복지시설 평가와 공공부문의 감사, 행정지도감독과 현장점검 등이 전부이다. 이러한 제도는 서비스 공급자에 대한 감독 · 감시체계로서, 서비스 소비자인 노인이 경험하는 부당서비스, 불법서비스, 차별적 서비스 등을 찾아내는 데 한계를 지니며, 공무원이 직접 노인복지 현장을 자주 방문하여 점검 · 감독한다는 것도 현실적으로 한계가 있다. 이러한 문제를 보완하고 노인의 인권 침해를 예방하면서, 발생한 인권침해 사례에 대해서 공정한 구제활동을 전개할 수 있는 노인 옴부즈맨 제도의 도입은 그 필요성이 매우 높다. 가장 바람직한 노인 옴부즈맨 제도 도입방안은 공공 부문에서 옴부즈맨을 위촉하는 것이겠지만, 여러 가지 사유로 현실적 한계가 있다면 현재 한국노인종합복지관협회에서 실시하고 있는 것과 유사한 형태로 인권 당사자인 노인을 옴부즈맨으로 위촉하는 방안도 대안으로 검토될 수 있을 것이다.

4) 노인의 인권의식 전환과 주체적 참여

인권의 실현을 위해서는 당사자 스스로 자신의 권리를 주장하는 것이 필수적이다(조효제, 2007). 그러나 현 세대의 노인은 자신의 개인적 권리를 주장하는 것을 점잖지 못한 행동으로 간주하는 경향(권중돈, 2010a)이 있어, 권리를 요구하여야 하는 상황에서도 이를 자제하는 성향이 강하다. 이와 아울러 현 세대의 노인은 노인의 인권에 대해 교육을 받을 기회가 없었기 때문에 자신의 권리가 무엇인지도 모르고 있는 경우가 많다. 따라서 노인을 대상으로 한 인권교육 프로그램을 개발하여 적극 실시하고, 노인 스스로 권리를 주장할 수 있는 역량을 개발하고, 노인의 권리를 향유하기 위해 활용 가능한 지역자원이나 복지 정보가 상세히 담긴 노인 인권 가이드북(예: Senior's Right; Sember, 2004)을 발행하여 보급함으로써, 노인의 인권 의식을 강화하며 자연스럽게 노인 스스로 자신의 권리 찾기 운동을 전개하도록 할 수 있을 것이다. 그리고 2010년부터 시범사업으로 실시하고 있는 노인 옴부즈맨 사업(한국노인종합복지관협회, 2010)이 공공정책으로 받아들여지고 확대 보급되어, 노인이 주체적으로 자신의 권리를 주장하고 그 권리의 보장 정도를 감시 감독하는 운동이 적극적으로 이루어져야 할 것이다.

5) 노인복지 종사자와 시민의 인권에 대한 인식전환

노인의 인권보호는 노인의 인권의식을 강화한다고 해서 저절로 이루어지는 것이 아니다. 그러므로 인권관점기반 노인복지실천을 위해서는 노인복지 종사자와 일반 시민의 노인 인권에 대한 인식을 증진하여야 한다. 그러므로 노인복지 종사자와 예비사회복지사에 대한 노인인권 교육이 선행되어야 한다. 그러나 사회복지 대학교육에서 인권 교과목을 개설한 대학은 지극히 소수에 불과하고, 인권 관련 교과목은 '사회복지 윤리와 철학' 정도인데 이 역시 필수과목이 아닌 관계로 노인의 인권에 대한 깊이 있는 교육이 이루어지지 못하고 있다. 따라서 예비 사회복지사는 노인 인권에 대한 기본 이해조차 갖추지 못한 상태에서 노인복지 현장에 투입되는 것이 일반적이다. 게다가 노인복지 종사자 대부분이 과중한 업무 부담으로 인하여 현임교육훈련(in-service training) 기회를 갖기 어렵고, 교육훈련 기회를 갖는다고 하여도 노인 인권과 관련된 교육 프로그램에 접근할 수 있는 기회가 많지 않다.

사회복지 대학교육과 노인복지 현장의 현임훈련의 실정이 이러하다 보니, 노인복지 종사자는 노인을 권리의 주체로 보지 못하고 사회경제적으로 빈곤한 약자 또는 서비스의 대상이나 서비스의 객체로 보는 시각을 갖게 된다(국가인권위원회, 2004b). 이와 같이 수혜자 또는 객체로서의 노인관을 지니게 될 경우 노인복지 종사자가 제공하는 급여나 서비스 프로그램은 문제해결이나 기초욕구 충족에 목표를 둘 수밖에 없다. 따라서 노인복지기관과 시설 종사자를 대상으로 한 노인 인권교육이 강화되어야 한다.

노인이나 노인복지 종사자에 대한 인권교육을 강화한다고 해서 노인 인권이 자연스럽게 증진되는 것은 아니다. 그러므로 일반 시민을 대상으로 노인인권 교육을 실시하고, 노인 인권에 대한 홍보를 강화하여 사회 전체의 노인 인권의식을 제고하여야 한다. 특히 개인주의가 팽배한 문화에서는 인권을 개인적 이익과 자기선택권만을 강조하는 의미로 이해되기 쉽다. 그러므로 공동체에 대한 배려가 기본적으로 깔려 있는 사회연대의식을 강화하여 타인의 권리를 배려하는 사회 분위기를 조성할 필요가 있다(조효제, 2007).

6) 인권 매뉴얼 개발과 노인의 참여 및 자기결정에 기초한 실천의 확대

노인복지실천에서 노인의 삶의 질 증진에 기여하기 위해서는 문제해결과 욕구충족보다는 노인의 역량강화와 인권보호를 위한 프로그램의 개발이 요구된다. 지금까지 노인복지기관이나 시설의 프로그램 개발은 욕구기반 접근(needs-based approach)에 기초하고 있으며, 노인의 미충족 욕구, 문제나 결함을 찾아내어 이를 보완하려는 것이 프로그램의 주된 목적이었다. 욕구중심 접근은 욕구사정을 바탕으로 '누가 어떤 서비스를 받아야 하는가?'에 대한 판단에 의거하여 서비스 제공자가 수급자를 결정하고, 급여나 서비스의 내용을 결정하는 방식이다. 이는 '노인이 실제로 느끼는 욕구(felt need)'가 아닌 '전문가가 판단한 욕구(they need)'에 근거하여 전문가가 결정한 서비스를 제공함을 의미하는 것으로, 노인의 진정한 욕구나 권리는 배제되고 서비스 선택권도 박탈될 가능성이 높다. 이러한 가능성은 '노인요양시설이 집은 집이되 집이 아니다', '시설에서 실시한 욕구사정과 요양서비스 계획은 시설 거주자에 대한 테러 도구'라고 표현한 시설 생활노인의 인터뷰 내용을 통해 입증되고 있다(Kane, 2001; Tulloch, 1975).

이러한 문제해결 접근과 욕구중심 접근의 한계를 극복하기 위해서는 프로그램 개발과정을 '노인이 당연히 보호받아야 할 권리를 보호하기 위해 어떤 급여와 서비스가 필요한가?'에 대한 답을 찾는 것에서부터 시작하는 인권관점기반 접근(rights-based approach)으로 전환해야 한다. 그러기 위해서는 노인복지실천에서의 프로그램 개발의 출발점이 '욕구사정'이 아닌 '권리 인식'이 되어야 하며, 프로그램의 목적은 문제해결이나 욕구충족이 아닌 권리보호로 설정되어야 한다. 이를 위해 현재 노인복지실천 현장에서 사용하고 있는 욕구의 개념에 내재되어 있는 권리의 개념을 찾아내어 인권 용어로 재해석하는 작업이 선행되어야 한다. 그리고 이러한 노인복지 종사자의 사고전환을 기반으로 하여 현재 문제와 욕구중심으로 이루어지는 사례관리의 사정이나 서비스 계획을 '권리를 중심으로 한 사정과 서비스 계획'으로 그 관점을 전환해 나가야 할 것이며, 인권관점 실천을 위한 매뉴얼의 개발이 요구된다. 물론 인권관점 실천에서 매뉴얼 개발은 서비스 획일화와 범주화의 문제를 야기할 수 있어 반대하지만, 노인복지 종사자의 인권관점 실천역량이 제한된 상황을 고려하면 인권관점에 기초한 노인복지 서비스 매뉴얼을 개발하여 적극 활용할 필요가 있다.

진정한 의미에서 인권관점기반 노인복지실천이 이루어지기 위해서는 전문가에 의한 권리 판단과 이에 근거한 전문적 개입이 아닌 노인 스스로 자신의 권리를 주장하고 스스로 구성해 낼 수 있도록 해야 한다. 이처럼 노인 스스로 자신의 권리를 정의하고 이를 실현·보호하기 위한 행동을 할 수 있도록 만드는 것이 역량강화모델에 입각한 실천이다. 이러한 노인의 역량강화를 위해서는 노인복지 종사자와 노인이 목표를 공유하고, 감정이입과 친화관계에 기반을 둔 대화를 통하여 노인 스스로 권리를 의식하고, 그 권리를 실현하기 위한 노력에 직접 참여하여 자신의 힘으로 권리를 쟁취할 수 있어야 한다. 노인의 역량강화를 위해서는 우선 노인의 자기결정권을 보장하고, 노인의 단점보다는 강점을 강화하고, 사회적 기회나 자원에 대한 접근성을 제고해 나가야 한다(Ife, 2000; Reighert, 2003).

7) 노인 권익옹호와 인권 네트워크 구축

노인복지제도에서도 희소한 자원의 효율적 배분과 효용의 극대화 원칙, 즉 공리주의 원칙을 무시할 수 없다. 그러나 노인복지 정책과 실천에서는 효율성과 효용성의 가치만을 주장하기보다 효용과 효율의 대원칙은 수용하되 복지를 인권의 가치를 포함하도록 최대한 폭넓게 규정하며, 이러한 인권을 침해하지 않는 범위 내에서 제한된 자원을 효율적으로 사용하여 효용의 최적화를 시도하는 것이 바람직하다(조효제, 2007). 그러나 노인은 자신의 권리를 주장할 권력과 기회, 자원이 제한되어 있으며, 노인복지정책이 확대됨에도 자신의 권리를 충족하지 못하는 사회적 취약집단에 속한다. 그러므로 노인이 자신의 권리를 충족하는 데 필요한 자원을 통제할 수 있도록 적극적 옹호를 해야 하며, 그 집단이 역량이 강화되기 전까지는 그 집단에 대해 자원배분의 우선순위를 배분하는 '조건의 평등'이 이루어질 수 있도록 옹호해 나가야 한다(조효제, 2007).

노인복지 종사자는 노인과 직접 접촉하면서 인지하게 되는 노인의 권리 요구가 정부의 정책 개발에 반영될 수 있도록 노인과 정부 사이의 중개자 역할을 성실히 수행해야 한다. 특히 아직 법률 및 제도적 기반은 마련되지 않았지만 자체적으로 노인복지시설 옴부즈맨 프로그램, 노인학대 지킴이 프로그램, 노인권익옹호센터, 독거노인을 비롯한 위험군 노인을 위한 지원센터 등과 같은 사업을 더욱 적극적으로 실시할 필요가 있다. 그리고 개별 노인복지기관이나 시설 단위로 노인 인권보호를 위한 종합사업을 전개하는 데 한계가 있으므로, 지역 내 노인보호전문기관, 시민단체, 노인복지단체나 협회, 법조계, 비정부 인권운동단체 등과 노인 인권보호를 위한 유기적 네트워크를 구축해 나가야 한다.

4. 노인복지시설의 인권관점 실천의 원칙

노인 인권에 관한 학술 및 이념적 논의는 부족하지만 어느 정도 진행되었다고 할 수 있다. 그러나 노인 인권 증진을 위하여 노인복지 현장에서 인권관점을 실천이나 서비스에 어떻게 적용할 것인지에 대한 논의는 매우 미진한 실정이다. 현재 인권관점을 노인복지실천에 적용함에 있어서 따라야 할 원칙과 세부 서비스 제공방법이 개발되어 있는 것은 노인복지시설 생활노인에 국한되어 있으며, 노인인구의 절대 다수를 차지하는 재가노인과 나머지 노인복지기관에서 적용 가능한 인권관점 노인복지실천 모델은 제시되지 않고 있다.

이에 다음에서는 노인복지시설의 서비스 단계별로 생활노인의 인권을 보호하기 위하여 노인복지시설 종사자가 따라야 할 실천원칙에 대해 살펴보고자 한다(국가인권위원회, 2008. 8.; 보건복지부, 2006. 5.; 한국노인복지시설협회, 2009. 10.).

1) 입소이전단계의 인권보호

(1) 시설정보에 대한 접근

1 거주 이전과 선택의 자유권

- 자신의 거주 형태에 관한 욕구와 의견을 충분하고도 자유롭게 표현할 수 있도록 의사소통 기회를 부여한다.
- 시설 입소에 필요한 다양한 정보(예: 노인장기요양제도의 등급판정 신청, 주거 및 의료복지시설의 입소기준, 서비스 내용 및 비용 등)를 충분히 제공한다.
- 부적절한 정보를 제공하거나 시설에 불리한 정보를 의도적으로 누락하여 제공하지 않는다.

2 시설에 관한 정보접근권

- 노인과 보호자가 전화, 대중매체 광고, 인터넷, 홍보물, 직접방문 등의 다양한 방법으로 정보를 얻도록 시설은 다양한 정보제공 통로와 매체를 마련한다.

- 입소를 희망하는 노인이나 보호자가 시설환경을 사전 확인하고자 하는 경우에는 기존 생활노인의 인권을 침해하지 않는 범위 내에서 시설환경을 공개한다.
- 노인의료복지시설은 노인장기요양제도 홈페이지와 시설 자체 홈페이지, 블로그 또는 카페 등에 거짓 없이 성실하게 시설 정보를 게재하고, 변경된 정보는 즉시 수정한다.

(2) 입소상담

1 의사표현의 자유권

- 상담환경이 잘 갖추어진 별도의 상담공간에서 입소상담을 실시한다.
- 충분한 시간적 여유(적어도 1시간)를 갖고 입소상담을 받을 수 있도록 다른 업무를 조정하여 충분한 상담시간을 보장한다.
- 입소상담에서 상담 내용을 기록하거나 녹음하는 경우에 노인과 보호자에게 사전 동의를 받는다.

2 시설 운영 및 입소절차에 관한 정보접근권

- 시설입소 관련 서류를 안내하고, 입소절차를 상세하게 소개한다.
- 시설방문상담 시 입소절차와 시설 운영규정을 소개하고 시설을 안내한다.
- 노인의 권리에 대해 상세히 설명하되, 동료노인, 시설종사자 등에 대해 지켜야 할 의무에 대해서도 상세히 소개한다.

3 개인 정보 및 사생활 보호권

- 노인과 보호자에게 개인 정보를 수집하고 활용하기 전에 정보수집의 목적과 취급에 관한 사항을 충분히 알리고 동의를 구한다.
- 개인 정보는 대기자 관리를 위한 목적 이외에는 활용하지 않는다.

(3) 입소결정과 입소계약

1 입소시설 선택과 입소 여부의 자기결정권

- 보호자는 노인이 입소할 시설에 대한 개인적 의견을 개진하거나 제안을 할 수 있지만, 입소 시설 선택과 입소 여부 결정은 노인의 권리이므로 시설 선택과 입소 여부 결정에 부당한 강요나 의사결정에 부정적 영향을 미치지 않도록 주의한다.
- 노인복지시설은 입소 정원 초과, 노인의 전염성 질환을 제외한 다른 어떤 이유에서도 노인의 시설 입소를 거부하지 않는다.
- 노인복지시설은 성별, 종교, 경제적 조건, 장기요양등급 등을 이유로 차별하거나 불공평한 처우를 해서는 안 되며, 대기자 중에서 입소할 노인을 시설이 자의적이고 선별적으로 선택하지 않는다.

2 입소계약에 관한 권리

- 노인을 입소 계약 당사자로 하여 입소계약을 체결하며, 스스로 권리를 행사할 수 없다는 것이 객관적으로 입증된 경우에는 가족 등의 보호자나 법적 대리인이 그 권리를 위임받아 계약을 체결할 수 있다.
- 입소계약 체결 이후에는 계약 내용에 명기되지 않은 부가 비용을 청구하여서는 안 되며, 서비스 내용과 비용에 변경사항이 있는 경우 재계약을 체결한다.

2) 입소초기단계의 인권보호

(1) 시설생활 안내

1 시실생활 성보를 제공받을 권리

- 시설공간 배치(침실, 거실, 식당, 프로그램실, 강당 등), 서비스 내용 및 인력, 서비스 담당 요양보호사, 하루 일과와 식단 안내, 특별서비스의 내용과 참여 안내, 서비스 제공 기준 및 운영방식, 노인이 선택할 수

있는 서비스의 내용과 이용기준 등에 관한 정보를 상세히 제공한다.

- 정보 제공 과정에서 언어뿐 아니라 시청각자료 등의 다양한 비언어적 방법을 사용한다.

② 시설생활 권리에 대한 설명을 받을 권리

- 시설 내에서 노인이 지켜야 할 사항과 시설에서 존중받아야 할 권리에 대해 설명 및 안내하고, 공동생활을 위해 노인이 존중해야 할 다른 사람의 권리에 대해 설명하고 교육한다.
- 종사자에 대한 인권교육과 모니터링, 개인정보 보호장치, 노인의 자기결정권 보장장치 등과 같은 권리보호장치에 대해 상세한 정보를 제공한다.

③ 시설 규정에 대한 정보를 제공받을 권리

- 노인복지시설은 노인과 보호자와 합의한 모든 사항에 대한 정보를 문서로 제공하고 상세하게 설명한다.

(2) 입소 사정 및 서비스 목표 설정

① 노인의 사정 과정 참여와 자기결정권

- 노인이 사정과정에 참여할 수 있는 기회를 제공하고, 참여를 격려한다.
- 언어 소통이 어려운 경우에는 다양한 욕구사정도구를 사용하여 노인이 신체적 언어나 대리인을 통해 명확하게 자신의 욕구를 드러낼 수 있도록 한다.

② 사생활 및 비밀보장에 대한 권리

- 종사자는 사정업무, 서비스 제공과 시설행정업무를 수행하는 과정에서 알게 된 생활노인의 개인정보에 대해 철저히 비밀을 보장한다.

• 생활노인 개인기록과 의료기록은 열람이 통제된 곳에 보관하며, 노인의 동의 없이 공개되거나 외부에 유출하지 않는다.

③ 종합적 사정의 권리

• 사정을 할 때, 종사자는 노인의 신체적인 문제뿐 아니라 심리적인 건강과 안전을 동시에 고려하여 사정한다. 즉, 노인의 신체적 및 심리적 강점과 장애요인, 스트레스 상황과 대처방법 등을 사정에 포함한다.
• 사정과 서비스 목표를 설정하는 과정에서 불가피하게 신체적 자유권을 제한해야 할 경우 어떤 상황에서, 어떤 기준에 의해, 어느 정도 제한을 할 것인지를 객관적으로 평가할 수 있도록 노인의 생물, 심리, 사회적 상태를 정확하게 사정하고, 이에 대한 적설한 서비스 목표를 세운다.
• 노인의 욕구와 서비스 목표가 상충하는 경우, 노인의 안전과 복지를 우선적으로 고려한다.

(3) 서비스 계획 수립

① 개별화된 서비스를 받을 권리

• 서비스 계획을 수립함에 있어서 노인의 욕구와 요구사항을 최우선으로 고려하고 충분히 존중한다.
• 사정을 통해 확인된 노인과 보호자의 문제와 욕구가 여러 가지인 경우에는 우선순위를 결정하여 우선순위가 높은 서비스를 우선으로 제공할 수 있도록 계획한다.
• 생활노인의 질병 특성, 기능수준 등에 적합한 맞춤형 서비스 제공을 위한 계획을 수립하며, 서비스의 내용과 제공빈도 등을 노인이 서비스 계획 수립과정에 참여하여 함께 결정하도록 한다.

[2] 서비스 이용과 활동 참여의 자유권

- 노인의 신념에 맞는 종교, 문화, 정치 활동 참여에 관한 서비스 계획을 수립한다.
- 시설 내부의 서비스 이용뿐만 아니라 지역사회 문화행사에 참여하거나 혹은 지역의 다양한 문화단체가 시설에서 공연할 수 있는 기회를 제공할 수 있는 서비스 계획을 수립한다.

(4) 초기 적응 지원

[1] 생활불편 해결을 위한 조치를 받을 권리

- 노인의 신체, 심리, 사회적 상황을 고려하여 초기 입소생활을 지속적으로 관찰한다.
- 같은 생활실을 사용하는 동료 노인과 원만한 관계를 형성하고 교류할 수 있도록 지원한다.
- 노인의 시설 적응상태를 점검하고 서비스 계획을 수정 · 보완한다.

[2] 서비스 이용의 자유권

- 어떠한 활동 참여나 서비스 이용에 있어서 강요받지 않고 노인이 시설에서 자유롭게 생활하도록 지원한다.
- 시설 외부에서 제공되는 여가문화 프로그램에 참여할 수 있는 기회를 부여하고, 이용하는 프로그램의 종류 또한 스스로 결정할 수 있는 권리를 보장한다.

3) 입소생활단계의 인권보호

(1) 시설생활의 기본 처우

[1] 인격적 존중을 받을 권리

- 종사자와 노인을 대상으로 분기 1회 이상 인권 교육을 실시한다.

• 외부인 대상으로 노인 인권에 대한 오리엔테이션을 강화한다.
• 서비스 및 의사소통 시 존칭어를 사용한다.
• 노인의 의사를 수용하고 최대한 존중하여 이를 서비스에 반영한다.

2 개인적 생활방식을 유지할 권리

• 취침시간을 넘겨 TV 시청을 원할 경우 타인의 수면을 방해하지 않는 장소에서 TV의 음량을 조절하여 시청할 수 있도록 한다.
• 식사시간에 필요 이상으로 관리감독하거나 빠른 시간 내에 식사를 마치도록 요구하지 않는다.

3 차별받지 않고 평등한 처우를 받을 권리

• 노인의 특성과 기능수준에 적합한 서비스를 개발하여 참여할 수 있도록 한다.
• 동료 노인이 보고 있는 가운데서 노인의 부적응 행동에 대해 비난하지 않는다.

4 학대와 부적절한 처우를 받지 않을 권리

• 노인학대에 대한 명확한 기준을 설정하여 시설 운영규정에 학대행위에 대한 예방과 해결을 위한 규정을 명시한다.
• 시설운영위원회에 생활노인 대표 또는 가족을 1인 이상 참여시켜 노인의 요구와 불만사항을 청취하고, 불만사항에 대해서는 신속 처리한다.
• 학대행위를 목격하였거나 학대받을 우려나 위험이 있는 것으로 판단되는 경우 노인학대기관(노인보호전문기관, 보건복지콜센터), 시·군·구 노인복지 담당부서의 관계공무원, 경찰 등에 신고한다.

(2) 보건의료서비스

1 적절한 보건의료서비스를 받을 권리

- 장기요양급여 범위 내에서 제공하는 보건의료서비스만으로 노인의 건강 유지와 치료가 어려울 경우, 외부 의료기관 이용과 노인의 건강 유지를 위한 보호자의 의무와 경제적 부담의 필요성을 이해하도록 설명한다.
- 입원으로 인하여 비어 있는 병상은 노인장기요양보험제도에서 허용하는 기간까지 반드시 빈 병상으로 보유한다.

(3) 재활치료서비스

1 개인적 욕구에 상응하는 재활치료서비스를 받을 권리

- 사소한 내용이라도 노인 및 보호자의 호소를 가볍게 넘기지 말고 긍정적인 반응을 보인다.

2 안전한 재활치료서비스를 받을 권리

- 재활치료 장비와 기구의 사용에 대한 지침과 매뉴얼을 마련한다.
- 특별한 의미를 지니지 못하는 내용이라 할지라도 노인의 말에 주의를 기울인다.

3 재활치료서비스에 대한 동등한 접근권

- 장기요양등급이 상향 조정되는 것을 우려하여 서비스를 소극적으로 시행하지 않는다.

(4) 특정 질환 및 상태

1 차별받지 않고 평등한 처우를 받을 권리

- 치매노인을 위해 안전사고 위험 요인을 제거한 후 안전한 원내 배회공간을 마련한다.

- 와상노인에게 있어 체위변경은 욕창을 예방하는 행위를 넘어 이동과 활동의 일부임을 기억한다.

② 서비스 내용과 과정에 대한 알 권리

- 노인이 특정 서비스를 받아야 하는 이유와 서비스의 목적 · 내용, 그리고 서비스 이용절차에 대해 상세히 설명한다.

③ 신체적 제한을 받지 않을 권리

- 신체적 제한을 가해야 하는 상황에 대한 명백한 기준과 지침을 수립하고, 실행 매뉴얼을 제작하고, 종사자를 대상으로 지속적인 교육을 실시한다.

④ 치료 및 약물처방에 대한 자기결정의 권리

- 업무편의 등 종사자와 시설의 필요와 자의적 판단에 의거하여 약물복용 여부를 결정하지 않는다.

(5) 일상생활지원서비스

① 질 높은 영양 및 식사서비스를 받을 권리

- 노인의 건강상태를 고려한 특별 식단과 특별급식서비스를 제공한다.
- 충분한 식사시간을 제공하고 빠른 식사를 재촉하는 등의 관리감독을 삼간다.

② 개인적 선호에 따른 의복착용의 권리

- 개인의 의복 선호도를 무시하고 서비스 편의를 위하여 단체복을 입히지 않는다.

③ 깨끗하고 위생적인 환경에서 생활할 권리

- 전염환자에게 특별 의료서비스가 제공되는 경우 종사자는 비밀을 철저히 유지한다.

④ 세심하고 안전한 목욕서비스를 받을 권리

- 목욕 거부 시 불만이나 충족되지 않은 욕구를 찾아서 제거하기 위해 노력한다.
- 목욕 시 대화를 나누며 정서적 교감과 친밀한 관계 형성을 위해 노력한다.

⑤ 적절한 배변서비스를 받을 권리

- 남아 있는 배변능력을 유지하기 위해 보행훈련, 괄약근 운동 등을 실시한다.
- 기저귀 교체 주기를 정해 놓고 서비스를 진행하더라도 개별적인 노인의 욕구에 신속하고 민감하게 반응한다.

⑥ 외출 및 이동서비스를 받을 권리

- 와상노인에 대해 체위변경서비스만 제공할 것이 아니라 시설 내부 이동서비스와 시설 외부로의 짧은 외출을 실시한다.

(6) 의사소통 및 고충처리

① 자유로운 의사표현과 소통의 권리

- 의사표현능력이 있는 노인의 의견수렴을 위한 욕구조사를 정기적으로 실시한다.
- 의사표현능력이 부족한 노인의 잠재된 욕구 파악을 위해 개별상담을 실시한다.
- 질병별, 증상별 노인의 상태를 고려하고 잔존하는 감각기능에 맞는

개별적 의사소통 방법을 찾아내기 위해 최선을 다한다.

- 노인 상호 간에 의사표현 기회를 확대하기 위해 노인 간의 교류를 촉진하는 프로그램을 실시한다.

2 자유로운 정보통신생활의 권리

- 노인복지시설로 배달된 생활노인의 개인우편물, 구독신문, 각종 인쇄물을 수취하는 데 제약이 없도록 하며, 개인에게 빠른 시간 내에 전달한다.
- 생활노인의 요청이 있는 경우 개인적 서신을 대필하거나 전화걸기 대행, 인터넷 검색대행 등 자유로운 정보통신 생활을 보조한다.
- 생활실내 유선전화 설치, 휴대전화 충전기, 휴게공간 내 공용 컴퓨터 설치 등 정보통신 생활 접근성을 높여 주고, 휴대전화의 사용을 금지하지 않는다.

3 고충의 표현과 해결을 요구할 권리

- 노인의 생활상의 불편과 불만, 건의사항 수렴을 위한 고충처리방침을 문서화한다.
- 노인이 자유롭게 불평과 불만을 표현하고 의견개진을 할 수 있도록 건의함을 설치하고 주기적으로 관리한다.
- 별도의 안락한 상담공간을 마련하여 타인의 방해 없이 생활노인이 생활상의 불만, 불편 또는 고충사항을 자유롭게 표현할 수 있도록 한다.
- 노인이 제기한 불만 및 불편에 대해서는 최대한 빠른 시간 내에 해결조치를 취하며, 최장 15일 이내에는 문제를 해결하고 노인에게 모든 처리과정을 보고한다.
- 노인과의 정기적인 간담회를 통해 생활상의 고충을 적극적으로 듣는 창구를 마련하며, 노인 보호자와의 별도의 간담회 시간도 마련한다.

- 노인의 자치운영조직 구성의 자유를 보장하고, 시설운영위원회에 노인과 가족을 참여시키는 등 노인과 가족 등 보호자의 시설서비스 개선에 대한 의견수렴을 적극적으로 실시한다.
- 어떤 경우에도 불만, 불평, 고충처리를 요구했다는 이유로 노인에게 부당한 처우를 가하지 않는다.

(7) 여가문화생활

① 공평한 여가문화생활 서비스를 받을 권리

- 노인에 대한 여가 및 문화생활에 대한 욕구조사를 근거로 하여 노인이 원하는 여가문화서비스 프로그램을 다양하게 개발하여 실시한다.
- 노인의 흥미나 취향, 의견을 충분히 파악하고 질병, 증상, 건강 및 기능상태 등에 적합한 여가문화 프로그램을 개발하여 실시한다.
- 신체 및 정신적 장애노인, 와상노인을 위한 개인 또는 소집단 맞춤형 서비스를 개발하여 진행한다.

② 여가문화생활 서비스의 선택권

- 여가생활과 문화생활은 자유로운 활동이며 선택적 활동이어야 하므로, 다양하고 충분한 여가 문화서비스를 제공하고 노인이 스스로 참여 여부를 선택하도록 한다.
- 노인의 여가문화서비스 선택권을 최대한 보장하되 노인의 프로그램 참여 동기가 낮다는 점을 고려하여 적극적으로 참여를 유도하기 위한 노력을 기울인다.

③ 지역사회 여가문화서비스를 이용할 권리

- 노인 스스로 시설 외부의 여가문화서비스를 이용할 수 있도록 외출이나 외박을 제한하지 않는다.
- 스스로 외출이 가능하거나 동반자와 함께 외출이 가능한 노인을 대

상으로 하여서는 쇼핑, 영화보기, 산책이나 가벼운 운동, 나들이 등의 다양한 시설 외부 여가문화 프로그램을 개발하여 실시한다.

(8) 경제, 노동, 정치, 종교활동

[1] 개인소유물 관리 및 소비활동의 권리

- 노인복지시설은 생활노인이 스스로 금전관리를 할 수 있도록 개인관리 사물함과 열쇠를 제공한다.
- 개인 소유물과 금전을 스스로 관리할 수 있는 능력이 없거나 제한되어 있는 노인의 경우에는 노인복지시설이 권한을 위임받아 철저히 관리한다.
- 위임받은 금전은 사용 내역에 대해 증빙서류를 첨부하여 정기적으로 노인에게 보고한다.
- 개인별 기호품, 소모품에 대한 소비욕구를 주기적으로 파악하여, 편의대행서비스를 제공한다.

[2] 노동활동을 선택하고 거부할 권리

- 생활노인의 노동활동 참여는 어떠한 경우에도 자발적 선택과 동의에 의하여 이루어져야 하며, 노인복지시설의 필요에 의해 강제적으로 참여시키거나 동원하지 않는다.
- 정원 가꾸기 등 정서 함양을 통한 치료 목적을 지닌 노동활동이라 할지라도 반드시 노인의 적극적인 참여에 대한 동의가 선행되어야 한다.

[3] 정치적 의사표현과 투표의 자유권

- 노인이 정치적인 권리행사를 제대로 할 수 있도록 선거 관련 정보를 충분하고도 신속하게 제공한다.
- 부재자 투표 신고절차와 방법을 사전에 잘 숙지하여 노인에게 안내

한다.

- 선거 당일 투표의사를 정확히 확인하여 기표소까지 이동편의를 제공한다.
- 기표 행위를 할 때에는 비밀투표의 원칙을 준수한다.
- 시설 종사자는 정치적인 중립 의무를 지킨다.
- 특정 후보가 노인복지시설에 기여한 공로나 관련된 기대 효과를 고려해서 노인에게 정치적 영향력을 행사하지 않는다.

④ 종교의 자유를 보장받을 권리

- 종교활동은 자신과 타인을 이해하는 데 도움이 되고 우울감, 무력감을 줄이며 자기수용의 좋은 방법이 되므로 프로그램의 일환으로 노인에게 정기적으로 제공한다.
- 특정 종교를 믿게 하기 위해서 종교적 신념의 변화를 요구하거나 종교행사에의 참여를 강요하지 않는다.
- 특정 종교법인이 운영하는 시설의 경우 모든 종교행사를 개최하는 것은 현실적 한계가 있으므로, 종교가 다른 노인을 외부 종교단체의 종교행사에 참여할 수 있도록 편의서비스를 제공하거나 특정 종교행사를 인도해 줄 수 있는 종교활동 봉사자를 연계한다.

(9) 생활환경

① 적절한 주거환경에서 생활할 권리

- 생활실은 개인의 독립성을 지킬 수 있도록 배려하며 개인용 사물함과 낮은 침대를 비치하며, 외부 조망이 가능하도록 창을 크게 설비한다.
- 거실은 휴게 공간인 동시에 프로그램 공간, 식당 공간, 이미용실 등 다용도로 사용되므로 붙박이장 외에는 이동이 편리한 비품을 비치하고, 다른 공간으로 이동하는 통로가 되지 않으면서 동시에 다른 공간

으로의 접근이 용이한 위치에 자리 잡도록 배치한다.

- 화장실은 안전손잡이를 비스듬하게 설치하고, 샤워기를 75cm 정도의 낮은 높이에 설치하고 미끄럽지 않고 청소가 용이한 바닥재를 사용한다.
- 목욕실에는 별도의 탈의실 및 수납장을 설치하며 내부에서 옷을 갈아입고 모든 목욕서비스가 마무리 될 수 있도록 설비한다.
- 물리치료실은 생활거주단위에 가까이 위치하도록 하여 노인이 부담 없이 이용할 수 있게 이동 거리를 최소화하여 설비한다.
- 식당은 휠체어를 타고 식사할 수 있는 높이의 식탁을 준비하고 식당 입구에 간단히 손을 씻을 수 있는 세면기를 설치하며, 앞치마, 휴지, 물컵 등 보조도구 보관함을 비치한다.
- 직접 채광이나 조명보다는 여러 개의 간접조명을 사용하고, 조도는 일정하게 유지하며 침대에 누워 점등과 소등이 가능하도록 스위치를 설비한다.

② 안전한 환경에서 생활할 권리

- 출입문의 문턱을 없애고 바닥재는 미끄럽지 않으면서 충격흡수가 용이한 재료를 사용하며, 화장실 등에는 미끄럼 방지용 깔판을 설치한다.
- 벽 모서리, 가구 모서리, 기둥 등은 면을 둥글게 하며, 통로에는 물건을 적재하지 않으며, 소화기 등은 매립될 수 있도록 설비한다.
- 화장실, 복도, 계단, 승강기 등 곳곳에 수직 · 수평 핸드레일, 수직봉 등 안전손잡이를 설치하되 철재 재질을 피한다.
- 배회 증상이 있는 노인이 시설 외부로 이탈하지 못하게 현관입구에 전자센서를 갖춘 경보장치를 설치한다.
- 생활공간, 주방기구, 간호기구 등은 정기적인 소독살균을 실시하며, 종사자 및 방문객을 통한 감염방지를 위해 손소독제를 비치하여 사

용한다.

- 탈지면류, 주사기, 튜브 등 감염성폐기물은 일반폐기물과 분리 보관 · 배출한 후에 위탁업체에 의뢰하여 반드시 소각 처리한다.
- 면회객이 가져온 음식물 섭취 후 잔량의 음식물은 반드시 냉장보관하도록 하고 장기 보관 · 방치되지 않도록 철저히 관리한다.
- 지하수를 이용하는 노인복지시설에서는 먹는 물 관리법 제35조 규정에 따라 검사기관에서 2년에 1회씩은 정기적인 수질검사를 시행한다.

(10) 특수욕구 및 개별적 욕구

1 개인의 사적 생활과 특별한 욕구에 대해 요구할 권리

- 노인의 성을 바르게 이해하고, 성에 관련된 상담이 가능하도록 적극적인 노력을 기울인다.
- 특정기호품, 흡연, 음주에 대한 개별적인 욕구표현 시 노인 본인과 가족이 참여한 가운데 시설환경 내에서 해결할 수 있는 방안을 함께 모색한다.

2 공평한 서비스를 누릴 권리

- 한 노인의 욕구가 다른 동료 노인의 권리를 제한하는 결과를 가져올 때, 노인과 보호자의 요구가 다를 때 이를 조정 · 중재하며 최선의 판단을 내릴 수 있도록 시설 내부의 지침을 마련한다.
- 개인의 권리 사이에 충돌이 있을 때는 윤리적 의사결정의 과정과 원칙을 마련한다.

(11) 서비스의 선택과 변경

1 서비스에 대해 알고 선택할 권리

- 제공되는 서비스의 내용, 비용 등의 정보에 대해 생활 노인의 알 권

리를 보호한다.

2 서비스의 변경을 요구할 권리

- 생활노인의 요청에 의하지 않고 서비스를 변경해야 하는 사유가 발생할 경우, 응급 상황을 제외하고는 사전에 노인과 가족에게 통보 및 동의를 받는다.

(12) 서비스 이용 지원

1 가족과 유대관계를 유지할 권리

- 가족이 노인과 지속적인 유대관계를 유지할 수 있도록 하며, 노인에 대한 서비스 제공과 시설 운영에 적극적으로 협조할 수 있도록 신뢰관계를 구축한다.
- 가족과 전화, 면회, 가정 방문 등을 통해 가족상담을 주기적으로 실시한다.
- 가족상담을 통해 확인한 가족의 요구사항이나 상담을 통해 얻은 결과를 노인에 대한 서비스에 충실하게 반영한다.
- 노인복지시설에서의 생활실이나 서비스 또는 권리의 변경이 있을 시에는 가족과 사전에 협의하고 그 조치결과를 통보한다.

2 지역사회와 교류할 권리

- 노인복지시설은 지역사회 주민과 시설 간의 교류를 강화하여 지역주민이 노인복지시설과 생활노인에 대해 긍정적인 이미지를 갖도록 노력한다.
- 지역사회 주민을 위해 시설과 설비, 서비스를 개방하고, 시설 행사에 지역주민을 참여시켜 지역주민과 생활노인 간의 교류를 촉진한다.
- 지역사회 행사에 시설노인이 참여할 수 있는 기회를 발굴하고 부여하여 생활노인이 지역사회와의 관계를 유지하고 시설 외부활동에 대

한 욕구를 충족하도록 한다.

③ 외부인과 친밀한 관계를 맺을 권리

- 모집된 자원봉사자에 대해서는 자원봉사에 대한 기본 이해와 노인복지시설 운영과 서비스, 그리고 생활노인의 인권보호를 위한 행동원칙에 대해 교육한다.
- 자원봉사자의 봉사활동을 지도감독하고, 평가회나 간담회를 개최하고, 적절한 보상을 제공하는 등 자원봉사자를 체계적으로 관리한다.
- 지역사회 자원동원을 위한 후원자 개발계획을 수립하여, 이를 근거로 후원자를 체계적으로 모집한다.
- 후원자의 후원금품 내역을 공개하고, 체계적이고 투명하게 관리한다.

④ 동료 노인에게 존엄한 존재로 대우받을 권리

- 노인복지시설은 노인 개인이 향유할 수 있는 권리의 내용뿐 아니라 동료 노인의 인권보호를 위해 지켜야 할 의무에 대해 생활노인을 대상으로 지속적으로 교육과 상담을 실시한다.
- 생활노인 간에 갈등이 발생하였을 때 종사자는 어느 한쪽의 편을 드는 것이 아니라 노인복지시설에서 지켜야 할 생활규칙을 공유하면서 서로 양보하며 공동생활을 할 수 있도록 개입하고 중재한다.
- 노인복지시설 생활노인이 차별이나 학대에 해당하는 구체적 행위를 인지할 수 있도록 학대예방교육과 함께 노인학대 행위에 해당하는 행위를 게시판 등에 공지한다.
- 종사자는 서비스 과정에서 동료노인 간의 차별이나 학대가 발생하지 않도록 학대예방 조치를 취한다.

⑤ 종사자의 인권을 보호해야 할 의무

- 노인복지시설은 종사자에게 서비스 제공과 생활노인 인권보호에 대

한 책임만을 강조하지 않으며, 종사자의 인권보호를 위한 구체적인 실행계획을 수립하여 집행한다.

- 노인복지시설은 생활노인이나 가족에게 종사자의 인권보호에 관한 의무가 있음을 공지하고, 입소계약서에 이에 관한 조항을 삽입하여 종사자 인권침해 사례 발생 시 조치사항을 사전에 알리고 동의를 받는다.
- 종사자를 대상으로 한 인권교육과 전문서비스교육을 통하여 생활노인의 인권에 대한 인식을 증진함과 동시에 생활노인 등의 인권침해 행위를 사전에 예방하고 자신의 권리를 지킬 수 있는 역량을 강화해 나간다.
- 시설장은 종사자와의 정기적인 상담을 통하여 서비스 제공과정의 어려움이나 인권침해 사례 등을 확인하고, 이를 개선할 수 있는 조치를 취한다.
- 시설장은 종사자의 소진을 예방하기 위한 조치를 적극적으로 강구하고, 종사자의 후생복리를 증진하기 위한 특별한 노력을 기울인다.

4) 퇴소단계의 인권보호

(1) 퇴소 상담과 결정

[1] 의사표현의 자유권 보호

- 노인과 보호자가 퇴소 의사를 자유롭게 표현할 수 있도록 상담환경이 잘 갖추어진 별도의 상담공간에서 퇴소상담을 실시한다.
- 노인복지시설 종사자는 노인과 보호자가 충분한 시간 여유를 갖고 퇴소상담을 받을 수 있도록 다른 업무를 조정하여 충분한 상담시간을 보장한다.
- 퇴소상담 시 부정적 감정이 표현되거나 시설 퇴소의 귀책사유에 대한 논란이 있는 경우에도 노인복지시설 종사자는 상담의 원리에 입

각하여 비심판적 태도를 취하고 감정이입, 수용 등의 전문적 상담자로서의 태도를 유지한다.

2 퇴소의 자기결정권 보호

- 시설 퇴소를 자율적으로 결정할 수 있는 권리는 노인에게 있으므로, 시설과 보호자는 부당한 강요나 의사결정에 부정적 영향을 미칠 수 있는 의견을 피력하지 않는다.
- 가족 등의 보호자는 노인이 자율적 의사결정 능력이 없다고 객관적으로 증명된 경우를 제외하고는 어떤 경우에라도 노인의 시설 퇴소와 관련된 결정을 대리하여 행사하지 않는다.
- 시설은 노인과 보호자의 시설 퇴소 결정은 최대한 존중하며, 노인의 퇴소결정을 번복하기 위한 회유, 강요, 협박 등의 부적절한 언행을 취하지 않는다.
- 다만 노인의 퇴소로 인하여 시설운영상의 불이익이 발생하지 않도록 노인과 보호자는 입소계약서에 명기된 계약해제 예고기간 이전에 서면으로 퇴소신청서를 제출한다.

3 부당한 사유로 퇴소당하지 않을 권리

- 입소비용을 장기 체납한 경제적 이유만으로 시설에서 제공하는 서비스 이용을 제한하지 않으며, 노인의 입소비용 문제 해결을 위한 지지망을 개발하고, 노인의 전원 또는 퇴소 시까지 최선의 서비스를 제공한다.
- 부득이하게 정당한 사유로 계약해제와 퇴소조치를 취하는 경우에도 노인과 보호자에게 퇴소 사유에 대해 이해하기 쉽고 상세하게 설명하며, 의사결정과정에 노인과 보호자를 참여시킨다.
- 시설 측에서 계약해제와 퇴소 조치를 먼저 요구할 경우, 상당한 예고기간(적어도 1개월 이상)을 두고 계약의 해제를 서면으로 통보한다.

• 비자발적으로 퇴소하는 노인의 경우에도 퇴소하는 날까지 최선의 서비스를 제공하며, 퇴소를 이유로 다른 노인과 다른 차별적 처우를 하지 않는다.

(2) 서비스 의뢰 및 사후서비스

1 전원이나 입원에 대한 의사표현과 자기결정 권리

• 시설의 귀책사유로 전원을 하거나, 긴급한 의료 처지가 요구되는 상황에서는 노인과 보호자가 입소계약서상의 사전 예고의 의무를 다하지 않은 경우에라도 즉시 전원과 입원조치를 취한다.
• 노인과 보호자가 시설에서 이용한 서비스 이용 기록을 요구한 경우 그 기록을 제공한다.

2 지역사회와 다른 시설 서비스에 대한 정보 접근권리

• 노인에게 필요할 수 있는 건강보험 등의 급여, 지역사회와 다른 시설에서 제공하는 서비스와 급여 등의 지역자원과 서비스에 대한 상세 정보를 사전에 수집한다.
• 노인과 보호자가 전원과 입원 과정에 필요한 서비스 정보를 요구할 경우, 상세한 정보를 알기 쉬운 방법으로 제공한다.

3 서비스 내역에 대한 알권리와 비밀보장에 관한 권리

• 입소상담단계부터 노인에게 제공한 서비스 내용과 기능상태 등에 관한 상세한 기록을 남기고 보존한다.
• 노인과 보호자가 전원이나 입원을 위해 서비스 내역 등에 관한 기록을 요청할 경우, 정보를 제공하고 이해하기 쉽게 상세하게 설명한다.
• 노인과 보호자가 서비스 내역 등에 관한 기록을 활용하고자 할 경우, 복사 또는 파일 등 노인과 보호자가 원하는 형태로 기록을 제공한다.
• 전원이나 입원 등의 사유로 다른 기관에 서비스를 의뢰하거나 서비

스 연계를 하는 경우, 노인에 관한 기본정보와 아울러 기능 및 심신 상태, 제공한 서비스 내역, 그리고 특이사항을 상세하게 기록한 연계 기록지를 작성하여 노인과 보호자에게 제공하며, 의뢰기관에 제출할 수 있도록 한다.

④ 서비스의 지속성을 보장받을 권리

- 노인복지시설은 가정으로의 복귀, 전원, 입원 등으로 시설에서 퇴소한 이후 시설에서 제공받을 수 있는 사후서비스를 요청할 수 있는 방법을 노인에게 상세하게 설명해 준다.
- 노인복지시설은 가정으로의 복귀, 전원, 입원 등으로 시설에서 퇴소한 이후에도 정기적 전화상담 등의 방법을 활용하여 노인의 퇴소 이후 생활 적응에 대한 관심을 기울인다.

(3) 장례서비스 지원

① 임종에 대한 권리

- 노인의 생명이 위독할 경우 그 사실을 가족 등의 보호자에게 즉시 통보하여 임종의식에 참여할 수 있도록 조치를 취한다.
- 응급 상황이나 불의의 사고로 인하여 생명에 위협이 초래된 경우에는 신속한 응급조치를 취한 후 보호자에게 그 사실을 통보하고, 보호자에게 사고의 경위와 시설에서의 조치사항을 상세히 설명한다.
- 노인의 의사표현도 없고 보호자도 없는 경우에는 노인의 종교 등을 고려하여 시설에서 적절한 임종의식을 마련하여 경건하게 의식을 치른다.

② 유지에 따른 존엄한 장례서비스를 받을 권리

- 장례절차는 노인의 유지와 보호자 뜻에 따라 결정하되, 무연고자인 경우는 시설의 결정에 따라 적법한 절차로 실시하며, 이 경우에도 노

인의 유지를 우선적으로 받들인다.

- 보호자가 시설 외부의 장소에서 별도의 장례를 희망하는 경우에는 보호자에게 모든 절차를 이전하고, 시설은 보호자 등이 존엄하고 경건한 장례의식을 치를 수 있도록 필요한 사항에 대해 적극적으로 협조한다.
- 장례비용은 노인의 유지가 있는 경우 노인의 뜻에 따르되 보호자가 일체의 장례비용을 부담하며, 국민기초생활보장법에 의한 수급권자인 노인이 사망하였을 경우 국민기초생활보장법에서 제시한 비용으로 충당하되, 추가 비용이 발생할 경우에는 보호자에게 부담하게 하며, 무연고자의 경우에는 추가 비용을 시설에서 부담한다.

③ 장례와 애도과정에서 지원받을 보호자의 권리

- 가족 등의 보호자의 뜻에 따라 장례의식을 치를 경우, 보호자가 불편없이 경건한 장례의식을 치를 수 있도록 최대한의 편의를 제공한다.
- 장례의식과 애도과정에 대한 지원을 명목으로 보호자에게 어떠한 답례도 요구하여서는 안 된다.

④ 노인의 유지에 따른 유류품 처리의 권리

- 노인의 사망 후 유류금품은 노인의 의사에 따라 처리하며, 의사표시 없이 사망한 경우에는 보호자의 의사에 따라 처리한다. 다만 사망자의 유족이 생활노인 생존 시 보호자로서 의무를 전혀 행사하지 않았다고 객관적으로 입증될 경우에는 유족의 의사를 따르지 않고 시설운영위원회 심의결과에 따라 처리할 수 있다. 이 경우에도 시설입소 시 보호자의 각서를 받는 등 선행조치를 취해야 한다.

제4장

차별과 학대 그리고 노인 인권

1. 노인차별과 인권

노인은 각기 다른 사회경제적 지위를 지니고 있음에도 "노인은 모두 가난하고 쇠약하며, 사회에 의존하고 원조를 받지 않으면 안 된다."라는 사회적 고정관념에 의해 차별 대우를 받는 경우가 많다. 즉, 노인은 자신의 의지와는 상관없이 노인에 대한 사회적 편견으로 인하여 사회 내에서 종속적 지위를 부여받고 차별적 처우를 받는 경우가 많다(Pampel, 2000).

이러한 노인에 대한 차별과 관련된 용어로는 노인에 대한 고정관념(stereotype), 편견(prejudice), 차별(discrimination)이 있다. 이러한 용어 중에서 편견은 특정 집단에 대한 부정적 느낌의 정서적 · 평가적 요소를 말하며, 인지적 요소는 고정관념, 그리고 행동적 요소는 차별이라고 할 수 있다(원영희, 2004; Freeman et al., 1981). 즉, 차별이라는 용어는 "특정 대상에 대한 부정적 태도를 기반으로 한 부정적 행동"을 의미한다(Nelson, 2002).

성차별(sexism), 인종차별(racism) 등의 다양한 차별 중에서 연령차별(ageism)이라는 용어는 Butler(1969)가 처음 사용한 것으로, 특정 연령층에 대해 일방적 편견을 갖거나 이에 상응하는 차별적 행위를 의미한다(McGowan, 1996). 따라서 연령차별주의는 특정 연령층에 대한 사회적 차별 또는 사회불평등, 억압의 한 형태(김욱, 2002; Atchley, 2000; Kite & Wagner, 2002)이지만, 대체로 노인을 대상으로 한 차별을 의미하고 노인차별이라는 용어로 지칭하는 경우가 많다.

이러한 용어상의 의미를 근거로 해 볼 때, 노인차별은 노인이라는 연령층을 하나의 집단으로 보고 노인 개인이나 노인집단 전체에 대해 가해지는 부당한 행위라고 정의할 수 있다. 즉, 노인 차별은 노인 개인이나 노인집단을 대상으로 노인이라는 이유로 적절한 대우를 하지 않고 원하지 않는 형태의 부적절한 행동을 가하는 것을 의미한다(최원기, 1989). 이러한 노인차별은 인종차별 또는 성차별처럼 연령이라는 기준에 따라 특정 집단에 대한 부정적이고 비현실적 관점을 견지하게 함으로써, 관념적 차원에서뿐만 아니라 실생활에서의 노인에 대한 차별행동으로 연결된다. 그러므로 노인차별은 노인과의 접촉 기피, 노인에 대한 고용차별, 대중매체의 노인에 대한 부정적 이미지 고착 등을 초래하고, 노인의 경제적 빈곤, 소외, 자살 등의 부정적 결과를 낳을 수 있다.

이와 같은 노인차별은 현대화이론, 하위문화이론, 사회와해이론, 활동이론, 분리이론, 정치경제적 관점, 교환이론, 사회학습이론 등의 다양한 이론적 관점에서 그 원인을 분석할 수 있다(고양곤, 2002; McGwan, 1996). 노인차별을 야기하는 사회적 요인으로는 급속한 산업화와 경제성장 과정에서 교육기회의 제한으로 인한 지식과 기술의 낙후로 생산성이 낮은 고령자가 노동시장에서 분리되고, 이러한 분리와 함께 부의 분배에서도 주변 지위로 밀려나게 된 점을 들 수 있다. 문화적 또는 이념적 측면에서는 젊은이 중심의 문화가 확산되고 개인의 자율성과 사회경제적 경쟁이 중시됨에 따라 노인이 갖고 있는 보수적 가치관과 문화는 현대사회의 가치

지향이나 문화와는 일치하지 않게 되어 노인에 대한 차별이 심화되었다. 심리적 측면에서 보면 완고성, 경직성, 우울성향의 증가, 과거에 대한 회상의 증가와 같은 심리적 노화로 인하여 노인이 지닌 장애는 부각되는 반면 노인이 지닌 장점은 무시되어, 노인에 대한 고정관념과 편견이 더욱 강화되었다. 특히 TV, 신문 등의 언론매체에서 노인을 부정적으로 묘사하는 것이 사회의 노인에 대한 편견이나 차별을 더욱 고착화하는 경향이 있다(권중돈, 2010b).

현재 우리나라의 노인차별에 관한 연구는 주로 노인에 대한 태도, 노인에 대한 고정관념과 편견, 노인에 대한 이미지 등에 국한되어 있어(원영희, 2004), 노인차별이 어느 정도 수준에 이르고 있는지를 정확히 파악하기는 어렵다. 원영희(2004)는 청소년에서 중장년층까지를 대상으로 한 연구에서 전반적인 노인편견 점수가 4점을 기준으로 할 때 영역에 따라 1.7~2.4점으로 나타나 노인에 대한 편견수준이 높지 않다고 하였다. 최정혜(2002)는 60세 이상의 노인을 대상으로 가족 내에서의 노인차별에 관한 조사에 근거하여, 가족 내에서 차별받는다는 지각은 매우 낮다고 하였다. 하지만 김욱(2002)의 연구에 따르면 우리 사회는 노인차별 현상이 광범위하게 나타나고 있어, 대다수의 노인이 사회생활과 일상생활에서 노인차별을 지각하거나 경험하고 있으며, 차별의 유형은 다를지라도 전체적인 차별 정도는 미국이나 캐나다 등의 구미 선진국과 크게 다를 바가 없다고 하였다. 그리고 고양곤(2002)은 경제활동 분야에서 노인은 신규 채용 시의 연령 제한, 정년제에 의한 차별, 고용직종과 임금수준의 격차 등과 같은 다양한 차별을 경험하고 있다고 하였다. 또한 한동희(2002)는 노인복지정책 형성과정에서의 노인 배제, 의료기관의 불친절이나 부적절한 처치, 각종 공적 부조제도에서의 차별, 고용기회의 차별, 여가장소의 부족, 교통수단 이용에서의 차별, 노인문화에 대한 경멸적 태도, 노인교육기회에서의 차별 등과 같은 공공 부문에서의 다양한 노인차별이 존재한다고 지적하였다.

이와 같이 노인차별에 대한 연구결과가 일치하지 않지만 국가인권위원회(2006b)의 조사에 따르면, 노인계층의 70% 정도, 비노인계층의 90% 정도가 우리 사회의 노인차별이 심각한 편이라고 인식하고 있는 점에 비추어 볼 때, 우리 사회의 노인차별주의 의식이 보편화되고 더욱 심화되고 있음을 알 수 있다. 그러나 노인은 이러한 차별에 대응하여 자신의 권리를 요구하기보다는 노인 스스로도 '노인이니까, 노인이면 누구나'와 같은 차별적 사고에 젖어, 사회적 불평등과 차별에 적응되어 있는 양상을 보이는 것으로 나타났다. 따라서 우리 사회는 세계인권선언 제2조에 명시된 "어떠한 이유에 의해서도 차별받지 않고 모든 권리와 자유를 누릴 수 있다."라는 노인의 인간존엄권 보호를 위해 노력하기보다는 오히려 침해하는 경향이 강하다고 할 수 있다.

이러한 노인차별의 예방, 완화 및 해결을 위해서는 노인 스스로의 적극적 노력과 함께 이의 해결을 위한 사회적 관심과 지지가 필요하다. 좀 더 구체적으로는 노인 자신의 활기찬 노후생활(active aging) 영위를 위한 노력을 지원할 수 있는 프로그램과 서비스의 개발, 노인복지정책의 강화, 유아교육에서 고등교육, 더 나아가 평생교육의 과정에서 지속적인 노화와 노인에 관한 교육의 실시, 여러 세대가 동시에 참여하는 세대통합 프로그램의 실시, 노인차별금지법 및 제도적 장치의 마련, 노인차별 현상에 대한 더욱 심층적이고 실험적인 연구의 강화 등이 이루어져야 한다.

2. 노인학대의 이해

1) 노인학대의 용어

노인학대는 사회적으로 금기시되어 온 주제(taboo topic)로, 대중의 관심을 늦게 받게 되었다(Penhale, 2008). 노인 학대와 관련하여 가장 먼저 사용된 용어는 할머니 구타(granny bashing)(Baker, 1977)이지만, 특정 성에 대한 편견과 낙인을 내포한 부정적 용어라는 지적에 따라 다른 용어로 대체되었다. 노인학대와 관련된 용어로는 학대(abuse), 폭력(violence), 유기(abandonment), 방임(neglect), 부적절한 처우(maltreatment or mistreatment), 착취(exploitation) 등의 다양한 용어가 사용되고 있다.

노인을 대상으로 한 학대를 지칭할 때 '노인학대(elder abuse)' 라는 용어가 가장 많이 사용되고 있다. 이때 'abuse' 는 사람을 대상으로 할 때는 '잔인하고 폭력적으로 처우하는 행위' 라는 의미의 '학대' 로 번역되어 사용되고 있다. 이러한 'abuse' 가 지닌 의미를 충실히 반영하는 노인학대의 종류에는 신체적 학대, 성적 학대, 심리적 학대, 재정적 학대가 포함되지만, 방임이라는 학대 유형을 포괄하지는 못한다(DoH, 1993; Penhale, 2008).

따라서 노인에게 위해를 가하거나 권리를 침해하는 행위뿐만 아니라 노인에게 적절한 부양이나 서비스를 제공하지 않음으로써 초래되는 노인생활의 어려움까지도 노인학대에 포함해야 한다는 인식이 증가함에 따라 '부적절한 처우(mistreatment or maltreatment)' 라는 용어를 '노인학대(elder abuse)' 라는 용어와 함께 사용하고 있다. 이와 같이 영어권 국가에서는 'elder abuse', 'elder abuse and neglect', 'mistreatment' 라는 용어뿐 아니라 가족폭력(family violence), 착취(exploitation), 유기(abandonment)라는 용어 또한 사용되고 있다.

국내에서는 '상위 개념으로서의 학대'와 '하위 개념으로서의 학대'를 반복 사용함으로써 생기는 혼란을 방지하기 위하여 '부적절한 처우(mistreatment)' 라는 용어를 사용하는 것을 선호하는 학자도 있다(우국희, 2001). 그러나 아직까지는 상위 개념의 학대는 '노인학대' 라는 용어를 주로 사용하며, 하위 학대유형에 대해서는 '신체적 학대' 등과 같이 학대행위의 내용과 상황을 지칭하는 용어와 함께 학대라는 용어가 사용되는 경향이 강하게 남아 있다(권중돈, 2010a).

2) 노인학대의 개념

노인학대는 대표적 일탈행위로서 그 개념은 다차원적이고, 사회문화적 차이 등으로 인하여 국가와 학자에 따라 다양하게 정의되고 있으며, 합의된 정의는 현재 존재하지 않는다. 즉, 노인학대의 개념은 '단순히 누군가가 의도적으로 노인에게 위해를 가하는 소극적이고 협의적인 개념'에서부터 '노인의 인권보호를 전제로 하는 적극적이고 광의적인 개념'에 이르기까지 매우 다양하다. 이러한 노인학대에 대한 기존의 정의를 살펴보면 다음과 같다.

미국의 성인보호서비스 협회(National Adult Protective Services Association, 2006)에서는 노인학대를 "신체적 또는 심리적 위해를 가하거나, 신체 또는 심리적 위해를 피하거나 필수적 욕구를 충족하기 위해 필요한 재화나 서비스를 의도적으로 박탈하는 행위"라고 규정하고 있다. Dimah(2001)는 "노인에게 위해를 가할 수 있는 의도적인 행동이나 행동의 결핍(inaction)"이라고 정의하고 있다. Kosberg(1988)은 방임, 신체적 · 성적으로 부적절한 처우, 심리적 학대, 재산이나 소유물의 절도나 오용으로 노인학대를 규정하고 있다. 세계보건기구(WHO)와 국제노인학대예방네트워크(International Network for the Prevention of Elder Abuse: INPEA, 2002)에서는 노인학대를 "신뢰를 기반으로 한 관계에서 발생하는 노인에게 위해나 고통을 일으키는 일회성 또는 반복적 행위 또는 적절한 조치의 부족"이라고 정의하고 있다. 김미혜 등(2006)은 노인학대를 "노인에게 신체적, 언어 · 정서적, 성적, 경제적으로 고통이나 장해를 주는 행위 및 노인에게 필요한 적절한 보호가 제공되지 않는 방임, 자기방임 및 유기"로 정의하고 있다. 권중돈(2004a)은 노인학대를 "노인 자신, 노인의 가정이나 전문노인시설의 모든 관계에서 발생되는 노인에게 해가 되거나 장애를 일으킬 수 있는 일회성이거나 반복적 행동 또는 적절한 행동의 부족"으로 정의하고, 가정에서의 자기방임뿐 아니라 노인복지시설에서의 학대를 포함하고 있다.

이러한 국내 · 외의 노인학대에 대한 개념 정의보다 외국의 일부 개념 정의는 더욱 포괄적이다. 영국 보건부(DoH, 2000)에서는 노인학대를 "타인에 의한 노인의 시민권 또는 인권 침해행위"라고 정의하여, 노인의 권리 침해행위 전체를 노인학대로 보고 있다. Touza 등(2004)은 노인학대를 "부적절한 처우(inadequate treatment)"라는 용어로 표현하고, 이를 "노인 부양에 있어서 미충족 욕구가 존재하는 상황"이라고 정의하고 있다. 그리고 Pillemer와 Moore(1989)는 학대의 하위유형으로 시설환경에서 일어나는 부적절한 처우를 포함하고 있다. Kosberg 등(2003)은 노인학대 정의와 관련하여 서구화된 편견(westernized biases)이 존재한다는 점을 지적하면서, 노르웨이에서는 '가족갈등(family disharmony)', 홍콩에서는 노인유기(elder dumping), 그리고 인도에서는 '며느리에 의한 불경 행위(disrespect)'를 포함하기도 하며, 효의식이 강한 극동 지역에서는 노인을 시설에 입소시키는 것도 노인학대로 보는 경우도 있다.

이상에서 살펴본 바와 같이 노인학대에 관한 정의는 매우 다양하게 나타나고 있지만, 기존의 노인학대에 대한 개념 정의의 발달과정에는 몇 가지 공통된 특성이 내포되어 있다(정경희 외, 2007). 먼저 노인학대에 관한 개념 정의에서 초기의 연구는 주로 학대 행위자의 의도적 행위만을 학대로 규정하였으나, 시간이 지남에 따라 행위의 의도성에 관계없이 적절치 않은 행위로까지 노인학대의 범위를 확대하고 있다. 둘째, 초기의 노인학대에 대한 개념 정의가 노인에게 위해 또는 고통을 초래하는 행위에만 국한된 데 비해 최근의 정의에서는 위해가 되는 행동뿐만 아니라 노인의 생활, 복지, 더 나아가 권리를 보장하는 데 부족하거나 적절하지 못한 행위까지 포함하고 있다. 셋째, 초기의 노인학대의 개념 정의가 주로 가족구성원이나 부양자에 의한 부적절한 행위만을 학대에 포함한 데 비해 최근에는 가족과 부양자는 물론 노인복지시설 종사자, 심지어는 노인 자신에 의한 부적절한 행동까지도 노인학대에 포함하고 있다.

이러한 점을 근거로 해 볼 때, 노인학대란 '노인 자신, 노인의 가정, 노인복지시설의 모든 관계에서 발생되는 노인에게 위해가 되거나, 장애를 일으키거나, 노인의 복리와 권리를 보장하는 데 적절치 못한 일회성 또는 반복적 행동과 적절한 행동이 부족한 노인인권 침해 행위' 라고 정의할 수 있을 것이다.

3) 노인학대의 유형

노인학대의 유형을 구분함에 있어서 주로 활용되는 기준은 학대행위가 발생하는 장소와 학대행위의 내용이다. 먼저 학대행위가 발생하는 장소에 따라서는 대부분의 학자가 가정 내 학대, 시설 내 학대, 자기방임의 세 가지로 분류하는 데 동의하고 있다(Tatara, 1990). 가정에서의 노인학대는 피해노인과 특별한 관계에 있는 성인 자녀, 배우자, 친지, 친구 등의 부양자에 의한 학대행위를 말한다. 시설에서의 노인학대는 국가의 보조나 노인장기요양보험제도 또는 노인에게 직접 보호비용을 받아 전문 서비스를 제공하는 의료기관, 장기요양기관, 노인복지시설이나 기관 등에서 이루어지는 노인에 대한 부적절한 처우라고 할 수 있다. 그리고 자기방임은 노인 스스로가 자신의 안전, 복리, 권리를 보호하는 데 적절하지 못한 행동을 하는 경우를 말한다.

노인학대 행위의 내용에 따라서는 매우 다양한 유형분류가 존재한다. McDonald와 Collins(2000) 그리고 Swanson(2001)은 노인학대를 신체적 학대, 심리적 학대, 재정적 학대라는 3개 유형으로 구분하여, 노인학대에 포함되는 행동의 범위와 유형을 가장 좁게 규정하고 있다. 국내에서는 조애저와 김승권(1998) 그리고 변재관과 김서용(2001)이 노인학대를 신체적 학대, 심리적 학대, 경제적 착취, 방임이라는 4개 유형으로 구분하고 있으며, Ens(2001)는 학대의 유형을 신체적 학대, 심리적 또는 정서적 학대, 재정적 학대, 방임으로 구분하고 있다. 그리고 Lunday와 Grossman(2004)

은 방임의 능동성 또는 의도성을 고려하여 신체적 학대, 심리적 학대, 재정적 학대, 능동적 방임, 수동적 방임이라는 하위유형으로 나누고 있다. 이들의 노인학대 유형분류는 가장 협의의 정의에 방임이라는 1개 유형이 추가된 것으로, 다양한 노인학대 행위를 포괄하는 유형분류로는 부족한 부분이 있다.

Dimah와 Dimah(2003)는 미국 일리노이주의 노인학대 및 방임 프로그램에서의 노인학대 유형분류에 따라 노인학대를 신체적 학대, 감금, 정서적 학대, 박탈, 수동적 방임으로 구분하고 있으나, 감금은 신체적 학대 유형에 속하는 학대행위이고 박탈은 능동적 방임과 동일한 의미를 지닌 학대행위이므로, 앞서의 유형분류와 크게 다르지 않다. 그리고 미국 노인학대센터(NCEA, 2005)에서는 노인학대를 신체적 학대, 정서적 · 심리적 학대, 재정적 착취, 방임, 유기라는 5개 유형으로 구분(www.elderabusecenter.org)하여 앞서 살펴본 유형과 비교해 유기라는 유형 하나를 추가하고 있을 뿐이다.

Bass 등(2001)은 노인학대를 신체적 학대, 심리적 학대, 방임, 착취로 구분하여 앞서 살펴본 유형분류와 큰 차이가 없다. 그러나 이들은 노인학대의 유형을 다시 세부적으로 구분하고 있다. 신체적 학대는 타인에 의한 학대, 자기 학대, 성적 학대라는 세부 유형으로 분류하고, 방임은 신체적 방임, 정서적 방임, 유기, 자기방임으로 구분하고, 착취는 다시 재정적 학대와 권리침해라는 세부 유형으로 구분하고 있다. 따라서 앞서 제시한 노인학대의 유형분류에 비하여 그 유형분류의 폭이 좀 더 넓다고 할 수 있다. 그리고 미국 성인보호서비스협회(NAPSA, 2006)에서는 노인학대의 유형을 앞서 살펴본 다른 노인학대 유형분류에 비해 가장 상세하게 분류하고 있다. 미국 성인보호서비스협회에서는 노인학대를 신체적 학대, 정서적 · 심리적 · 언어적 학대, 재정적 · 물질적 학대 또는 착취, 방임, 자기방임, 성적 학대, 유기라는 7개 유형으로 구분하고 있다.

우리나라 노인복지법 제1조의 2에서는 노인학대를 "노인에 대하여 신체적 · 정신적 · 성적 폭력 및 경제적 착취 또는 가혹행위를 하거나 유기 또는 방임을 하는 것" 이라고 정의하고 있다. 그러나 노인학대의 세부 유형에 대한 정의는 이루어지지 않고 있으며, 노인학대에 대한 법적 조항은 아니지만 노인복지법 제39조의 9에 누구든지 ① 노인의 신체에 폭행을 가하거나 상해를 입히는 행위, ② 노인에게 성적 수치심을 주는 성폭행 · 성희롱 등의 행위, ③ 자신의 보호 · 감독을 받는 노인을 유기하거나 의식주를 포함한 기본적 보호 및 치료를 소홀히 하는 방임행위, ④ 노인에게 구걸을 하게 하거나 노인을 이용하여 구걸하는 행위, ⑤ 노인을 위하여 증여 또는 급여된 금품을 그 목적 외의 용도에 사용하는 행위를 해서는 안 된다는 금지조항을 두고 있는데 이 역시 노인학대라는 용어는 사용하고 있지 않지만 노인학대에 해당되는 행위로 해석될 수 있다.

이와 같이 다양한 노인학대의 유형분류가 존재하는 상황에서 단일한 학대유형을 제시하는 것에는 한계가 있으므로 연구목적에 맞게 노인학대의 개념과 유형을 규정하고 그 세부 행동을 자세히 제시하는 것이 유일한 해결책(우국희, 2001; Carp, 2000)이라 할 수 있다. 그러나 노인학대 문제에 개입하기 위한 정책 및 실천에서는 어떤 식으로든 노인학대의 유형분류가 필요하다. 이때 좁은 범위의 노인학대에 근거한 노인학대 유형분류보다는 넓은 범위의 정의에 근거한 상세한 유형분류가 더욱 유용할 수 있다. 따라서 노인학대를 신체적 학대, 정서적 학대, 경제적 학대, 방임, 자기방임, 성적 학대, 유기라는 7개 유형으로 구분하여, 기존 연구(권중돈, 2004a; 김미혜 외, 2006; 김한곤, 1998; 이연호, 2002; 전길양, 송현애, 1997; 정경희 외, 2007; 조애저 외, 1999; 최성재 외, 2002; 한동희, 1996; 한은주, 2000; Bass et al., 2001; Dimah & Dimah, 2003; Ens, 2001; Wolf, 2000; NAPSA, 2006)에 나타난 노인학대의 유형별 개념 정의와 세부 학대행위를 살펴보면 다음과 같다.

신체적 학대는 노인에게 신체적 상해나 고통을 가하는 행위이다. 이에 포함되는 세부 학대행위로는 때리기, 밀어 넘어뜨리기, 할퀴기, 꼬집기, 깨물기, 가두기, 잡고 흔들기, 발로 차기, 주먹으로 치기, 담뱃불 등으로

화상 입히기, 칼로 베기, 흉기로 위협하기, 신체적 상해 입히기, 강제로 먹이기, 강제로 의자나 침대에 묶어 두기, 난폭하게 다루기, 어려운 집안 일 또는 노동을 강요하기, 물건 집어던지기, 집 밖으로 끌어내기, 신체적 고통이나 장애를 일으키는 물리력이나 화학물질 사용하기 등이 있다.

정서적 학대는 심리적 · 정서적 · 언어적 학대로도 불리며, 언어 또는 비언어적 행위를 통하여 염려, 정서적 고통을 가하는 행위를 말한다. 이에 포함되는 구체적 학대행위로는 위해를 가하겠다고 위협하기, 협박이나 폭언이나 고함 지르기, 말을 걸지 않거나 대화 단절하기, 무시하거나 무관심하기, 욕설하기, 거친 행동으로 의사 표현하기, 부양스트레스를 노골적으로 표현하기, 모욕하기, 아이처럼 다루기, 흉내 내기, 자존심을 상하게 하는 언어 표현하기, 노인의 실수에 대해 비난하고 꾸짖기, 냉대하기, 졸졸 쫓아다니기, 가족이나 친지의 방문을 싫어하거나 일상활동에 노인을 소외하기, 노인이 보는 앞에서 물건을 던지거나 부수면서 화풀이하기, 의사결정 등의 의미 있는 사건에서 배제하기 등이 있다.

경제적 학대는 착취, 물질적 학대 또는 재산학대(property abuse)로도 불리며, 노인의 자금, 재산, 자산을 불법적으로 또는 부적절하게 사용하는 행위를 말한다. 이에 포함되는 구체적 학대행위로는 돈이나 재산 훔치기, 노인의 동의 없이 부동산 소유권 이전 등과 같은 재산권 행사하기, 동의를 받지 않고 돈, 연금이나 임대료 등 노인의 소득을 인출하거나 가로채기, 노인에게 빌린 돈이나 귀중한 물건을 돌려주지 않기, 법적 및 재정적 서류 작성 시 서명 위조나 변조하기, 유언장을 허위로 작성하기, 대리권을 부적절하게 사용하기 등이 있다.

방임은 의도성과 행위의 적극성에 따라 의도적 · 능동적 방임과 비의도적 · 수동적 방임으로 구분되며, 노인에 대한 의무나 책임이 있는 자가 그 책임의 이행을 거부하거나 실패하는 행위를 말한다. 이에 포함되는 세부적 학대행위로는 음식, 물, 의복, 위생, 투약, 안전 등에 필요한 서비스를 제공하지 못하거나 거부하기, 법에 규정된 노인의 권리를 부정하기, 적절한 요양서비스 거부하기, 신체적 건강문제를 치료해 주지 않기, 사고를 당할 수 있는 위험 상황에 처하게 하기, 날씨와 환경 조건에 맞지 않는 옷 입히기, 적절한 주거환경을 마련해 주지 않기, 경제적인 능력이 있는데도 돋보기, 보청기, 틀니 등 필수적인 보조기를 마련해 주지 않기, 병원에서 치료를 받아야 할 상황인데도 방치하기, 목욕이나 배변 시 도움이 필요한 노인에게 도움을 주지 않기 등이 있다.

자기방임은 신체적 또는 정신적 장애나 기능 저하로 인하여 또는 고의로 건강과 생활안전의 유지에 필요한 재화와 서비스의 획득과 같은 자기 보호 과업을 이행하지 못하거나 거부하는 행위를 말한다. 그러나 개인의 생활방식 선택은 자기방임에 속하지 않는다. 이에 포함되는 구체적 학대 행위로는 노인이 자기 자신을 위한 적절한 음식, 물, 주거, 안전, 개인위생, 투약을 거부하거나 제공하지 못하는 행위, 위험한 상황에서 도움을 요청하지 않거나 거부하기, 자살 시도하기 등이 있다.

성적 학대는 강요, 속임수, 위협 또는 기타의 행위로 노인에게 원치 않는 성적 행위를 강요하거나 성적 접촉을 하는 행위를 말한다. 이에 포함되는 구체적 학대행위로는 강제적으로 성관계 갖기, 원치 않는 입맞춤이나 애무 또는 신체 부위 만지기, 노인의 성적 부위를 드러내 놓기, 성적 신체 부위를 몰래 촬영하기, 음란 영상이나 잡지 보게 하기, 노인의 알몸 노출하기, 동의할 능력이 없는 노인과 성적 접촉하기, 서비스 제공자에 의한 원치 않는 성적 접촉하기 등이 있다.

유기는 노인을 부양할 책임이 있거나 노인을 보호하고 있는 사람이 노인을 내다 버리는 행위이다. 이에 포함되는 구체적 행위로는 노인을 낯선 장소에 내다 버리기, 시설 등에 입소시키고 노인과 연락을 두절하거나 왕래하지 않기, 인지 또는 정신장애가 있는 노인을 고의로 가출 또는 배회하게 하기 등이 있다.

이상과 같은 학술적 논의에 근거한 노인학대의 개념 정의와 세부 학대 행위와 아울러 노인학대 예방과 해결을 위한 노인복지실천에서 활용되는 노인학대의 정의와 세부 행위도 있다. 보건복지부와 중앙노인보호전문기관(2011b)에서 제시한 노인학대 유형별 정의와 세부행위를 살펴보면 〈표 4-1〉과 같다.

표 4-1 노인학대 유형별 정의와 세부 행위

유형	정의	세부 행위
신체적 학대	물리적인 힘 또는 도구를 이용하여 노인에게 신체적 혹은 정신적 손상, 고통, 장애 등을 유발하는 행위	• 노인을 폭행한다. • 노인을 제한된 공간에 강제로 가두거나, 노인의 거주지 출입을 통제한다. • 노인의 신체를 강제로 억압한다. • 신체적 해를 가져올 위험성이 큰 행위로 노인을 협박하거나 위협한다. • 노인의 신체적 생존을 위협할 수 있는 행위를 한다. • 약물을 사용하여 노인의 신체를 통제하거나 생명을 저해한다. • 노인이 원하지 않거나 수행하기 어려운 노동을 하게 한다.
정서적 학대	비난, 모욕, 위협 등의 언어 및 비언어적 행위를 통하여 노인에게 정서적으로 고통을 유발하는 행위	• 노인과의 접촉을 기피한다. • 노인의 사회관계 유지를 방해한다. • 노인을 위협ㆍ협박하는 언어적 표현이나 감정을 상하게 하는 행동을 한다. • 노인과 관련된 결정 사항임에도 의사결정과정에서 노인을 소외한다.
성적 학대	성적 수치심 유발 행위 및 성폭력(성희롱, 성추행, 강간) 등의 노인의 의사에 반하여 강제적으로 행하는 모든 성적 행위	• 노인에게 성폭력을 행한다. • 노인에게 성적 수치심을 주는 표현이나 행동을 한다.
경제적 학대	노인의 의사에 반하여 노인에게서 재산 또는 권리를 빼앗아 가는 행위로서 경제적 착취, 노인 재산에 관한 법률 권리 위반, 경제적 권리와 관련된 의사결정에서의 통제 등을 하는 행위	• 노인의 소득 및 재산, 임금을 가로채거나 임의로 사용한다. • 노인의 재산에 관한 법률적 권리를 침해하는 행위를 한다. • 노인의 재산 사용 또는 관리에 대한 결정을 통제한다.

유형	정의	세부 행위
방임	부양의무자로서의 책임이나 의무를 의도적, 비의도적으로 거부, 불이행 혹은 포기하여 노인의 의식주 및 의료를 적절하게 제공하지 않는 행위, 필요한 생활비, 병원비 및 치료, 의식주를 제공하지 않는 행위 (자기방임: 노인 스스로가 의식주 제공 및 의료처치 등의 최소한의 자기보호 관련 행위를 의도적으로 포기 또는 비의도적으로 관리하지 않아 심신이 위험한 상황이나 사망에 이르게 하는 행위)	• 거동이 불편한 노인의 의식주 등 일상생활 관련 보호를 제공하지 않는다. • 경제적 능력이 없는 노인의 생존을 위한 경제적인 보호를 제공하지 않는다. • 의료 관련 욕구가 있는 노인에게 의료적 보호를 제공하지 않는다. • 자신을 돌보지 않거나 돌봄을 거부함으로써 노인의 생명이 위협받는다.
유기	보호자 또는 부양의무자가 노인을 버리는 행위	• 의존적인 노인을 유기한다.

자료: 보건복지부, 중앙노인보호전문기관(2011b). 노인보호전문기관 업무수행지침.

4) 노인학대와 인권의 관계

노인학대는 노인 인권의 극단적인 침해행위로서, 노인 인권 영역 중에서 인간존엄권 영역의 권리를 심각하게 침해하거나 훼손하는 행위에 해당한다. 즉, 노인학대는 인간으로서 존중받지 못하고 차별받고, 구금당하고, 가진 것을 빼앗기고, 행복한 삶을 영위할 수 있는 기회를 박탈당하는 가장 심각한 수준의 인권침해 행위에 해당한다.

그러나 노인학대는 인간존엄권만의 침해행위가 아니다. 노인학대의 하위 유형 각각에 포함되는 행위가 매우 다양하므로, 노인 인권의 어떤 영역을 구체적으로 침해한 행위인지를 명확히 밝히는 것은 한계가 있다. 그러나 신체적 학대와 성적 학대는 신체적 자유권의 심각한 침해행위이며,

유기는 주거 자유권 등의 사생활자유권, 정서적 학대는 정신적 자유권, 재정적 학대는 경제적 자유권과 사회권, 방임과 자기방임은 사회권 전반에 대한 심각한 침해행위이다. 이와 같이 노인학대는 가장 기본적인 노인인권 영역인 인간존엄권의 심각한 침해행위이며, 세부적 학대행위는 자유권, 사회권을 심각하게 침해하는 행위임에 분명하다.

3. 노인학대의 위험요인

노인학대의 위험요인, 즉 학대의 원인을 설명할 수 있는 이론으로는 상황적 모델, 사회교환이론, 상징적 상호작용이론, 여권주의모델, 생태학적 모델 등이 있으나, 노인학대의 원인을 학대와 관련된 개인이나 사회구조적 특성을 기준으로 분류하기도 한다(McDonald, 1996). 노인학대에 관한 선행연구를 종합하여 보면, 노인학대의 위험요인은 크게 ① 노인의 인구사회학적 특성 요인, ② 노인의 기능적 요인, ③ 가족 및 사회관계망 요인, ④ 사회문화적 요인으로 구분된다. 이러한 노인학대 위험요인에 관한 기존 연구의 결과를 살펴보면 다음과 같다.

1) 노인의 인구사회학적 특성

노인의 성에 따라서는 남성노인이 학대를 받는 빈도가 증가하고 있다는 연구(Pillemer & Finkelhor, 1988)와 학대의 하위 유형에 따라서는 남녀의 학대빈도가 유사하다는 연구(이인수, 이용환, 2001)도 있다. 그러나 일반적으로 여성노인이 남성노인에 비하여 학대를 더 많이 받는 것으로 나타나고 있다(김미혜, 2001; 한은주, 김태현, 2000; Kosberg, 1988). 연령과 교육수준에 따라서는 교육수준이 낮고 연령이 높을수록 학대에 노출될 위험이 더 많은 것으로 나타나고 있다. 이는 노인의 교육수준이 낮고 연령이 높을수록 경제적 상황, 대처자원의 인지능력 등이 상대적으로 낮기 때문이다(이성희, 한은주, 1998; 한은주, 김태현, 2000; Kosberg, 1988). 결혼 상태에 따라서는 배우자 없이 성인 자녀와 동거하는 노인이 학대를 받을 위험이 더 높은 것으로 나타나고 있다(한은주, 2000; Wiehe, 1998; Wolf & Li, 1999).

2) 노인의 기능적 요인

대부분의 기존 연구에서 노인의 건강이 나쁘거나 일상생활에서의 의존성이 높을수록 노인학대의 가능성이 더 높은 것으로 나타났다. 많은 연구(권중돈, 2004a; 이성희, 한은주, 1998; 한동희, 1996)에서 신체적 질병, 일상생활 동작능력의 제한, 치매 등의 인지기능장애로 인하여 노인의 의존성이 높아지고, 간호에 대한 부담이 증가하게 되면 학대에 노출될 가능성이 높음을 지적하고 있다. 이러한 노인의 의존성 증가는 독립적으로 노인학대를 유발하는 요인이 되기도 하지만, 대개 부양자의 스트레스나 과중한 부양부담을 촉발하는 요인으로 작용하고 그 결과로 노인학대로 이어지는 경우가 많다. 노인의 경제수준에 따라서는 경제적으로 여유가 없는 노인이 경제적 여유가 있는 노인보다 학대를 받는 비율이 상대적으로 높은 것으로 나타나고 있다.

노인의 심리적 특성도 노인학대의 위험요인이 될 수 있다. 노인이 학습된 무기력(learned helplessness)에 익숙해질수록 문제 해결을 위한 노력을 기울이지 않게 됨으로써 학대에 노출될 가능성이 높다. 자신의 일생을 실패로 규정하고 그 실패의 책임을 타인에게 돌리고 불평을 하게 될 경우, 타인의 분노나 학대행위를 유발하게 된다(Kosberg, 1988; Quinn & Tomita, 1986). 그리고 자아존중감이 낮은 노인은 가정 내에서 심각한 문제를 일으키거나 무기력해질 가능성이 높기 때문에 이로 인해 학대받을 가능성이 높은 것으로 나타났다(권중돈, 2004a; 한동희, 김정옥, 1995; 한은주, 김태현, 2000).

3) 가족 및 사회관계망 요인

노인학대의 원인으로 작용할 수 있는 가족 상황은 동거부양 여부, 부양자의 특성 변인, 자녀와의 관계 변인 등이 있다. 기존 연구에 따르면 노인이 자녀와 동거하는 경우에 학대발생률이 높게 나타났다(까리따스방배종합사회복지관, 2001). 부양자와 동거하는 경우에는 신체적 학대와 심리적 학대에 노출될 가능성이 상대적으로 높은 반면 별거할 경우에는 방임이나 유기라는 학대 유형에 노출될 가능성이 높은 것으로 알려져 있다.

부양자의 인구사회학적 특성과 관련하여 남성 부양자의 경우에는 신체적 학대를 하는 경우가 많은 반면 여성 부양자는 방임의 행위를 하는 경우가 많은 것으로 나타나고 있다(한은주, 2000). 부양자의 연령에 따라서는 연령이 낮을수록, 경제적 사정에 따라서는 경제적으로 여유가 없고 어려움을 겪는 부양자일수록 노인을 학대할 가능성이 높은 것으로 나타나고 있다(이성희, 한은주, 1998; 한은주, 2000).

부양자의 성격 또한 노인학대의 유발요인이 될 수 있는데, 무절제하고 충동적인 성격일 경우 노인을 학대할 가능성이 높으며 알코올중독, 마약중독 등의 물질중독, 정서장애, 정신장애의 문제가 있을 경우 노인을 학대할 가능성이 높다(Kosberg, 1988).

부양자의 부양부담과 스트레스는 노인학대와 직접적으로 연결된 변인으로 나타나고 있다(이성희, 한은주, 1998; 한동희, 김정옥, 1995; Pillemer & Finkelhor, 1988). 또한 노인의 지나친 부양기대는 자녀에게 부양부담을 유발할 뿐만 아니라 자녀와의 기대수준의 불일치를 가져와 상대적인 학대 경험을 높게 하고, 노인의 심리건강에 부정적인 영향을 미치는 것으로 나타났다(전길양, 송현애, 1997). 학대받는 노인과 가해자는 오랫동안 감정적 대립관계가 축적되어 있는 경우가 많으며(한동희, 1996), 과거에 좋지 못했던 세대 간의 관계는 현재의 친밀한 가족유대를 어렵게 하고, 이러한 낮은 관계의 질이 미래의 잠재적인 학대문제의 지표가 될 수 있다. 그리고 노인은 자녀와 접촉하는 양이 많을수록 학대 경험이 낮은 것으로 나타났다(전길양, 송현애, 1997). 즉, 별거 자녀와의 잦은 접촉은 노인에게도 도움이 되지만, 부양자에게 부양에 따른 부담감을 해소해 줄 수 있는 자원이 될 수도 있기 때문에 학대 경험을 좀 더 낮추어 주는 것으로 해석될 수 있다. 그러나 별거 자녀와 부양자 사이의 관계가 나쁠 경우에는 별거 자녀와의 잦은 접촉이 노인학대를 유발할 가능성을 높아지게 만드는 요인이 될 수도 있다.

가족성원 간의 밀착 정도와 지지도가 낮을수록 노인학대 발생률이 높은 것으로 나타나고 있다. 그리고 가족폭력의 경우 한 명의 구성원에게만 국한되기보다는 동시에 여러 명에게 폭력이 가해지는 점을 고려할 때, 가족 내 다른 폭력이 존재할 경우 노인학대가 일어날 가능성이 높다. 그리고 사회학습이론에 따르면, 부양자가 이전에 노인에게서 학대를 당한 경험이 있는 경우에 노인을 학대할 가능성이 높다(McDonald, 1996).

노인과 부양자가 사회적으로 고립될 경우 노인학대가 발생할 확률이 높아진다. 그 이유는 노인이나 부양자가 이웃, 친구, 친척 또는 전문가의 도움이 필요한 상황에서도 활용할 수 있는 사회지지망이 없을 경우, 노인은 의존 욕구의 충족에 실패하게 되고 부양자의 부양부담수준이 높아지게 되어 비효과적인 부양을 하게 만들거나 학대를 일으키는 원인이 된다(한은주, 2000). 그리고 노인의 비공식적 관계망 중에서 친척이나 이웃과의 관계가 좋을수록 학대 발생비율이 줄어드는 것으로 나타났다(김태현, 한은주, 2000).

4) 사회문화적 요인

다른 사회문제와 마찬가지로 노인학대 역시 사회문화적 변인과의 상관성이 높다. 노인학대를 유발할 수 있는 사회문화적 변인으로는 사회적 서비스 체계의 인지 및 이용, 노인차별주의, 가족주의를 들 수 있다(한은주, 김태현, 2000). 노인학대를 예방하거나 학대문제를 해결할 수 있도록 지원하는 사회서비스 체계의 발전은 노인학대를 경감하는 주요 대처자원이 될 수 있다. 이러한 사회서비스 체계가 학대의 억제요인으로 작용하지만, 우리나라에서는 이러한 체계의 미비로 인해 노인학대 예방 · 경감 효과를 기대하기 어려운 실정이다(권중돈, 2004a).

우리 사회는 갈수록 노인공경의식이 낮아지고 노인차별주의가 확산되어 가고 있어, 노인은 사회적으로 열등한 지위에 처하게 되고 부적절한 처우를 당할 가능성이 높아지고 있다(한동희, 김정옥, 1994). 실제로 김한곤(1998)의 연구에 따르면 노인학대의 원인이 학대행위자나 사회보다는 자신에게 있다고 생각하는 경향이 높긴 하지만, 조사대상자의 1/5 정도가 사회풍조를 노인학대의 원인으로 생각하고 있는 것으로 나타나 노인차별주의가 노인학대의 주요 원인이 되고 있다는 사실을 뒷받침해 주고 있다.

강한 가족주의 의식이 노인학대의 은폐와 반복적 발생을 촉진하는 요인이 될 수 있다(권중돈, 2004a). 가족주의 의식이 강하게 남아 있는 상황에서는 학대 자체가 은폐될 가능성이 높기 때문에 학대행위자가 학대를 하여도 사회적 비난을 받지 않을 가능성이 높아지고, 그로 인해 노인이 잠재적 학대 상황에 지속적으로 노출되는 결과를 초래하게 된다. 이와 같이 가족주의 의식이 강한 우리의 문화적인 특성으로 인하여 노인학대의 위험이 지속적으로 높아지게 된다.

4. 노인학대의 실태와 예방 · 개입서비스

1) 노인학대의 실태

노인학대 경험률은 노인학대의 개념과 유형을 어떻게 규정하는가에 따라 차이가 있지만, 보건복지부와 한국보건사회연구원(2010)이 2009년에 최초로 실시한 노인학대 실태조사 결과에 따르면 노인복지법상의 광의의 노인학대 정의를 따를 경우 노인학대를 경험한 노인은 13.8%로, 2010년 학대를 경험한 노인 수는 전국적으로 75만 9000여 명이 될 것으로 추정된다. 그러나 노인복지법에 의거하여 처벌이 가능한 노인학대 금지행위에 해당하는 협의의 노인학대, 즉 신체적 학대, 성적 학대, 경제적 학대, 방임 및 유기의 경험률은 5.1%로 나타나는데 이 정의에 따르면, 전국적으로는 28만여 명에 이를 것으로 추산된다.

2010년 전국의 노인보호전문기관에 노인학대 관련 사례로 신고 접수된 건수는 7503건이며, 이 중 학대 사례는 3068건, 일반 사례는 4435건이다. 노인학대 사례로 판정된 3068건의 학대 사례를 학대 유형별로 살펴보면, 〈표 4-2〉에서 보는 바와 같이 중복학대가 차지하는 비중이 51.7%를 차지하며, 2종의 중복학대는 1208건, 3종의 중복학대는 321건, 4종 이상의 중복학대는 56건으로 나타났다. 그리고 2010년 노인보호전문기관에서 학대 사례에 개입하여 서비스를 종결한 이후 학대가 다시 발생하여 재신고된 건수는 295건으로 나타나, 학대 사례 10건 중 1건의 비율로 학대

표 4-2 노인보호전문기관의 학대 유형별 사례 분류 (단위: 건, %)

구분	신체	정서	성	경제	방임	자기방임	유기	중복학대	총계
건수	201	562	7	115	419	142	37	1,585	3,068
비율	6.6	18.3	0.2	3.7	13.7	4.6	1.2	51.7	100.0

자료: 보건복지부, 중앙노인보호전문기관(2011a). 2010 노인학대 현황보고서.

가 재발하는 것으로 나타나고 있다.

노인학대의 발생장소는 가정이 85.6%를 차지하며, 생활시설(4.1%), 병원(2.9%), 공공장소(2.8%), 이용시설(0.7%) 등으로 매우 다양하다. 학대행위자는 아들이 50.2%를 차지하는 등 가족성원이 대다수를 차지하며, 동거인과 이웃, 노인복지시설 종사자, 의료인, 기타 관련 기관 종사자 등의 학대 행위자가 차지하는 비율도 12% 정도에 이른다. 학대빈도를 살펴보면 1주일에 1회 이상 학대를 당하는 경우가 62.1%이며, 1년 이상 학대가 지속되는 경우가 69.3%에 이르는 것으로 나타났다. 학대피해 노인이 호소하는 학대 피해 상황을 살펴보면, 통원치료 이상의 의료적 처치가 필요한 신체적 피해를 입은 경우가 25.5%, 우울, 불안, 공포, 분노 등과 같은 정서적 감정을 자주 느끼는 정서적 피해를 입은 경우가 61.8%, 학대로 인해 심각한 경제적 피해를 입은 경우가 58.5%로 나타났다.

2) 노인보호전문기관의 역할과 서비스

노인보호전문기관은 노인학대 관련 업무를 전담하는 유일한 기관으로서, 2011년 현재 24개소의 지역노인보호전문기관이 운영되고 있으며, 앞으로 시도별 2개소씩으로 확대해 나갈 계획이다. 노인보호전문기관은 노인학대 등 노인권익 침해 문제에 대해 전문적이고 체계적으로 대처하고, 노인학대 예방 및 노인인식개선 사업 등을 통하여 노인의 삶의 질 향상을 도모하는 데 목적을 두고 있다. 노인보호전문기관에서 수행하는 사업내용은 기본사업으로 ① 노인학대 신고 접수 및 현장조사, ② 노인학대 개입에 따른 전문서비스 제공 및 연계, ③ 학대피해노인 전용쉼터 운영, ④ 노인보호전문기관 사업 전산시스템 확립, ⑤ 노인학대 예방을 위한 교육 및 홍보, ⑥ 노인보호전문기관 사업협력체계 구축이 있으며, 선택사업으로는 ⑦ 노인에 대한 사회 인식 개선 및 권익 향상을 위한 교육이 있다. 이와 같은 노인보호전문기관의 주요 사업내용은 〈표 4-3〉과 같다.

표 4-3 노인보호전문기관의 주요 사업

구분	사업내용
노인학대 신고 접수 및 현장조사	• 노인학대 신고 상담 전화(1577-1389) 24시간 운영 • 노인보호전문기관에 신고 접수된 사례에 대한 적절한 분류와 처리 • 신고접수 사례의 처리에 관한 정확한 기록과 보존 • 현장조사 실시
노인학대 개입에 따른 전문서비스 제공 및 연계	• 학대피해 노인의 특성 및 학대유형에 따른 전문상담서비스 제공 • 총체적 사정 및 서비스 제공계획 수립 • 사례관리에 기초하여 학대피해 노인, 학대유형, 가족 및 주변 환경의 특성에 따른 서비스 개입 계획 제공 • 학대피해 노인의 안전을 위한 지역사회자원 연계 • 노인학대 전문상담원 교육 강화 및 권익 향상
학대피해노인 전용쉼터 운영	• 쉼터 입소 학대피해노인의 일상생활 지원 및 정서지원 서비스 제공 • 학대피해 노인 및 학대 행위자 역량강화 지원서비스 • 지역사회 자원연계를 통한 학대피해 노인 집중 치료 지원
노인보호전문기관 사업 전산시스템 체계 확립	• 노인학대 의심 사례 관리를 위한 전산시스템 구축 및 활용 • 전국 노인학대 의심 사례에 대한 월별, 분기별, 연도별 현황 파악 • 노인보호전문기관에 신고 접수된 사례에 대한 연구 분석
노인학대 예방을 위한 교육 및 홍보	• 노인에 대한 부정적 인식 개선 • 노인학대에 대한 사회적 인식 확산 도모 • 노인학대 신고상담전화(1577-1389) 홍보 • 다양한 매체를 활용하여 노인학대 심각성 및 예방 필요성 홍보 • 노인차별 해소를 위한 권익옹호 활동 및 홍보 • 대상자별 교육(학대피해 노인 및 학대 행위자를 포함한 부양가족, 일반노인과 일반인, 신고의무자 및 기관 종사자, 지킴이 및 봉사자 등)
노인보호전문기관 사업협력체계 구축	• 경찰, 의료, 법률, 행정 및 사회복지기관과의 긴밀한 협력관계 형성 • 지역사회, 주민, 지방자치단체 등의 지역사회연계망 구축 • 노인학대 위험군 및 취약계층에 대한 안전망 구축 • 자원봉사자 활용 확대 • 후원자 개발 및 육성
노인에 대한 사회 인식 개선 및 권익 향상을 위한 교육	• 효행장려 및 자원에 관한 법률에 근거한 효행교육 • 노인 자살을 예방하기 위한 교육 • 시설 내 노인 권리보호 및 기타 노인권익보호를 위한 교육

자료: 보건복지부, 중앙노인보호전문기관(2011b). 노인보호전문기관 업무수행지침.

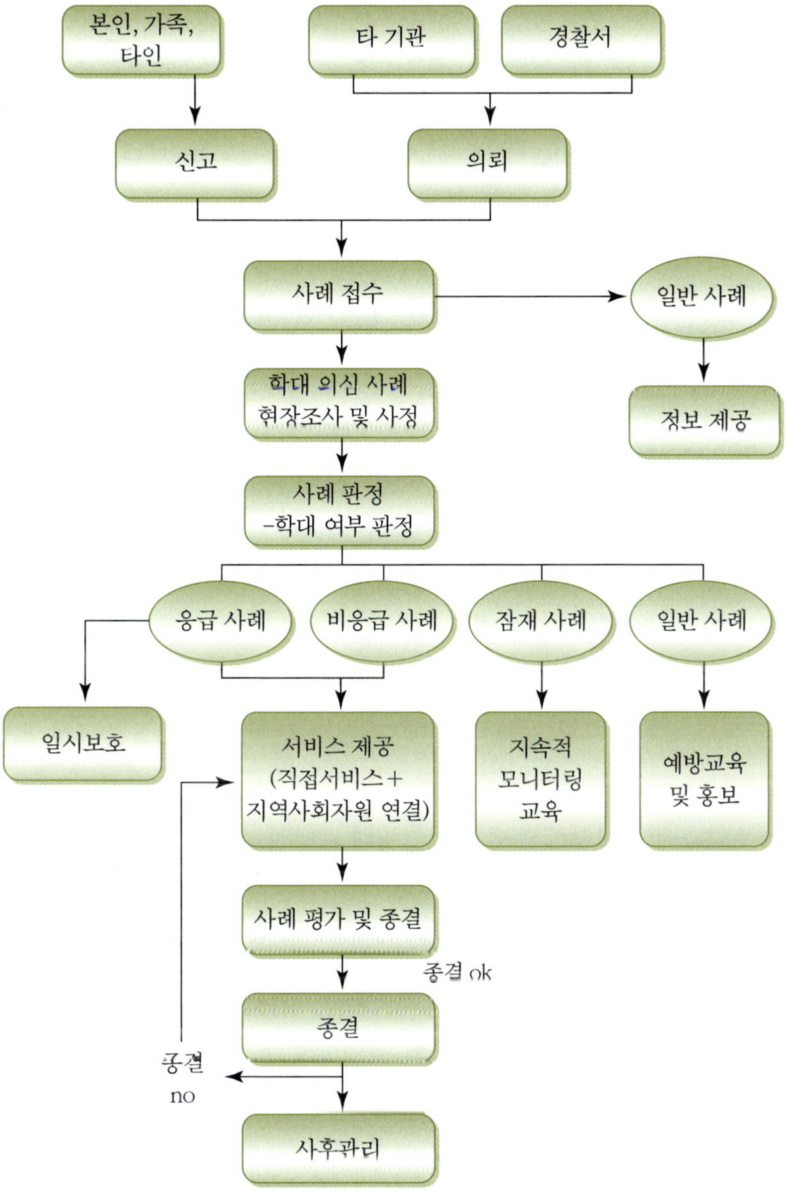

[그림 4-1] 노인보호전문기관의 사례관리서비스 절차

자료: 중앙노인보호전문기관(www.noinboho.or.kr).

노인보호전문기관에서는 노인학대 의심 사례에 대한 신고나 접수가 이루어지게 되면, 현장조사와 사정(assessment)을 실시한 후 학대 사례에 대한 판정절차를 거쳐, 학대받은 노인에게 필요한 서비스를 제공하는 사례관리(case management) 방법을 이용하여 서비스를 제공한다. 이러한 노인보호전문기관의 서비스 절차를 제시하면 [그림 4-1]과 같다.

5. 노인 인권 증진을 위한 노인학대 예방 개입 수준과 전략

1) 노인학대 예방 · 개입을 위한 실천의 인권 증진 효과

우리의 노인복지제도에서 노인의 인권보호를 위한 최초의 사업이 노인학대 예방사업이다. 그러므로 노인학대 예방과 개입을 위한 실천은 노인인권 증진사업이자 노인복지사업이다. 특히 노인학대 예방 및 개입서비스는 현행 노인복지제도에서 제공하고 있는 급여나 서비스 중에서 노인의 인권보호라는 목적에 가장 근접한 서비스이다. 그렇지만 현재 노인보호전문기관에서 실시하고 있는 노인학대 예방사업은 노인의 인권을 적극적으로 보호하는 서비스가 아니라 심각한 인권침해 문제인 학대를 예방하고 해결하기 위한 소극적 개입이라는 평가를 받고 있는 것 또한 부정할 수 없다. 이와 같이 노인학대 예방 및 해결을 위한 서비스가 과연 노인의 인권보호와 복지 증진에 어느 정도 기여하고 있는지를 앞서 제3장에서 살펴본 인권과 복지의 연관성을 기준으로 하여 살펴보면 다음과 같다.

첫째, 노인복지와 노인인권의 사상적 · 이념적 연관성 기준에서 살펴보면, 노인학대 예방 및 해결을 위한 실천은 인간 존엄성, 자유, 평등, 민주, 정의, 사회의 책임과 연대 등의 노인 인권과 복지의 이념과 가치를 그대로 적용하고 있다. 그러므로 노인학대 예방과 해결을 위한 서비스는 이념과 가치 측면에서는 노인 인권과 복지의 이념과 가치를 그대로 계승하고 있다고 평가할 수 있다.

둘째, 인권과 노인복지 목적의 연관성 기준에서 살펴보면, 노인보호전문기관의 목적이 "노인학대 등 노인권익 침해문제에 대해 전문적이고 체계적으로 대처하여 노인학대에 대한 국민적 인식제고와 노인권익 증진을 통해 노인의 삶의 질 향상 도모"(www.noinboho.org)라고 규정되어 있어 '인간다운 노후생활 영위' 라는 인권과 복지의 목적과 유사하다. 그러나 노인의 권리와 이익보다는 학대 문제의 예방과 해결에 더 치중하고 있으므로, 소극적 측면의 인권보호이면서 노인의 삶의 질 향상을 위한 소극적 개입의 성격이 더욱 강하다고 할 수 있다.

셋째, 노인복지와 인권 원칙의 유사성 기준에 따라 살펴보면, 노인학대 예방과 해결을 위한 서비스는 자립, 보호, 참여, 자기실현, 존엄 중에서 존엄과 보호의 원칙은 적극적으로 이행하고 있지만, 노인의 자립과 참여, 자기실현의 원칙을 이행하는 데는 다소 미온적인 것으로 평가된다.

넷째, 노인복지서비스의 인권 구현 기준에 따라 살펴보면, 노인학대 예방 및 해결을 위한 서비스는 노인의 인간 존엄권을 구현하는 데는 매우 적극적이지만, 경제권, 주거권, 노동권, 건강권, 사회참여권 등의 자유권과 사회권을 보장하는 데는 매우 제한적이라 할 수 있다. 실제로 「2010년도 노인학대 현황보고서」(보건복지부, 중앙노인보호전문기관, 2011a)에 따르면, 학대 피해노인에 대한 서비스 중에서 상담과 정보제공서비스가 대부분을 차지하며, 복지서비스, 보호서비스, 의료서비스, 법률서비스는 전체 서비스에서 차지하는 비중이 미미하다. 그리고 학대행위자에 대한 서비스 역시 상담과 정보서비스가 대부분을 차지한다. 그리고 2011년 6월 노인복지법 개정을 통하여 중앙노인보호전문기관이 노인 인권보호를 위한 정책 및 연구개발의 기능을 부여받았지만, 지역노인보호전문기관의 경우에는 노인학대 예방사업, 노인인식 개선교육 등이 주요 업무로 명기되고 "노인의 권익보호"는 "기타 업무"로 규정(보건복지부, 2012b)되었다. 그리고 노인복지시설 내 노인권리보호를 규정하고 있으나 실제 노인보호전문기관의 노인복지시설 생활노인에 대한 직접서비스 기능은 매우 제한되어 있다. 이러한 점에서 볼 때, 노인보호전문기관의 서비스는 주로 차별과 학대받지 않을 권리라는 인간존엄권의 보호에 집중되어 있으며, 노인의 사회권 보장을 위한 서비스는 매우 제한적이라고 할 수 있다.

다섯째, 노인복지 이론과 실천모델의 기반으로서의 인권이라는 기준에 따라 살펴보면, 노인보호전문기관에서는 노인의 인권 증진을 강조하는 사회정의모델, 시민권모델, 역량강화모델, 강점모델보다는 문제해결과 욕구충족을 중심으로 하는 사례관리모델을 주로 사용한다. 따라서 인권보호를 직접적으로 강조하기보다는 문제해결과 욕구충족을 통한 간접적 인권 증진을 도모하는 모델을 주로 사용하고 있다.

여섯째, 참여와 자기결정을 중시하는 인권관점기반 노인복지실천의 기준에 따라 살펴보면, 노인학대 예방 및 개입을 위한 서비스는 주로 노인보호전문기관의 종사자가 원조제공자이고, 피학대 노인은 수급권자로서의 지위를 가지므로 서비스 수급권자의 참여와 자기결정을 전제로 하는 인권관점 노인복지실천의 원조관계와는 다소 거리가 있다. 즉, 노인학대 예방 및 개입을 위한 실천에서 피학대노인이 욕구사정이나 서비스 계획 수립, 서비스 이용 등의 원조과정 전반에 수급권자가 직접 참여하여 자신의 의사와 요구를 적극적으로 개진하고, 스스로 서비스를 선택하고 결정할 수 있는 기회는 매우 제한되어 있다.

2) 노인 인권 증진을 위한 노인학대 예방 · 개입서비스의 강화 방안

노인복지실천은 "개인, 집단, 조직 및 지역사회 수준에서 원조와 서비스를 제공하여 노인의 사회적 기능을 향상하려는 통합적인 노인복지 접근방법"이라고 정의할 수 있다(권중돈, 2010a). 이러한 노인복지실천은 노인과 그를 둘러싼 환경 특히 가족을 주된 대상으로 하며, 노인이 환경과의 상호작용과정에서 갖게 되는 욕구나 문제를 예방, 경감, 해결하여 노인의 사회적 기능을 향상하는 것을 기본 목적으로 하고 있다. 이러한 노인복지시설천의 개입 수준을 Beaver와 Miller(1985)는 1차적 개입(primary intervention), 2차적 개입(secondary intervention), 3차적 개입(tertiary intervention)이라는 세 가지 수준으로 나누어 제시하고 있으며, Conwell(2004)은 노인 자살을 예방하기 위한 전략으로 보편적 예방(universal prevention), 선택적 예방(selective prevention), 집중적 예방(indicated prevention)이라는 세 가지 전략을 제시하고 있다. 다음에서는 노인 인권 증진을 위한 노인학대 예방의 실천적 개입수준을 1~3차의 예방으로 구분하여, 각 수준마다 노인학대 예방을 위한 실행전략을 간략히 살펴보고자 한다.

(1) 노인학대의 보편적 예방전략

노인학대의 예방을 위한 1차적 수준의 개입 또는 보편적 예방전략은 사회적 조건의 개선을 통하여 노인학대의 발생 가능성을 사전에 차단하는 조치를 취하는 것을 의미한다. 노인학대의 위험요인 중의 하나는 노인에 대한 사회 차별인 것으로 알려져 있다. 따라서 노인학대 예방을 위한 궁극적이면서도 장기적인 예방전략은 노인의 사회통합을 지원하는 사회환경을 조성하는 것이다. 즉, 노인의 사회적 지위와 역할을 지역사회가 인정하고 보장함으로써 노인의 세대통합, 지역통합, 역할통합 등을 보장하는 것이다.

노인의 사회통합을 촉진하기 위해서는 현 노인세대가 겪고 있는 문제와 부적절한 환경에 대한 이해를 증진하고, 노인세대에 대한 존경과 존중의 문화를 형성해 가는 사회 · 문화 · 교육적 접근을 통해 노인의 사회적 역할 가치를 제고하는 것이 필요하다. 특히 효 개념을 현대의 생활양식에 맞게 변경하여 교육함으로써 젊은 세대가 일상생활에서 실천할 수 있도록 하고, 노인과 젊은 세대 간의 세대통합 프로그램을 적극적으로 실시하도록 한다. 그리고 노인차별, 노인학대뿐만 아니라 노년기의 전반적 기능변화에 대해 노인과 전 국민을 대상으로 한 적극적 홍보와 교육을 실시하고, 이를 통하여 노년기의 생활변화에 대한 이해를 도모하고, 노인과 시민이 노인학대에 대한 정확한 이해와 대처방법을 습득할 수 있도록 원조해야 한다. 뿐만 아니라 노인학대 신고의무자이자 노인의 게이트키퍼(gatekeeper)로서의 역할을 수행하는 사회복지사, 의료 및 간호인력, 경찰, 요양보호사, 노인돌보미 등에 대한 지속적인 노인학대에 대한 교육도 병행되어야 할 것이다.

노인학대에 대한 교육과 홍보는 단기적 효과를 목표로 하기보다는 장기적 효과를 기대할 수밖에 없으므로, 노인의 기능과 생활변화에 대한 더욱 직접적인 예방전략을 수립하고 추진하는 것이 필요하다. 노인의 건강, 경제, 심리상태 등의 기능수준이 노인학대의 위험요인으로 작용한다는 점을 근거로 할 때, 경제적 어려움, 만성질환과 치료 및 간병 자원의 제한 등으로 인해 야기되는 노인의 생활위기를 사전에 예방해야 할 것이다. 이를 위해서는 노인을 대상으로 한 소득보장, 건강보장, 주거보장, 고용보장, 사회서비스를 확대하고 강화해야 한다. 현재 우리나라의 노인복지 급여와 서비스는 빠른 속도로 확대되고 있지만, 노인의 생활문제와 미충족 욕구의 해결에는 여전히 한계를 보이고 있다. 따라서 노인에 대한 경제적 지원, 사회적 일자리 창출, 1차 및 2차 예방의료서비스 제공 확대, 지역사회 내에서의 역할부여, 노인의 여가활동 활성화를 위한 프로그램 개발 등과 같은 보건복지서비스를 연계하여 노인학대 및 예방을 도모해 나가야 할 것이다.

공적 노인복지제도의 확대만으로 노인학대를 예방하는 데는 한계가 따를 수밖에 없다. 따라서 노인 개인 차원에서는 중 · 장년기부터 체계적인 노후준비를 할 수 있도록 노후생활설계서비스를 강화하고, 노인의 비공식적 관계망과는 결속력을 높이고 지지를 강화해야 한다. 노인학대는 가족갈등과 가족에서의 소외, 가족과 친구와 이웃 등의 비공식적 지지체계의 기능 약화에 그 원인이 있으며, 가족의 부양부담 그리고 이에 대한 노인의 심리적 부담 등이 주된 요인이 되고 있다. 따라서 노인과 가족, 친구, 이웃 간의 단절된 교류를 회복하고, 가족갈등 해결을 위한 상담 등을 통하여 가족결속력을 회복하며, 가족 등의 비공식적 지지체계와 부양기능을 강화하기 위한 개입을 공적 노인복지제도의 확대와 동시에 이루어야만 노인학대의 예방효과를 충분히 거둘 수 있을 것이다.

(2) 노인학대의 선택적 예방전략

노인학대의 예방을 위한 2차적 수준의 개입 또는 선택적 예방전략은 노인학대의 위험군을 조기에 발견하여 조기 개입함으로써 노인학대의 발생을 방지하는 조치를 의미한다. 노인학대의 위험요인에 대한 선행연구의 결과를 종합해 보면, 독거노인, 배우자와 사별한 노인, 만성질환을 앓는 노인, 저소득 노인, 가족의 부양부담을 초래하는 노인, 가족갈등에 휩싸인 노인 등인 것으로 나타났으며, 치매노인 등의 의존성 노인은 노인학대에 노출될 위험이 높은 집단으로 알려져 있다. 따라서 이러한 노인학대 위험군 집단을 조기에 발견하여 조기 개입하는 것은 노인학대의 발생을 예방하는 가장 직접적 예방전략이 될 것이다.

노인학대를 예방하기 위한 가장 시급한 과제는 지역사회에 숨겨져 있는 노인학대의 위험군을 조기에 발견하는 것이다. 노인학대의 위험 징후는 다양한 경로를 통해 사전에 감지가 가능함에도 노인학대의 위험 사례는 노인 당사자 또는 주변인의 신고나 전화상담, 보건복지콜센터나 응급콜센터 또는 노인학대 긴급전화, 지역사회 표본조사 등을 통하여서만 주로 발견될 뿐 노인학대 업무를 담당하는 기관이 적극적으로 사전 발견하는 경우는 거의 없다. 이러한 노인학대 위험군을 조기에 발견하기 위해서는 기존 연구에서 노인학대 위험군으로 알려진 노인집단뿐 아니라 지역사회 전체 노인을 대상으로 한 선별검사(screening test)가 필수적인데, 이를 위한 재정 및 인력의 한계로 인하여 노인학대의 조기발견을 위한 선별검사를 적극적으로 실시하는 기관은 거의 없다. 외국의 경우 사회복지사, 의사 및 간호사, 요양보호사, 배달원, 검침원 등의 게이트키퍼를 활용하여 적극적으로 노인학대 위험군을 조기에 발견하고 있으나, 우리나라의 경우 이들에 의한 노인학대 위험군 발견 사례는 극소수이다. 따라서 노인학대 당사자나 주변인의 자발적인 신고와 상담에 의존할 수밖에 없는 현재의 사례 발견방법의 제약성을 극복하고 적극적인 조기개입을 통해 노인학대를 예방하기 위해서 노인보호전문기관은 지역사회 거주 노인 전체를 대상으로 한 체계적 선별검사에 의한 위험군 사례 발굴 시스템을 구축하여야 한다.

노인학대 위험군 집단이 발견되었을 경우 지속적인 안전 및 위기 상황의 확인과 정서적 지원서비스가 제공되어야 한다. 예를 들면 독거노인돌보미에 의한 지속적 안전확인 서비스와 독거노인 응급안전돌보미 시스템을 통한 위기 상황의 확인 및 경보시스템을 강화하고, 노인학대 위험군 집단의 노인에게 정기적 방문과 전화접촉을 통한 비공식적 면담을 실시하여 정서적 지지를 해 주는 것을 들 수 있다.

노인학대 위험에 노출된 노인과 가족을 위한 지지적인 사례관리서비스가 필요하다. 노인학대 위험군 집단에 대한 욕구사정을 기초로 체계적인 서비스 제공계획을 수립하고, 서비스를 직접 제공하거나 지역사회 자원을 연계함으로써 노인학대의 위험요인을 약화하기 위한 노력이 지속적으로 이루어져야 한다. 특히 위기 상황에서의 긴급지원서비스와 함께 소득보전과 일자리를 제공하고, 만성질환 치료와 간병서비스를 연계하며, 가정에서의 일상생활이 가능하도록 재가방문서비스(outreach service)를 강화할 필요가 있다. 그리고 정신보건센터, 경찰 및 소방서, 지역사회의 통반장이나 종교기관 등과의 유기적 협력체계 구축을 통한 지속적인 연계서비스가 요구된다. 따라서 노인보호전문기관은 사회자원 연계자(social matchmaker)로서의 기능을 한층 강화해 나가야 한다.

(3) 노인학대의 집중적 예방전략

노인학대를 예방하기 위한 3차적 수준의 개입 또는 집중적 예방전략은 노인학대 경험자를 대상으로 학대로 인한 손상과 재발을 경감하기 위한 조치를 취하는 것을 의미한다. 노인학대 경험자를 위한 집중적 예방전략 중의 대표적인 개입은 치매나 우울증 등의 정신질환에 대한 적극적 치료이다. 즉, 노인학대를 유발할 가능성이 높은 치매환자나 우울증 환자를 병원이나 정신건강센터, 치매지원(상담)센터 등에 의뢰하여 전문 치료와 사례관리를 받을 수 있도록 함으로써 노인학대를 적극적으로 예방할 수 있다. 그리고 노인학대 행위자에 대한 치료 및 지지적 개입이 이루어져야 한다.

노인학대가 발생하였을 경우 긴급지원서비스와 지속적 사례관리서비스가 이루어져야 한다. 24시간 위기상담전화서비스는 노인학대 피해노인이나 주변인이 긴급 상담이나 도움 요청을 할 수 있는 긴급전화서비스로, 이를 효율적으로 이용하기 위해서는 정보노출을 꺼리는 학대피해 노인의 위치추적시스템을 도입하여야 한다. 긴급출동서비스는 노인학대의 위기가 최고조에 달했거나 노인학대 피해를 입은 직후에 현장에 출동하여 노인학대 피해자에게 직접 개입함으로써 학대로 인한 직접적인 피해와 위험을 최소화하고 2차적으로 파생할 수 있는 위험요인을 통제하는 서비스이다. 따라서 노인학대 피해자에 대한 위기상담 및 위기개입 능력을 갖춘 전문가가 함께 출동하여 관련자의 심리적 안정과 위기대응 능력을 높일 수 있어야 한다.

긴급지원서비스는 노인학대 발생 직후의 노인학대 피해자와 학대행위자의 신신 안정과 의료적인 위험요소를 제거 · 통제하기 위해 제공되는 긴급 서비스이다. 긴급의료지원서비스는 주로 긴급한 상황에서 학대로 인한 건강상의 피해를 최소화하기 위해 개입하며, 노인학대 행위자와 피해자의 분리와 일시보호서비스 등의 긴급지원서비스도 도움이 될 것이다. 그리고 추후 학대 피해자나 학대 행위자에게 발생한 일차적인 의료적 문제가 해결되고 난 이후 심리사회적 문제가 발생하지 않도록 적절한 공공 및 민간 자원과의 연계를 도모해야 한다.

노인학대 피해자에 대한 긴급지원서비스를 제공한 이후에 노인학대 피해자와 학대 행위자는 심리적 충격, 가족갈등, 사회적 역할 수행의 어려움 등과 같은 부수적 위기를 경험할 수 있다. 따라서 지속적인 사례관리 서비스를 통하여 이들을 정서적으로 지지하고, 학대를 유발한 문제나 학대로 인해 발생한 피해나 문제, 미충족 욕구를 해결하기 위한 직접서비스와 함께 지역사회 자원과 도움에 대한 정보를 제공하며, 이들 주변에 사회지지망을 구축하는 노력을 지속적으로 기울임으로써 노인학대의 재발과 이에 따른 위험성을 최소화하기 위해 노력해야 한다.

제5장

치매와 인권

1. 치매의 이해

1) 치매의 개념

치매(dementia)라는 용어는 라틴어 'dement' 에서 유래된 것으로, '없다' 라는 'de' 와 '정신' 이라는 'ment' 가 합해진 말이다. 즉, 치매라는 용어는 '제정신이 아니다, 정신이 나갔다(out of mind)' 는 의미를 지닌 한문으로는 '어리석을 치(癡 또는 痴)' 와 '어리석을 매(呆)' 가 합쳐진 단어로, '어리석다' 또는 '바보 같다' 라는 의미를 지닌다. 이 중 癡는 질병을 앓는다는 의미의 '병질 엄(疒)' 부에 '의심할 의(疑)' 가 합쳐진 것으로 '의심이 많아지는 병' 이라는 의미를 지닌다. 그리고 癡의 속자인 痴는 '병질

* 이 장의 내용은 권중돈(2012)의 『치매환자와 가족복지』에서 발췌 정리한 것이다.

엄(疒)' 부에 '알 지(知)' 가 더해진 글자로, '아는 것에 병이 들었다' 는 의미를 지닌다.

치매는 인간의 뇌가 성숙하여 정상적인 지적 수준에 도달한 이후 질병이나 외상 등과 같은 후천적 원인에 의해 뇌가 손상됨으로써 고등정신기능에 장애가 나타나는 복합적인 임상증후군이다. 즉, 치매는 뇌의 병변(病變)에 의하여 기억장애, 사고장애, 판단장애, 지남력(식별력)장애, 계산력장애 등과 같은 인지기능과 고등정신기능이 감퇴되고, 언어장애, 정서장애, 성격변화, 일상생활 동작능력 장애 등이 수반됨으로써 직업, 일상적 사회활동 또는 대인관계에 장애를 초래하는 노년기의 대표적인 기질성 정신장애이다(권중돈, 2012).

이와 같이 치매는 기억력, 지남력, 추리력, 판단력 등의 인지기능 전반에 걸쳐 장애가 일어나는 정신장애로서, 정신장애 진단분류체계인 DSM-IV-TR(American Psychiatric Association, 2000)에 따르면, 인지장애라는 기본 증상 외에 일상생활을 방해할 정도로 심한 실인증(失認症), 실행증, 실어증, 수행기능의 장애가 최소한 한 가지 이상 수반될 때 치매로 진단한다. 하지만 복합적 임상증후군인 치매는 다른 질병과 혼동되는 경우가 많으므로 감별진단(differential diagnosis)이 필요한데, 치매는 유사한 질병과 비교할 때 다음과 같은 특징을 지닌다(권중돈, 2012).

첫째, 치매는 뇌의 질병, 손상, 변형에 의해 발생한다. 치매의 근본 원인은 기능성 또는 심인성(心因性) 정신장애가 아니라 뇌와 신경계의 손상이나 기능저하에 의해 발생하는 기질성 정신장애(organic mental disorder)이다. 따라서 우울증으로 인하여 인지기능이 저하되고 치매 증상이 나타나는 가성치매(pseudo-dementia)와는 분명히 다르다.

둘째, 치매는 선천적인 것이 아니라 후천적으로 나타나는 현상이다. 치매는 후천적 원인에 의한 뇌손상으로 인지기능이 저하되는 것으로, 선천적으로 인지기능이 낮은 정신지체(mental retardation)와는 구분된다.

셋째, 치매는 주로 노년기에 발병한다. 최근 들어 중 · 장년기에 발병하는 조발성(早發性) 치매가 증가하고 있지만, 대부분의 치매환자는 노년기에 발병하는 것으로 밝혀지고 있다.

넷째, 치매의 원인과 증상은 매우 다양하다. 일반적으로 치매에는 기억장애가 수반되지만, 원인에 따라 나타나는 증상은 매우 다르다. 즉, 70종 이상의 원인에 의해 발병하는 치매는 그 원인에 따라 뇌의 손상 부위가 각기 다르기 때문에, 환자가 보이는 증상도 다를 수밖에 없다.

다섯째, 치매는 정신기능뿐만 아니라 삶 전체의 황폐화를 초래한다. 치매 중에는 치료 가능한 것도 있고 적절한 치료와 간호가 이루어지면 증상 악화가 지연되기도 하지만, 중증 치매환자의 경우 정신기능은 물론 기본적 일상생활, 대인관계, 사회활동이 불가능해져 전체적인 삶이 황폐화된다.

여섯째, 치매에는 의식장애가 동반되지 않는다. 치매 환자가 아무리 심한 증상을 보이는 경우에도 의식은 또렷하므로, 섬망(delirium)과 같은 정신장애와는 구분되어야 한다.

일곱째, 치매는 노년기의 우울증, 섬망, 정신지체 등과 같은 질병이나 장애와의 유사점이 있지만, 정상인이 경험하는 건망증과도 유사한 점이 많다. 하지만 정상적 노화에 의한 건망증환자는 경험의 일부를 망각하며 잊어버린 사실을 스스로 알 수 있지만 치매환자는 경험 전체를 망각하며 자신이 잊어버렸다는 사실조차 기억하지 못한다는 차이가 있다.

2) 치매의 원인과 유형

치매는 위암, 폐암, 간암 등을 '악성신생물' 또는 '암(癌)'이라고 부르는 것처럼, 다양한 원인에 의한 뇌손상이나 뇌병변으로 인지기능 저하가 나타나는 기질성 정신장애를 통칭하는 용어이다. 치매를 유발하는 원인질환은 내과, 신경과 및 정신과 질환 등 70종 이상에 이를 정도로 다양한데, 전체 치매의 절반 정도는 그 원인이 정확히 밝혀지지 않고 있다. 그러나 앞으로

표 5-1 치매의 원인질환

구분	원인질환
퇴행성 뇌질환	알츠하이머병, 픽병, 파킨슨병, 전측두엽성 치매, 헌팅톤병, 루이소체병, 진행성 핵상마비
뇌혈관 질환	다발성 뇌경색, 열공성 뇌경색, 빈스방거병, 만성경막하 출혈, 측두 동맥염
뇌염증 및 감염대사성 장애	후천성면역결핍증(AIDS), 크로이츠펠트-야코프병, 헤르페스성 뇌염, 뇌막염 후유증, 신경매독, 뇌종양, 정상압뇌수종
중독성 장애	알코올중독, 약물중독, 일산화탄소 중독, 중금속 중독(납, 망간, 수은 등), 유기용매 중독
내분비 및 결핍성 장애	심폐부전, 저산소증, 저혈당, 간성뇌병증, 요독증(만성신부전), 갑상선 기능저하증, 비타민 결핍증(B_1, B_{12}), 빈혈 및 혈액장애
기타	두부외상(head trauma), 정신과 장애(우울증, 조증, 정신분열병)

치매의 분자생물학적 발생기전이 밝혀지면서 점점 더 그 수가 증가할 것으로 보이는데, 현재까지 밝혀진 치매의 주요 원인은 〈표 5-1〉과 같다.

치매의 유형분류는 신경병리학적 소견에 의한 분류, 원인에 따른 분류, 병변의 진행에 따른 분류가 있다. 국제질병분류 제10판 개정판(ICD-10th revision)에서는 이러한 세 가지 기준을 통합적으로 적용하여, 치매를 "알

표 5-2 치매의 유형 분류(ICD-10)

구분	원인질환
알츠하이머형 치매	조발성 알츠하이머형 치매, 만발성 알츠하이머형 치매, 비정형 또는 혼합형 알츠하이머형 치매, 분명하지 않은 알츠하이머형 치매
혈관성 치매	급성 혈관성 치매, 다발성 경색 혈관성 치매, 피질하 혈관성 치매, 혼합형 혈관성 치매, 기타 혈관성 치매
기타 질병에 의한 치매	픽병, 크로이츠펠트-야코프병, 헌팅톤병, 파킨슨병, HIV 감염에 의한 치매, 기타 질병으로 인한 치매
불분명한 치매	분명치 않은 치매

츠하이머형 치매, 혈관성 치매, 기타 질병에 의한 치매, 불분명한 치매"로 구분하고 있다(WHO, 2007).

치매가 일어나는 뇌 부위에 따라서 피질성 치매와 피질하성 치매로 구분한다. 피질성 치매는 대뇌피질의 손상에 의해 발생하는 치매로서 인지장애, 실어증, 실인증, 실행증 등이 특징적 증상이며, 대표적으로 알츠하이머형 치매, 루이소체 치매, 픽병에 의한 치매 등이 있다. 피질하성 치매는 대뇌피질 이하의 부분, 즉 백질이나 뇌간에 손상이 있어 일어나는 치매로서 정신 기능의 둔화, 정서변화, 운동장애 등이 특징적으로 나타나며, 파킨슨병, 헌팅톤병, 진행성 핵상마비, 윌슨병에 의한 치매 등이 이에 속한다.

뇌신경의 병리소견에 따라 퇴행성 변성질환에 의한 치매와 비퇴행성 변성질환에 의한 치매로 구분한다. 퇴행성 치매는 대뇌 신경의 점진적 퇴행에 의해 발병하는 치매를 말하며 알츠하이머병 치매, 전측두엽 치매, 파킨슨병, 헌팅톤병 등이 이에 속한다. 비퇴행성 치매는 퇴행성 치매를 제외한 원인질환에 의한 치매를 말하며 혈관성 치매, 감염, 독성물질, 대사성장애 등의 원인에 의해 발병하는 치매가 이에 속한다.

치매의 발병 시 연령을 기준으로 초로성 치매(presenile dementia)와 노인성 치매(senile dementia)로 구분하는데, 역연령에 따른 노인의 정의에 근거하여 65세를 기준으로 두 가지 장애를 구분하고 있다. 이때 노년기 이전에 발병하는 초로성 치매를 조발성 치매로, 노년기 이후에 발병하는 노인성 치매를 만발성 치매로 부르기도 한다.

한편 치매의 원인질환에 따라서는 적절한 치료에 의해 치료가 가능한 가역성 치매와 치료가 어렵고 점차 악화되는 비가역성 치매로 분류하기도 한다. 현재까지 부분적 호전까지 포함하여 치료가 가능한 치매는 전체 치매의 10~15% 정도로 알려져 있다. 치료 가능한 치매로는 ① 약물중독, 중금속중독, 알코올중독 등의 중독성 장애, ② 심혈관계질환 및 호흡기질환, 만성간질환, 만성신장질환, 전해질장애, 저혈당 및 고혈당, 갑상선 기능 항진증 및 저하증 등의 대사장애, ③ 비타민 B12 결핍, 엽산 결핍 등의 결핍성 장애, ④ 신경매독, 결핵성 수막염, 뇌종양, 진균성 뇌염, 정상압수두증 등의 감염성 질환에 의한 치매가 있다(민성길, 2006).

3) 주요 치매

우리나라 65세 이상 노인의 치매 유병률은 2010년 현재 8.76%인데, 다양한 원인에 의해 발생하는 뇌병변이나 손상에 의해 발생하는 치매 중에서 알츠하이머형 치매가 전체 치매의 70%, 혈관성 치매가 24%를 차지하며, 나머지는 기타 원인에 의한 치매이다(서울대학교병원, 2008). 이러한 치매 중에서 주요 치매의 원인과 증상, 임상 경과 등에 대해 간략히 살펴보면 다음과 같다(권중돈, 2004b; 권중돈, 2012).

(1) 알츠하이머형 치매

알츠하이머형 치매(Alzheimer's disease)는 독일의 의사인 알로이 알츠하이머(Alois Alzheimer)가 처음으로 보고한 대표적인 치매 유형이다. 알츠하이머형 치매는 뇌신경의 퇴행성 변화에 의해 일어나는 질병으로, 치매에서 가장 흔한 질환이며 나라에 따라 다르지만 최소한 전체 치매의 절반 이상을 차지한다.

알츠하이머형 치매의 발병은 서서히 시작되며 지속적으로 악화되는 양상을 보인다(Alzheimer Association, 2011). 발병 초기 단계에서는 일상생활의 수행능력이 좀 늦거나, 대화 중에 얘기의 초점을 잊어버리는 정도여서 노년기의 건망증 정도로 잘못 판단할 수 있다. 그러므로 가족이 이상을 느껴 노인을 병원에 데리고 갔을 때에는 이미 치매가 2~3년 정도 경과된 경우가 많다. 치매가 진행되면서 심한 기억장애, 실어증, 실인증, 지남력장애, 배회, 야간착란 증상, 환상이나 망상 등의 증상이 뚜렷하게 나타나고 말기에는 고도의 인지장애가 수반되어 자신의 이름이나 가까운

가족도 알아보지 못하는 것은 물론 자기 자신을 전혀 돌보지 못할 정도로 황폐화된다.

알츠하이머형 치매를 유발하는 위험인자는 연령, 여성, 두부외상, 낮은 교육수준, 치매의 가족력, 유전인자(APOE-ε4) 등이며, 발병을 억제하는 보호요인은 높은 교육수준, 비스테로이드 소염제 및 황산화제 복용, 에스트로겐 대체요법 등이다. 알츠하이머형 치매의 원인과 관련된 병리학적 소견으로는 육안으로 관찰할 수 있는 것으로서 대뇌피질의 위축, 피질구와 뇌실의 확장이 있으며, 현미경 소견으로서는 대뇌의 광범위한 신경세포의 소실, 노인반(senile plaque), 신경섬유뭉치(neurofibrillary tangle), 아밀로이드성 혈관병변 등이 과다하게 관찰된다(Alzheimer' s Association, 2011).

(2) 혈관성 치매

혈관성 치매(vascular dementia)는 알츠하이머형 치매 다음으로 많은 치매의 유형으로 전체 치매의 24% 정도를 차지한다(서울대학교병원, 2008). 혈관성 치매는 뇌경색에서부터 미만성(彌滿性) 소혈관의 병변에 이르기까지 다양한 뇌혈관 질환에 의해 발생하며, 다발성경색 치매, 빈스방거병, 열공성 뇌경색 등으로 분류된다. 혈관성 치매의 위험인자에는 고혈압, 당뇨병, 고지혈증, 심장병, 흡연, 비만 등이 있다. 부드럽고 탄력적이어야 할 뇌혈관이 만성적인 고혈압이나 당뇨병 등에 의해 딱딱해지고 두꺼워지며, 혈관은 좁아지거나 막히거나 터져, 뇌의 원활한 혈액순환을 방해하고 뇌 활동에 필요한 산소와 영양분의 공급을 차단함으로써 치매가 나타난다. 뇌혈관 중 큰 혈관이 막히면 운동장애나 언어장애가 바로 나타나고 치매가 곧바로 진행되지만, 작은 혈관이 막히면 처음에는 특별한 증상을 보이지 않다가 누적되면 다발성 경색치매가 된다.

임상적으로 혈관성 치매는 갑작스럽게 발병하여 계단식 악화 양상을 보이며, 신체 부위가 경직되거나 반사기능이 항진되는 운동장애와 부분적인 인지기능 장애를 보인다. 또한 우울 증상이 더 잘 나타나며, 혈관성 병적 변화가 나타난 자리(病巢)의 위치와 정도에 따라 인지기능의 장애가 다양하게 나타난다.

(3) 전측두엽 치매와 픽병에 의한 치매

전측두엽 치매(frontotemporal dementia)는 알츠하이머형 치매와 구분이 쉽지 않다. 그러나 초기단계에서 알츠하이머형 치매는 측두엽의 병변으로 인지장애가 주로 나타나는 데 반하여 전측두엽 치매는 뇌의 전두엽과 측두엽의 병변으로 성격장애와 이상행동이 특징적으로 나타난다. 즉, 전측두엽 치매는 전두엽과 측두엽에 퇴행성 변화가 일어나 발생하는 치매를 말한다. 전측두엽 치매는 알츠하이머형 치매에 비해 비교적 젊은 나이에 발병하며, 초기에 인지장애보다는 성격과 행동상의 증상이 주로 나타난다. 부적절한 성적 행동과 폭식 등의 행동문제가 나타나며, 외부 자극이 바뀌어 새로운 행동이나 언어표현을 하려고 노력해도 동일한 행동과 언어표현을 반복하는 보속증(保續症) 또는 상황이나 자극에 관계없이 동일한 행동을 반복하는 상동증(常動症), 주의산만 등의 행동변화, 성격과 정서의 부정적 변화 등의 증상이 특징적으로 나타난다.

픽병에 의한 치매(Pick' s disease)는 전측두엽 치매의 대표적인 원인질환으로 간주되었으나, 최근 연구에 따르면 픽병 이외의 원인에 의한 전측두엽 치매가 더 많다. 픽병에 의한 치매는 픽 소체의 우성 또는 열성 유전이 되는 질병으로, 픽 소체가 기억을 관장하는 해마와 신피질에서 발견되고 전두엽과 측두엽에서는 신경세포의 감소가 두드러지게 나타난다. 픽병에 의한 치매는 일반적으로 40~65세 사이에 발생하며, 발병 후 10년 내에 사망하는 것으로 알려져 있다. 픽병에 의한 치매의 주된 증상은 성격장애, 행동장애, 언어장애, 기억장애이지만 초기에는 다른 장애가 일어나기 전에 기억장애가 심하게 나타나기도 한다.

(4) 파킨슨병에 의한 치매

파킨슨병(Parkinson' s disease)은 신경전달물질 중 도파민(dopamine)의 부족으로 운동신경망이 원활하게 작동하지 못하여 생기는 운동신경장애로서 운동완만, 근강직(筋强直), 진전(振顫: 몸에서 일어나는 근육의 불규칙한 운동), 보행장애 등이 특징적으로 나타난다. 파킨슨병은 서서히 진행되는 퇴행성 질환으로서 중년기와 노년기에 주로 발병한다. 파킨슨병 환자의 1/5~3/5 정도는 치매를 수반하는데, 주로 말기단계에서 치매 증상이 나타나며, 정신병적 증상과 우울증을 수반하는 경우가 많다. 파킨슨병은 약물을 복용함으로써 운동장애 증상을 완화해 줄 수 있지만 부작용으로 환각, 망상, 일시적인 혼란 상태나 비정상적인 움직임을 보일 수 있다.

(5) 헌팅톤병에 의한 치매

헌팅톤병(Huntington's disease)에 의한 치매는 4번 염색체의 우성 유전에 의해 발병하는 것으로, 신체와 정신에 영향을 주는 뇌의 퇴행으로 생기는 치매이다. 일반적으로 헌팅톤병은 20~50세 사이에 발병하며, 20~30%에서 치매를 동반한다. 주된 증상은 지적 장애, 손발과 얼굴 근육이 불규칙적이고 비자발적으로 움직이는 운동장애이다. 그 밖에 성격변화, 기억장애, 말더듬, 판단력이나 정신적인 문제 등의 다른 증상도 동반된다. 헌팅톤병은 진행을 막을 수 있는 치료법이 아직 개발되지 않았지만, 약물을 복용함으로써 신체서 운동장애와 정신병적 증상은 조절할 수 있다.

(6) 루이소체 치매

루이소체 치매(Lewy body dementia)는 손상된 신경세포에서 잘 관찰되는 단백질 덩어리인 루이소체가 대뇌세포에 넓게 퍼짐으로써 나타나는 퇴행성 뇌질환이다. 특징적 증상은 파킨슨병과 같은 신체부위의 경직과 같은 운동장애가 나타나고, 섬망이나 환시와 같은 정신병 증상을 보이며, 집중력 및 주의력 결핍 장애가 나타나기도 한다. 이러한 증상은 심해졌다가 좋아지는 변동 추이를 보이지만 결국에는 증상이 매우 심해지고 그러한 상태가 지속된다. 루이소체 치매는 알츠하이머형 치매와 같이 현재로는 치료가 불가능하며, 항정신병 약물 부작용이 많아 정신병적 증상을 통제하는 데도 어려움이 있다.

(7) 신경매독과 AIDS에 의한 치매

신경매독에 의한 치매는 매독에 의한 만성뇌막염에 의해 치매가 발생하는 것으로, 매독에 감염된 지 10~15년 후에 주로 발생한다. 신경매독은 페니실린 등의 항생제가 발달하면서 최근 급격히 감소하였다.

AIDS 환자의 절반 이상은 전반적 대뇌위축, 백질 부위의 수초탈락 등으로 인하여 치매 증상을 보인다. 임상 증상은 점진적으로 나타나며, 무감동, 기억장애, 주의집중력 저하, 정신병적 증상, 보행장애, 근경련(筋痙攣) 등의 증상이 특징적이다. AIDS 환자가 치매에 걸리는 것을 막기 위해서 항바이러스성 약물인 지오부틴(zidovudine)이 처방되고 있으며, 그 효과가 입증되고 있다.

(8) 크로이츠펠트-야코프병에 의한 치매

크로이츠펠트-야코프병(Creutzfeldt-Jakob disease)은 프리온이라는 슬로 바이러스(slow virus: 세포 속에 잠복해 있다가 어떤 계기로 생체에 병변을 일으킨다고 생각되는 바이러스)에 의해 일어나는 감염질환의 하나로 40~50대에서 아급성으로 나타나지만, 100만 명 중에 1명 정도가 걸릴 정도로 아주 희귀한 병이며 대개 발병 후 1년 내에 사망하는 것으로 알려져 있다. 크로이츠펠트-야코프병의 초기 증상은 무력감과 수면습관의 변화, 체중감소, 집중력 저하, 시각장애, 수족의 감각장애, 어지럼증 등이며, 이러한 증상은 인지장애와 운동실조 그리고 근육간대경련으로 이어지며, 치매의 진행과 함께 시력저하, 실어증, 성격변화, 초조와 불안, 망상, 기억장애 등을 수반한다.

(9) 알코올성 치매(코르사코프 증후군)

알코올에 의한 치매는 알코올 독성에 의한 전두엽 기능 저하, 비타민 B1의 결핍과 같은 영양결핍, 해마 손상이 그 원인으로 알려지고 있다. 알코올성 치매는 비타민 B1의 결핍에 의한 코르사코프 증후군(Korsakoff's psychosis)과 알코올의 신경독성 작용에 의한 알코올성 치매로 구별된다. 코르사코프 증후군은 주로 기억장애에 국한된 인지기능의 장애를 보이는 반면 알코올성 치매는 전반적인 인지기능의 장애를 보인다. 단주를 하거나 비타민 B1을 섭취하고, 알코올중독과 알코올에 의한 급성 기질성 뇌증후군인 베르니케(Wernicke) 뇌증의 적절한 치료를 통하여 치매로의 진행 예방과 증상의 호전을 기대할 수 있다.

(10) 중금속과 화학물질에 의한 치매

알루미늄, 구리와 수은, 납 등의 중금속과 살충제, 가스, 화학물질 등의 독성물질이 중추신경계에 각종 장애를 일으키며 심한 경우 뇌손상을 일으켜 치매 상태에 이르게 한다. 특히 알루미늄이 배출되지 않고 뇌에 침착하게 되면 기능성 단백질과 효소의 활동을 막아 치매를 일으키는 원인으로 작용하게 되는데, 알츠하이머형 치매환자의 사후 부검결과 절반 정도에서 알루미늄이 뇌에 축적되어 있다는 연구결과도 있다.

(11) 정상압뇌수종에 의한 치매

정상압뇌수종(normal pressure hydrocephalus)은 60세 이상 노인에게서 주로 나타나는 질환으로 뇌실질의 확장이 치매, 보행장애, 요실금 등의 증상과 함께 나타난다. 뇌수종의 원인은 이전에 발생했던 뇌의 외상이나 뇌출혈, 뇌막염, 뇌척수액의 흡수장애 등이나 절반 정도는 특별한 원인이 없이 발생하며, 뇌실질은 확장되지만 뇌압을 측정해 보면 정상적인 뇌압을 보인다. 임상 증상은 서서히 진행되며, 보행장애는 치매 증상보다 일찍 나타나고, 요실금 증상은 일반적으로 다른 증상보다 늦게 나타나거나 없을 수도 있다. 정상압뇌수종에 의한 치매의 증상은 현저한 집중력 저하, 기억력의 저하와 전두엽 장애로 나타난다. 치료법으로는 이뇨제를 투여하여 뇌척수액의 형성을 줄이는 내과적 방법과 뇌척수액을 다른 통로를 통해서 뽑아내는 수술적 방법인 뇌척수액 단락술이 사용된다.

(12) 두부외상에 의한 치매

개방성 두부외상, 뇌좌상 등에 의해 광범위한 뇌손상을 입는 경우를 말하는 두부외상(head trauma)은 치매의 원인 중 하나이다. 두부외상에 의한 치매의 증상은 주의력장애, 기억장애, 언어장애, 정신기능 둔화 등이다. 권투 선수와 같이 만성적 두부외상으로 인해 발생하는 치매를 '펀치드렁크(punchdrunk)' 뇌병증이라고 부르기도 하며, 두부외상이 때로는 알츠하이머형 치매의 위험인자로 작용하기도 한다.

(13) 대사성 장애에 의한 치매

갑상선질환, 당뇨병, 만성간질환, 저산소증, 비타민(B_1, B_{12} 등) 부족, 엽산 부족 등에 의해 치매가 발생할 수 있다. 특히 갑상선 기능저하증과 비타민 B_{12}와 엽산 부족에 의한 치매는 노인에게서 자주 발병하는 것으로 알려져 있다. 갑상선 기능 저하증에 의한 치매에서는 무감동과 인지장애가 잘 나타나며, 비타민 B_{12}와 엽산 결핍에 의한 치매에서는 척수 말초 신경질환 외에 점차적으로 인지기능 장애가 나타날 수 있다.

4) 치매의 증상

치매의 증상은 원인질환이나 치매진행단계에 따라 달라질 수 있으나, 치매의 주요 증상은 ① 인지장애, ② 정신장애, ③ 언어장애, ④ 행동장애, ⑤ 일상생활 수행장애, ⑥ 신체 · 감각기능 장애라는 여섯 가지 범주로 나누어진다. 이러한 치매의 주요 증상을 살펴보면 다음과 같다.

(1) 인지장애

1 기억장애

기억장애는 치매의 대표적 증상으로, 대부분의 치매에 나타나며 초기 단계에 현저하게 나타난다. 치매의 초기단계에는 오래전에 경험한 일을 기억하는 장기기억에는 문제가 없으나 최근이나 방금 전에 경험한 일을 기억하지 못하는 단기기억 장애가 주로 나타난다. 예를 들면 방금 했던 말을 기억하지 못하거나 물건을 놓아둔 곳을 잊어버리거나 수도나 가스 불을 잠그지 않는 등의 문제를 보인다. 그러므로 치매 초기단계의 기억장애는 정상적 노화에 의한 건망증과 구별이 어렵다. 치매가 진행되면 단기 기억장애뿐 아니라 장기기억장애가 수반되어, 자기 집 주소나 자신의 나이, 가족의 이름 등도 기억하지 못하게 된다.

2 지남력 장애

지남력(指南力)은 말 그대로 남쪽을 가리킬 수 있는 능력이라는 말로서 시간, 장소, 계절, 거리, 위치 등을 파악할 수 있는 능력을 말한다. 치매환자는 이러한 지남력에 장애를 보이는 경우가 많은데, 일반적으로 시간에 대한 지남력이 가장 잘 손상된다. 지남력 장애가 있는 치매환자는 날짜와 시간, 계절, 자신이 위치해 있는 장소를 모르며, 집 안에서 화장실을 찾지 못하거나, 익숙한 환경에서 방향감각을 잃거나, 외출한 후 길을 잃어 배회 또는 실종되거나, 다른 집의 초인종을 누르기도 한다.

3 주의력 및 판단장애

주의력은 외부 자극에 의식을 집중할 수 있는 능력을 말하는데, 치매환자에게서는 이러한 주의집중력에 장애가 나타난다. 그러므로 치매환자와의 의사소통이나 재활치료 프로그램을 실행할 때에는 장시간의 주의집중력이 필요한 것은 바람직하지 않다. 치매환자는 주의집중력의 저하와 함께 판단력장애를 보인다. 즉, 자신의 소유물을 구분하지 못하고, 자신의 잘못이나 실수를 이해하지 못하며, 상황에 맞지 않는 행동을 하거나, 텔레비전의 내용을 현실 상황으로 착각하거나, 거울을 보고 대화를 나누는 등의 증상을 보이기도 한다.

④ 실인증

실인증(失認症, agnosia)은 눈, 귀 등의 감각기관에는 문제가 없지만 시력, 청력, 촉각기능 등의 감각기능에 문제가 발생하여 자극을 인식하지 못하는 증상을 말한다. 실인증에는 ① 사물을 보고도 무엇인지 모르는 시각 실인증, ② 상대방의 말을 듣고도 이해하지 못하는 청각 실인증, ③ 손으로 만진 물건이 무엇인지 모르는 촉각 실인증, ④ 가족이나 친지 등의 아는 사람의 얼굴을 알아보지 못하는 안면 실인증, ⑤ 삼각형, 사각형 등을 알아보지 못하는 입체감각 실인증 등 다양한 종류가 있다. 이러한 치매환자의 실인증은 치매가 어느 정도 진행된 뒤에 나타나는 것이 일반적이다.

⑤ 계산능력의 장애

치매가 진행됨에 따라 치매환자는 수에 대한 개념을 상실하면서 계산능력에서 장애를 보인다. 예를 들어 100에서 7을 빼는 간단한 계산조차 하지 못하거나, 돈을 관리하는 데 어려움을 겪거나 물건을 구매하지 못하는 경우가 있다.

(2) 정신장애

치매환자는 인지장애와 함께 다양한 정신병적 증상을 보이는 경우가 많다. 치매환자의 15~40% 정도는 망상 증상을 보이는데 주로 타인이 자신을 해칠 것이라고 믿는 피해망상이 많다. 망상 증상을 보이는 치매환자는 주변 사람을 의심하고 도둑을 맞았다고 소동을 피우며, 먹는 음식에 독을 넣었다고 하거나 약을 먹여 죽이려 한다고 생각하여 음식 섭취를 거부하기도 한다. 또한 배우자나 며느리가 바람을 피우는 등의 부정한 행동을 한다는 부정망상(不淨妄想)이나 가족이 자신을 버리려고 한다는 유기망상(遺棄妄想) 증상을 보이기도 한다.

치매환자에게서 나타나는 환각 증상은 주로 환청(幻聽)과 환시(幻視)이지만, 환후(幻嗅)나 환촉(幻觸) 증상을 보이기도 한다. 환각 증상을 보이는 치매환자는 아무 소리도 나지 않는데 사람 목소리나 다른 소리가 들린다고 하거나, 보이지 않는 사람이나 동물이 보인다고 하거나, 아무 냄새도 나지 않는데 냄새가 난다고 하거나, 피부에 무엇인가 기어 다닌다고 말하기도 한다.

치매환자의 40~50%에서 우울과 불안 증상이 나타나는데, 특히 치매 초기단계에 많이 나타난다. 치매환자는 정서가 불안정하고 지나치게 긴장하거나 신경이 예민해져 있으며, 불안해서 아무 일도 하지 않으려 하며 집 밖에 나가는 것을 두려워하는 등의 불안 증상을 보인다. 또한 치매환자는 의욕을 상실한 사람처럼 보이며, 자신을 쓸모없는 사람이라고 비하하고, 수면장애와 식욕부진 등의 우울 증상을 보인다. 그러나 일부 치매환자 중에는 지나치게 감정이 고양되어 깔깔대며 웃는 등의 조증 증상을 보이는 경우도 있다.

그 외에 감정표현을 전혀 하지 않거나 주변에 어떠한 일이 일어나도 관심을 보이지 않는 등의 무감동(apathy) 증상을 보이기도 하며, 치매가 진행될수록 부정적 방향의 성격변화가 이루어지고, 밤낮이 바뀌는 주야전도 증상이나 불면증 등의 수면장애를 보이기도 한다.

(3) 언어장애

치매환자는 기억장애로 인하여 알던 단어를 잊어버리고, 의사소통 능력이 제한됨으로써 언어장애를 보인다. 그중에는 사물의 이름을 올바르게 말하지 못하는 명칭실어증, 유사한 단어를 말하는 착어증을 보이기도 한다. 치매가 진행됨에 따라 없는 말을 만들어 내는 작화증(作話症), 같은 말을 반복하는 동어반복(同語反覆) 증상, 상대방의 말을 병적으로 따라 하는 반향언어증이 나타나기도 한다. 또한 앞뒤가 맞지 않는 무의미한 말을 혼자서 중얼거리기도 하며, 다른 사람의 말을 이해하지 못하거나 말하려는 단어를 떠올리지 못하여 의사소통에서 어려움을 겪으며, 말하는 것에 두서가 없어지기도 한다. 그리고 특정한 사람에 대해 험담을 늘어놓거나 고함을 지르기도 하며, 심한 욕설을 하기도 한다.

(4) 행동장애

치매환자의 30～50% 정도는 행동장애를 보인다. 즉, 화를 내거나 자해를 하거나 다른 사람에게 폭력을 휘두르는 공격적 행동, 자위행위를 하거나 배우자 이외의 다른 사람에게 성행위를 요구하거나 성희롱을 하는 등의 부적절하고 비정상적인 성적 행동을 하기도 한다. 또한 불안하여 왔다 갔다 하거나 의미 없는 일을 계속해서 반복하는 강박적 행동, 바깥에서 쓰레기 등을 주워 와서 방에 보관하는 등의 수집벽, 다른 사람의 도움이나 약복용과 목욕 등을 거부하는 행동, 하루 종일 실내를 서성거리거나 집 밖을 나가서 돌아다니는 배회행동 등을 하기도 한다. 이러한 치매의 행동 증상은 초기단계에서는 잘 나타나지 않으며 치매가 진행되면서 여러 가지 행동 증상을 보이는 빈도가 많아진다.

(5) 일상생활 수행장애

치매환자는 신체기능, 운동기능, 감각기능의 장애가 없는데도 일련의 행위나 활동을 하지 못하는 실행증(失行症, apraxia), 즉 일상생활 수행장애를 보인다. 치매환자는 치매가 진행됨에 따라 일상생활을 영위하는 데 필요한 기본적인 활동, 즉 조리와 식사, 청소, 세탁, 옷 갈아입기, 화장실 이용, 용모단장 등을 적절히 수행하지 못하게 된다. 뿐만 아니라 외출을 하거나, 글을 읽고 쓰거나, 교통신호를 구분하거나, 전화를 걸고 받거나, 관공서나 은행 등을 이용하는 능력, 즉 수단적 일상생활 동작능력에도 장애가 나타난다.

(6) 신체 · 감각기능 장애

치매환자는 편마비 등으로 인하여 손과 발을 사용하는 데 어려움을 호소한다. 보행 시에 구부정한 자세로 종종걸음을 하거나, 중심을 잡지 못하고 한쪽으로 기울어지거나, 하체에 힘이 없어 엉덩이로 밀고 다니거나 기어 다니며, 침대에 누워 지내는 와상(臥床) 상태에 이르기도 한다. 뿐만 아니라 백내장이나 녹내장 등으로 시력에 문제가 생기거나, 청력의 약화로 소리를 잘 듣지 못하여 의사소통에서 어려움을 겪기도 한다.

5) 치매의 치료와 예후

(1) 치매 치료의 원칙

치매는 치료의 가능성이 매우 낮으므로, 예방이 가장 적극적 치료라고 할 수 있다. 치매를 효과적으로 예방하기 위해서는 치매의 위험인자를 파악하여 미리 조절하는 것이 필수적이다. 알츠하이머형 치매의 경우 고령, 여성, 낮은 교육수준 등이 위험인자이지만, 이러한 요인은 조절이 불가능하므로 특별한 예방법은 아직 없다고 할 수 있다. 그러나 혈관성 치매는 혈압 조절, 금연, 당뇨와 심장질환 치료, 아스피린 등의 항혈소판 제재 투여 등을 통하여 뇌졸중의 발생과 재발을 방지함으로써 치매의 발병과 악화를 예방할 수 있다. 따라서 혈관성 치매를 예방하기 위해서는 뇌혈관질환의 위험질환, 즉 심장질환, 당뇨병, 고혈압, 고지혈증 등의 질환을 철저하게 치료하는 것이 중요하다.

치매의 10~15% 정도는 치료가 가능한 원인에 의해 발병하기 때문에, 치매로 진단을 받았을 때 치료가 불가능하다고 미리 판단하여 치료를 포기하는 것은 잘못된 것이다. 가역성 치매의 원인으로는 약물 또는 중금속 중독, 우울증, 뇌혈종, 뇌종양, 정상압뇌수종, 두부외상, 대사성 장애, 비타민 결핍 등이 있는데, 이들 원인질환을 잘 관리하고 치료하면 치매의 치료가 가능하다.

일반적으로 치매환자는 동통이나 신체질환을 동시에 앓는 경우가 있다. 치매환자는 이러한 증상이나 질환을 지각하는 데 장애가 있을 수 있고, 지각하더라도 이를 표현하는 데 어려움을 겪는 경우가 많기 때문에, 신체질환이 심하게 진행될 때까지 발견되지 않는 경우가 많다. 또한 신체질환은 치매 증상을 갑자기 악화시킨다. 따라서 약물 부작용, 요로 감염이나 폐렴 등의 감염, 골절이나 장 폐색에 의한 통증, 심장질환, 호흡기계 질환, 지주막하 출혈 등이 있는지 잘 살펴보아야 한다. 또한 수면장애나 감각장애 등으로 인하여 심한 불안이나 혼돈상태를 일으킬 수 있으므로 수면제 투여를 고려하거나 안과적 보조기구와 보청기 등을 활용하여 적절한 감각기능을 유지할 수 있도록 해야 한다.

치매 치료에서 약물 부작용을 면밀하게 고려해야 한다. 노년기에는 신장 기능과 간의 대사기능 등이 감소하여 정신과 약물에 의한 부작용이 자주 일어나고, 내과적 질환 치료를 위해 복용하고 있는 약물과 상호작용하여 부작용을 일으키기도 한다. 따라서 치매 치료약물을 처방할 때에는 소량의 약물로 시작하여 치료효과를 관찰한 후 서서히 증량하는 것이 바람직하며, 여러 가지 약물을 동시에 복용하는 것은 피하도록 한다.

(2) 치매의 경과와 예후

치매가 언제 발병하여 어떤 경과를 거쳐 결국 사망에 이르는지는 정확하게 알기 어렵다. 그 이유는 치매 증상을 보이기 이전에 뇌세포의 병리적 변화가 일어나는 시점을 정확히 알 수 있는 방법이 없기 때문이다. 치매의 경과와 예후는 환자의 성, 교육수준, 생활력(life history), 성격, 건강상태, 치매의 원인질환, 발병 시기, 발병 시 임상 양상, 다른 정신병적 증상과 신경계 증상의 유무 등에 따라 달라질 수 있다. 즉, 치매의 주된 증상이라고 할 수 있는 인지장애, 언어장애, 행동장애, 일상생활 수행장애 등이 악화되는 양상이 서로 다르게 나타난다. 특히 알츠하이머형 치매의 경우에는 점진적 악화 과정을 거치는 반면, 혈관성 치매의 경우에는 단계적 악화 과정을 거치는 차이가 있다. 그러나 치매는 대개 다음과 같이 3단계로 진행되는 것이 일반적이다(권중돈, 2004b; 권중돈, 2012).

초기 단계는 흔히 전문가, 친척, 친구 등 주위 사람이 '나이가 들어서'라고 말하면서 환자의 증상을 무심코 지나치는 경우가 많은 단계이다. 알츠하이머형 치매는 매우 천천히 진행되기 때문에 언제, 어떻게 시작되었는지 그 발병 시기를 확실하게 알 수 없다. 초기 단계에서는 언어장애, 최근 기억장애, 시간지남력장애, 판단력장애, 의욕 상실, 우울증이나 공격적 행동 증가, 취미활동에 대한 흥미 상실 등의 증상을 나타낸다.

중기 단계에 이르면 치매가 점차 심해지면서 문제 증상이 눈에 띄게 나타나며, 심하면 일상생활을 할 수 없게 된다. 중기 단계 정도에 이르면, ① 금방 일어났던 일이나 사람의 이름을 기억하지 못하며, ② 혼자서 살 수 없을 정도로 일상생활에 어려움을 겪으며, ③ 청소, 요리, 장보기 등을 할 수 없으며, ④ 타인에 대한 의존적인 경향이 상당히 강해지며, ⑤ 기본 위생관리도 타인의 도움을 받아야만 하며, ⑥ 조리 있게 말하는 것이 더욱 힘들어지며, ⑦ 배회하고 비정상적 행동을 나타내며, ⑧ 집 안이나 밖에서 길을 잃어버리고, ⑨ 일부는 환각을 경험하기도 한다.

말기 단계에 이르면 치매환자는 완전히 의존 상태가 되고, 기억을 완전히 상실하며, 병의 증상이 신체적으로도 뚜렷하게 나타난다. 즉, ① 음식을 먹는 데 어려움을 겪고, ② 가족, 형제, 친척, 친구, 자신이 아끼던 물건 등을 알아보지 못하며, ③ 상황에 대한 이해나 분석능력이 전혀 없으며, ④ 집 안에서도 방향을 찾지 못하며, ⑤ 대소변을 가리지 못하며, ⑥ 사람들 앞에서 이상한 행동을 하며, ⑦ 휠체어를 사용하거나 침대에 누워서 지내는 와상 상태에 이르게 된다.

알츠하이머형 치매의 경우 발병 후 사망하기까지의 평균 생존기간이 10.3년으로 알려져 있으나, 환자에 따라 몇 개월에서 20여 년에 이르기까지 매우 다양하다. 치매 진단 후 평균 생존기간은 65~80세까지의 치매노인은 약 7.7년, 80세 이상의 노인은 3.8년으로 보고되고 있다. 일반적으로 치매노인의 사망률은 일반인에 비해 높은 편이며, 알츠하이머형 치매노인의 진단 후 1년 이내 사망률은 병의 정도에 따라 7~37%로 보고된다. 성별에 따라서는 여성이 남성보다 좀 더 오래 생존하고 원인질환에 따라서는 알츠하이머형 치매노인이 혈관성 치매노인보다 좀 더 오래 살며, 일찍 치매가 발병한 경우 인지기능의 악화가 더욱 빨리 진행되는 것으로 알려져 있다(이상일, 1999).

2. 치매환자의 인권 현상과 보호방안

치매환자 역시 다른 노인과 동일한 인권을 갖는다. 하지만 건강한 노인이나 신체질환 노인에 비하여 인권 침해를 당할 가능성이 상대적으로 높다. 그리고 가정에서 생활하는 노인과 노인복지시설 생활노인은 광의의 인권 영역은 유사하지만, 생활 상황이 다르기 때문에 세부 권리에서는 다소 차이가 나고, 인권 침해를 유발하는 상황과 가능성이 서로 다르다. 이에 다음에서는 재가노인과 시설 생활노인의 인권 침해 가능성을 중심으로 치매환자의 인권 현상을 추정해 보고, 치매환자의 인권 보호와 증진 방안에 대해서 살펴보고자 한다.

1) 재가 치매환자의 인권 현상과 보호방안

재가(在家) 치매환자의 경우에는 부양을 받지 못할 수도 있으며, 가족의 부양만 받거나, 가족의 부양을 받으면서 지역사회의 재가노인복지기관의 서비스를 이용할 수도 있다. 따라서 어떤 형태의 부양과 서비스를 이용하는가에 따라서도 인권침해의 가능성이 달라지기 때문에 부양 상황에 따라 서로 구분하여 논의할 필요가 있다. 그러나 지금까지 선행연구에서 치매환자의 인권에 대한 논의가 거의 이루어지지 못한 관계로 다음에서는 부양 상황의 차이를 고려하지 않고 2장에서 제시한 노인의 인권 영역과 세부 권리 중에서 치매환자가 당하기 쉬운 인권 침해 상황에 대해서 살펴보고, 재가 치매환자의 인권 보호 및 증진 방안을 모색해 보고자 한다(권중돈, 2010. 11.).

(1) 인간존엄권 영역

치매환자는 인간존엄권 영역에서 전반적으로 인권침해를 당할 가능성이 높다. 첫째, 치매환자는 사회적 차별 경험을 할 가능성이 높다. 일반인의 치매에 대한 인식 부족으로 인하여 '제정신이 아니다', '미쳤다', '바보다' 등의 비하적 언어표현에 노출될 가능성이 높고, 인지장애, 정신장애, 언어장애 등의 치매 증상이 수반되면서 원만한 대인관계를 유지할 수 없게 됨에 따라 타인에게 접촉을 기피당하거나 거부당하는 등 노인차별주의(ageism)에 더하여 치매라는 정신질환으로 인한 차별을 이중으로 경험할 가능성이 높다. 둘째, 다양한 학대를 경험할 가능성이 높다. 기존의 노인학대에 관한 연구(권중돈, 2004a)에 따르면, 치매환자의 낮은 인지 기능은 학대를 유발하는 매우 중요한 요인으로 밝혀지고 있다. 그리고 치매의 다양한 증상과 문제행동으로 인하여 구타 등의 신체적 학대, 위협이나 협박 등의 정서적 학대, 재산 갈취나 편취 등의 경제적 학대, 기본적 의료서비스나 일상생활 지원서비스를 받지 못하는 방임이나 자기방임, 심지어는 유기라는 학대를 경험할 가능성이 높다. 특히 재가 치매환자를 부양하고 있는 가족 2명 중 1명이 1회 이상 언어 및 신체적 학대행위를 하고 있는 것(서울대학교병원, 2008)으로 나타나, 치매환자에 대한 학대가 만연되어 있음을 알 수 있다. 셋째, 신체적 안전과 생명권의 침해를 당할 개연성이 높다. 치매환자의 경우 판단력 저하, 공격성 증가, 배회 증상, 이식 또는 거식 증상 등으로 인하여 적절한 보호부양서비스를 받지 못할 경우

실종되거나 안전사고에 노출될 위험이 높고, 심한 경우에는 생명을 위협하는 상황에 노출될 가능성이 있다.

(2) 자유권 영역

치매환자는 자유권 영역에서도 인권 침해를 당할 가능성이 높다. 첫째, 공격성, 이상행동 등으로 인하여 치매환자 자신이나 타인의 안녕에 위협이 되는 문제행동을 보일 경우 결박이나 격리 등의 신체적 구속 상황에 놓일 가능성이 높아지므로, 신체적 자유권을 위협받을 수 있다. 둘째, 치매에 대한 시민의 낮은 인식으로 인하여 전세나 월세로 거주하는 경우에는 임대인의 직접적인 이사 요구를 받게 되고 이웃주민이 치매환자와 가족을 소외하거나 암묵적으로 이사를 강요할 수도 있으므로 거주 및 이전의 자유를 침해당할 우려가 있다. 셋째, 의사소통 장애가 있는 치매환자의 경우에는 자신의 의사를 정확하게 표현하거나 전달하는 데 한계를 지닐 수밖에 없고, 인지 기능의 저하로 인하여 복잡한 정보를 이해하지 못하여 정보접근권이 제한될 가능성이 높으므로 정신적 자유권을 보장받지 못하는 상황에 노출될 가능성이 높다. 넷째, 치매 증상으로 인하여 재산의 처분과 획득에 결정권을 행사할 수 없는 경우가 많아지고, 직업활동 자체가 불가능해지기 때문에 경제적 자유권의 침해를 받게 된다. 다섯째, 정치적 이슈, 인물, 사건 등에 대한 정보를 갖지 못하는 경우가 대부분으로 참정권 등의 정치적 자유권 또한 제약을 받을 수밖에 없다.

(3) 사회권 영역

사회권 영역 전반에 걸쳐서도 치매환자의 인권을 침해하는 상황이 발생할 가능성이 높다. 첫째, 치매환자가 가족 등에게서 적절한 부양을 받지 못하는 상황에서 연금수급 신청절차를 이행할 수 없어 연금수급권을 보장받지 못하거나, 적절한 노후준비가 되지 않았거나 가족의 경제력이 뒷받침되지 않을 경우 기초생활보장권을 향유할 수 없는 상황이 야기됨으로써 경제권을 침해당할 가능성이 높다. 둘째, 노동권은 인지장애, 정신장애, 언어장애 등으로 인하여 전체적으로 제한될 가능성이 높다. 셋째, 치매환자의 경우 지남력 장애, 일상생활동작능력의 장애로 인하여 특별히 계획된 주거환경이 필요하나 주거환경 리모델링이 쉽지 않다는 점, 임대주택 입주나 임대료 지원 등의 주거정책이 발달하지 않은 점 등으로 인하여 주거환경보장권이 침해당할 가능성이 높다. 넷째, 건강권 전반에 걸쳐서도 인권침해를 당할 가능성이 높다. 즉, 건강교실이나 상담 등에 참여하지 못하는 건강증진권 제한, 섭식장애 또는 일상생활동작능력장애 등으로 인한 위생 및 영양권의 제한, 치매에 대한 치료적 허무주의(therapeutic nihilism)의 만연(권중돈, 2004b)으로 적절한 치료를 받지 못하는 건강급여권의 제한, 작업치료, 일상생활동작훈련, 다양한 대안적 치료 등을 제공하는 서비스 기관의 부족에 기인한 재활서비스 이용권의 제한, 중등도 및 경도 치매환자의 경우 1~3등급에 해당하는 장기요양등급을 받기 어려운 점으로 인한 요양보호권의 제한 등과 같은 건강권 전반에 대한 권리를 향유하지 못할 가능성이 높다. 다섯째, 치매 증상으로 인하여 다수가 이용하는 평생교육기관이면서 노인여가복지시설인 경로당, 노인복지관, 노인교실의 이용을 제한당할 가능성이 농후하므로 평생교육권이나 문화생활권을 제약받을 가능성이 높다. 여섯째, 지남력장애로 인한 교통편의서비스 이용의 한계, 치매환자에 대한 거부적 태도로 인한 동아리활동 참여권의 제한 등의 사회참여권의 제약을 받을 가능성이 높다. 일곱째, 가족과의 교류가 단절되거나 가족에게 적절한 부양을 받지 못하는 경우 가족유지권의 제한이 따른다. 여덟째, 치매 증상으로 인한 가족과의 소통, 이웃이나 친구와의 교류와 소통이 제약됨으로써 소통권에 제약을 받을 가능성이 높다.

(4) 법절차적 권리 영역

치매환자의 경우 인지장애 등으로 인하여 자신의 인권이 침해되는지에 대한 인식이나 판단 자체가 불가능한 경우가 많아 자신의 인권이 침해되는 상황에서도 이를 보상받기 위한 청구권을 행사할 수 없는 경우가 대부분이다. 그리고 가족 등이 청구권을 행사한 경우에도 법적 진술 등에서 자신의 의견을 분명하게 제시하지 못함으로써 법적 절차를 통한 보상이나 배상 등을 얻을 수 있는 가능성은 낮은 편이다. 특히 치매환자를 대신하여 청구권을 행사하고 치매환자의 의사를 대신 전달할 성년후견인 제도가 정착되지 않은 상황에서 친족이 없는 치매환자의 경우 법 절차적 권리를 보호받는 것은 불가능한 상황이다.

(5) 재가 치매환자의 인권 보호와 증진 방안

현재 노인복지 분야에서 노인 인권 보호와 증진을 위한 전체적인 정책이나 실천방안이 제시되지 않고 있는 상황에서 치매환자를 위한 세부적인 인권 증진 대안을 제시한다는 것은 한계가 있다. 그러므로 치매환자의 인권을 보호하고 증진하기 위해서는 3장에서 제시한 노인복지 분야의 인권관점 도입을 위한 과제가 선결되어야 한다. 이러한 제약조건 속에서도 치매환자의 인권 보호와 증진을 위한 방안을 제시해 보면 다음과 같다.

첫째, 치매에 대한 인식 증진을 위한 홍보와 교육을 강화해야 한다. 1990년대 초반부터 치매에 대한 학술적 논의가 이루어지고 다양한 정책이 추진되면서 국민의 치매에 대한 인식이 높아진 것은 사실이다. 하지만 아직도 치매는 치료가 불가능한 정신질환이라는 인식이 팽배하여 치매환자에 대한 차별적 태도를 보이는 경우가 많다. 따라서 치매환자에 대한 사회 차별을 완화하기 위해서는 치매에 대한 지속적 홍보와 국민을 대상으로 한 체계적인 치매교육을 강화하여 국민의 치매에 대한 인식의 변화를 이끌어 내야 한다.

둘째, 치매환자에 대한 학대행위의 구체적 기준을 설정하고 이를 예방할 수 있는 실천원칙을 마련하여야 한다. 치매환자의 경우 학대행위를 유발할 수 있는 다양한 인지 및 정신 증상을 보이며, 실제로 학대를 받는 경우도 많은 것으로 나타나고 있다. 따라서 치매환자가 주로 당하는 학대의 세부 행위를 규정하고 이를 예방 또는 해결할 수 있는 구체적 실천원칙을 마련해야 할 것이다.

셋째, 부양가족과 요양보호사에 대한 치매간호 교육을 강화해야 한다. 부양가족은 대부분 치매환자 간호방법에 대한 교육을 받지 않고 있고, 요양보호사 양성교육과정의 치매 관련 교육은 매우 제한되어 있다. 따라서 치매환자에 대한 간호기술이 부족하여 적절한 보호부양서비스를 제공하지 못하는 경우가 많다. 이러한 치매환자 간호기술의 부족은 결국 부적절한 서비스 또는 학대행위로 이어지기 때문에, 부양가족과 요양보호사의 간호기술을 향상하기 위한 교육이 절대적으로 필요하다.

넷째, 치매환자의 특성을 반영한 노인복지 급여와 서비스를 개발하여야 한다. 노인장기요양보험제도의 장기요양등급 판정체계에서 치매환자의 특성을 반영하는 가산점 제도가 도입되었음에도 경도나 중등도 치매환자는 장기요양 급여를 받을 수 있는 1~3등급 판정을 받기가 어렵다. 그리고 바우처 제도인 노인돌봄종합서비스 역시 장기요양등급을 판정받지 않을 경우 이용 자격 자체가 주어지지 않는다. 뿐만 아니라 기초노령연금에 대한 정보를 획득할 수 없어 급여신청을 하지 못하고, 안전사고의 예방을 위하여 주거환경 개선을 하려고 하여도 경제적 문제로 이를 실행에 옮기지 못하는 경우가 많다. 뿐만 아니라 노인복지관, 경로당, 노인교실 등의 여가문화 프로그램을 이용하고 싶어도 일반 노인과의 인지 기능 등의 격차로 인하여 이용하지 못하거나 배제당하는 경우가 대부분이다. 이와 같이 현행 노인복지 급여나 서비스의 이용에서 치매환자는 많은 제약을 받게 되는데, 이를 개선하기 위하여 치매환자의 특성을 반영한 다양한 노인복지 급여와 서비스를 개발·시행하여야 한다.

다섯째, 성년후견인 제도와 옴부즈맨 제도를 시행해야 한다. 치매환자의 경우 인지 기능의 저하로 인하여 자신의 권리를 행사하는 데 제한을 받는다. 따라서 성년후견인 제도의 적극적 활용과 아울러 치매환자의 권리와 이익 침해를 사전에 예방하거나 인권침해 사례에 대해 적극적인 구제활동을 전개하는 옴부즈맨 제도를 조기에 도입하여 실시해야 한다.

2) 노인복지시설 치매환자의 인권 현상과 보호방안

노인복지시설 특히 양로시설, 노인요양시설, 그리고 노인(요양)공동생활가정에서 생활하는 노인의 인권 기준으로 제시된 국가인권위원회의 기준, 보건복지부의 기준, 그리고 한국노인복지시설협회의 기준은 서로 장단점이 있으므로, 어떤 것이 더 좋다고 단정할 수 없다. 그러나 어떤 인권 기준을 선택하는가에 따라 시설생활 치매환자의 인권 영역과 세부 권리는 달라지며, 그에 따라 인권 침해 가능성에 대한 논의는 달라질 수 있다. 이에 다음에서는 2장의 〈표 2-9〉에 제시된 한국노인복지시설협회(2009. 10.)의 「노인복지시설 인권매뉴얼」에 근거하여 치매환자의 인권 침해 가능성에 대해 논의해 보고자 한다.

(1) 입소이전 단계

노인복지시설 입소를 위한 사전정보 수집이나 입소 결정과 계약 과정에서 치매환자는 자신의 권리를 행사하는 데 많은 한계를 지닌다. 치매환자는 인지장애로 인하여 시설에 대한 정보에 접근할 수 있는 능력이 부족하며, 시설 입소를 위한 상담과정에서도 자신의 의사를 표현하는 데 제약을 받을 수밖에 없으며, 시설 입소에 대한 자기결정권을 행사하거나 서비스 선택권을 행사하는 데도 한계를 지닐 수밖에 없다. 따라서 대부분의 치매환자는 자유의지나 자기결정에 의해서보다는 부양가족 등 타인의 결정에 따라 주거지를 이동함으로써, 본인의 삶에 영향을 미치는 중대한 사건에 대한 자기결정권, 서비스 선택권, 그리고 거주 이전의 자유권 행사에 상당한 제약을 받게 된다.

(2) 입소초기 단계

노인복지시설 입소 직후에 이루어지는 시설생활 안내나 욕구사정, 서비스 계획 수립 등에 있어서도 치매환자는 자신의 권리를 행사하는 데 제약을 받는다. 치매환자의 인지장애로 인하여 시설생활에 대한 기본 정보를 숙지하지 못하여 시설생활에서 자발적 적응에 애로를 겪게 된다. 또한 욕구사정과 이를 바탕으로 한 목표 및 서비스 계획 수립과정에서 인지장애, 언어장애 등으로 자신의 욕구와 문제를 정확히 표현하지 못하고, 서비스에 대한 이해의 부족과 서비스 계획 수립과정에 자발적 참여 기회를 부여받지 못하는 경우가 대부분이다. 따라서 치매환자는 입소초기 단계에 시설생활에 적응하지 못하고, 자신이 받을 수 있는 서비스를 스스로 선택하고 결정할 수 있는 권리에 많은 제약을 받게 된다.

(3) 입소생활 단계

시설생활 치매환자에 대한 인권 침해가 가장 많이 일어나는 단계가 바로 본격적인 시설입소 생활이 이루어지는 단계이다. 첫째, 치매환자는 입소초기 단계에서 시설생활에 대한 적응능력이 떨어지고 인지장애, 정신장애, 언어장애, 문제행동 등으로 인하여 비치매환자의 생활을 방해하는 행동을 할 가능성이 높고, 치매에 대한 이해가 부족한 종사자나 동료 노인은 치매환자를 차별하고 심지어는 학대할 가능성이 있으므로, 인간존엄권과 평등처우권 등을 보장받지 못할 가능성이 높다. 둘째, 보건의료서비스와 일상생활지원서비스 이용에서도 자신의 질병이나 건강 상대와 관련된 문제나 욕구를 정확히 표현하지 못함으로써 서비스 선택과 이용권 그리고 서비스 변경권을 행사하는 데 많은 제약을 받는다. 셋째, 치매 증상의 간호와 간병을 제공하는 요양보호사가 치매에 대한 이해가 부족하거나 간호기술이 부족할 경우, 치매환자에 대한 차별과 학대를 행할 가능성이 높다. 실제로 노인장기요양보험제도에서 노인요양시설의 치매환자 등에 대한 신체적 구속과 관련된 구체적 지침이 없는 관계로, 치매환자를 대상으로 한 학대 사례가 빈발하고 있는 것으로 보고되고 있다(정일만, 2011). 넷째, 여가문화생활, 경제, 노동, 정치, 종교활동에 참여하는 데도 치매로 인한 다양한 장애와 증상으로 인하여 제약을 받을 수밖에 없으므로 문화생활권, 경제권, 노동권, 정치적 자유권, 종교적 자유권 등에서 제약을 받게 된다. 다섯째, 치매환자의 경우 지남력장애, 일상생활동작능력장애 등으로 인하여 특별히 계획된 주거환경이 필요하지만, 이에 대한 배려가 없는 시설에서 생활할 경우 안전사고를 당할 가능성이 높아지는 등 주거환경권을 보장받지 못하는 경우가 많다. 여섯째, 동료노인, 가족, 시설 종사자와의 소통과 교류에서도 상대방의 특별한 배려가 있지 않는 한 적절한 소통과 교류가 이루어지기 어려우므로, 소통과 교류권의 제약이 따를 수 있다. 일곱째, 치매환자가 본인의 권리를 충분히 행사하지 못하는 경우가 대부분이지만, 치매환자가 종사자나 동료노인의 권리를 침해하는 경우도 자주 발생하고 있어, 인권 향유에 따르는 의무 이행에서도 한계를 보이는 경우가 많다.

(4) 퇴소 단계

입소이전 단계와 마찬가지로 퇴소 단계에서도 정보접근권, 표현의 자유, 서비스 이용과 변경에서의 자기결정권을 행사하는 데 많은 제약을 받을 수 있다. 그리고 사망하여 퇴소하는 경우 가족이나 친지가 지켜보는 앞에서 임종할 권리를 보장받지 못하거나, 적절한 장례서비스가 이루어지지 못할 경우 인생의 마지막 순간에도 인간존엄권을 보장받지 못할 위험이 있다.

(5) 시설생활 치매환자의 인권 보호와 증진 방안

노인복지시설에서 생활하는 치매환자의 인권보호 방안, 즉 인권침해 예방전략과 인권관점 실천원칙에 대해서는 이 책의 2~3장과 한국노인복지시설협회(2009. 10.)의 「노인복지시설 인권매뉴얼」에 상세하게 제시되어 있으므로 참조하도록 한다.

3. 치매가족의 인권 현상과 보호방안

치매환자의 인권 못지않게 부양가족의 인권 역시 매우 중요한 의미를 지니며, 양자의 인권을 보호하기 위한 노력이 균형을 이루어야 한다. 이에 다음에서는 치매환자 부양가족이 경험하는 어려움과 이로 인해 제약을 받게 되는 인권 현상을 살펴본 후, 치매환자 부양가족의 인권 보호를 위한 방안을 모색해 보고자 한다.

1) 치매가족의 부양부담

부양부담을 일상적 부양과업 수행에 따르는 애로(hassle)라고 규정할 경우에는 부양부담의 차원을 치매환자의 인지 기능, 문제행동, 신체 기능, 사회적 기능과 관련된 애로로 구분할 수 있다. 그러나 이러한 부양과업 수행에 따르는 애로는 Robinson(1983)과 Pearlin 등(1990)이 지적한 바와 같이 치매환자의 기능과 문제행동이라는 1차적 스트레스 유발인자에 의해 야기되는 2차적 스트레스 유발인자이며, Poulshock와 Deimling (1984)이 지적한 바와 같이 부양하는 노인의 기능장애나 문제가 부양자의 생활에 미치는 영향을 증가 또는 억제하는 중재요인이라고 보는 것이 타당할 것이다.

현재 가장 일반적으로 받아들여지고 있는 부양부담의 개념은 부양의 결과나 영향으로서의 부담이다. 이러한 부양부담의 개념을 따르고 있는 학자 중에서 Zarit 등(1980)은 부담면접척도에서 치매가족의 부양부담을 하위 차원으로 분류하지 않고 있지만 부양부담을 부양으로 인한 부양자의 건강, 재정, 사회생활 및 대인관계의 변화와 관련되어 있다고 보고 있다.

Novak과 Guest(1989)는 치매가족의 부양부담을 ① 시간적 부담, ② 발달상의 부담, ③ 신체적 부담, ④ 사회적 부담, ⑤ 정서적 부담이라는 5개 차원으로 구분하고 있다. Vitaliano 등(1991)은 부양부담의 차원을 ① 노인의 행동, ② 가족 및 사회생활의 제한, ③ 부양자의 정서적 반응과 관련된 영역으로 구분하고 있다.

Kosberg와 Cairl(1986)은 부양의 결과로 지불하게 되는 비용을 부양부담이라 하여, ① 사회적 활동의 제한, ② 개인적 생활의 제한, ③ 경제적 비용, ④ 보호제공에 대한 가치, ⑤ 노인과의 관계상의 스트레스, ⑥ 정신신체적 애로라는 6개 차원으로 구분하고 있다. 그리고 Stommel 등(1990)은 부양부담의 차원을 ① 재정적 영향, ② 포기감, ③ 생활일정에 대한 영향, ④ 신체적 건강에 대한 영향, ⑤ 구속된 느낌으로 구분하였다. Poulshock와 Deimling(1984)은 부양의 영향을 ① 노인-부양자 관계 및 부양자-가족관계의 부정적 변화, ② 사회적 활동제한이라는 두 가지 요인으로 구분하고 있다. 서울대학교병원(2008)에서는 이를 ① 심리적 부담, ② 신체적 부담, ③ 경제적 부담으로 구분하고 있다.

이상의 학자가 제시한 부양부담의 차원을 종합하여 보면, 치매가족의 부양부담은 ① 사회활동의 제한, ② 가족관계의 부정적 변화, ③ 심리적 부담, ④ 재정 및 경제활동상의 부담, ⑤ 건강의 악화라는 5개 차원으로 구분할 수 있다(권중돈, 1994).

(1) 사회활동 제한

치매환자의 인지기능 저하와 문제행동으로 인하여 부양가족은 노인의 행동에 하루 종일 주의를 집중해야 하므로 시간에 대한 요구와 압력을 많이 받는다. 따라서 부양자는 사회관계망과의 접촉, 사회역할 수행에 필요한 개인시간과 자유를 가질 수 없게 됨으로써 사회활동에 많은 제한을 받게 된다. 치매환자 부양자는 친구를 만날 수 있는 시간을 내지 못하고, 치매환자가 의심하는 증상이 있는 경우에는 전화접촉조차도 불가능하기 때문에 친구관계가 축소 · 와해되고, 친구로부터 소외를 당하게 된다. 우리나라 치매환자 주부양자 중에서 절반 이상이 친구를 만날 수 있는 시간이 없는 것으로 나타나, 주부양자의 사회관계망의 축소가 심각한 것으로 나타났다(이성희, 권중돈, 1993).

부양에 대한 과다한 시간의 투여로 인하여 개인시간을 갖지 못하고, 정신질환에 대한 낙인을 두려워하고, 치매환자의 증상이나 문제행동으로 인하여 이웃에 피해를 입힐까 봐 염려를 하게 됨으로써 자연히 이웃과의 접촉 기회도 줄어들게 된다. 우리나라 치매환자 주부양자의 1/3 이상이 치매발병 이전에 비하여 이웃과의 접촉기회가 줄어들고, 이웃에 피해를 입힐까 봐 염려를 하고 있는 것으로 나타났다(이성희, 권중돈, 1993).

친구나 이웃과 관계를 맺을 수 있는 기회가 축소되는 것과 아울러 교회활동, 여가활동, 사회모임 참석 등에 많은 제한을 받는다. 이와 관련하여 Chenoweth와 Spencer(1986)는 치매환자의 부양으로 인하여 부부동반 모임과 같은 사회클럽활동에 제한을 받는다고 하였다. George와 Gwyther(1986)는 부양으로 인하여 교회 및 클럽에의 참석빈도가 줄고, 취미생활, 여가생활에 필요한 시간을 갖지 못한다고 하였다. 그리고 Deimling과 Bass(1986)는 부양이 부양자에게 미치는 두 가지 영향요인 중에서 사회활동 제한에는 친구관계의 축소 이외에 교회활동, 자원봉사활동, 여가활동, 사회적 집단활동 등의 제한이 포함된다고 하였다.

부양자의 사회활동 제한은 개인시간 부족과 자유의 제한에 기인한다고 하지만, 개인시간이 난다고 할지라도 노인부양에 대한 중입감으로 인하여 개인 용무나 사회활동에 참여하지 못하는 경향이 있다. 이와 같은 현상이 야기되는 이유는 시간 여유는 있지만 부양 책임성과 개인적 자유 사이에서 심한 심리적 갈등을 겪게 되므로 사회활동을 할 수 있는 심리적 여유가 없어지기 때문이다. 이러한 현상을 Houlihan(1987)은 역할피로의 한 영역이라고 하였다. 그리고 이러한 역할피로 현상이 가중되면 사회접촉이 단절되고, 사회역할을 상실하게 됨으로써 부양자 특히 젊은 층의 여성 부양자는 자아상실을 경험하게 된다.

(2) 가족관계의 부정적 변화

가족체계는 부분, 즉 가족성원 간의 상호작용으로 구성된 총체이다. 따라서 가족체계 한 부분의 변화는 가족의 항상성을 위협하고, 다른 부분의 적응을 요구하게 된다. 노인이 치매에 이환된 사건, 즉 가족체계 일부분의 변화에 적응하기 위하여 가족체계는 기존에 유지해 오던 상호작용 유형을 변화시켜 새로운 가족항상성을 만들어 내야 하는 요구를 받게 된다. 이러한 가족 상호작용 유형의 변화는 가족성원 간의 대인관계, 즉 세대 간의 관계, 부부관계, 형제관계 등에서 갈등을 초래할 수 있다. 치매로 인하여 가족관계상에 나타나는 부정적 변화는 주로 치매환자-주부양자의 관계와 전체 가족관계의 변화라는 두 가지 차원으로 구분할 수 있는데, 이러한 관계변화에 대한 선행연구의 결과는 다음과 같다.

① 치매환자-부양자 관계의 부정적 변화

치매가족에서 나타날 수 있는 다양한 가족관계의 조합 중에서 치매환자-부양자 관계의 질은 치매 발병 이전에 비하여 친밀감이 증진되고, 결속력이 강화되는 등의 긍정적 변화가 일어나는 경우도 있지만 부정적 방향으로 변화하는 경우가 많다(Farren et al., 1991). 치매가 진행됨에 따라 상호성에 바탕을 두었던 노인-부양자의 관계는 치매환자의 일방적 의존관계로 변해 가는데, 이러한 역할전환에 따른 관계의 재조정에 어려움을 겪게 되면 역기능적 관계를 형성하게 된다.

Cicirelli(1988)는 치매환자 부양자는 노인을 부양하는 과정에서 부정적인 감정을 경험하는 경우가 많아진다고 하였다. Poulshock와 Deimling(1984)은 부양의 영향으로 부양자는 노인을 대할 때 긴장감, 분노의 감정, 조작당하는 느낌과 같은 부정적 감정을 경험하고, 노인의 지나친 요구와 의존성으로 인하여 불편을 경험하는 등의 부정적 변화를 겪게 된다고 하었다. Zarit 등(1980)도 노인을 부양할 때 화가 나고, 신경이 예민해지거나 우울해지며, 노인이 원망스럽고, 노인과 같이 있다는 사실이 즐겁지가 않고, 부양에 대해 감사할 줄 모르는 태도에 대해서 불만을 느끼며, 노인에게 조작당하는 느낌을 받는 등의 부정적 변화를 경험한다고 하였다. 그리고 Barusch(1988)는 부양자가 치매환자와의 관계에서 경험하는 부정적 변화로 말다툼이 잦아지고, 치매환자가 부양에 대한 감사의 표시를 하지 않는 태도에 불만을 느끼고, 필요 이상으로 부양자에게 의존하고 기대를 하는 것에 부담을 느끼며, 치매환자의 행동 때문에 창피를 당하거나 화가 나는 일이 있다고 지적한다.

② 전체 가족관계의 부정적 변화

권중돈(1994)에 따르면, 우리나라의 치매가족은 치매환자를 부양한 이후로 가족성원 간에 갈등을 일으키는 경우가 많고, 전반적으로 가족 내에 갈등이 심화되었으며, 주부양자는 가족이 자신의 어려움을 이해해 주지 않고 자신의 부양 노력을 이해해 주지 못할 경우 화가 나며, 다른 가족이 노인을 돌볼 수 있는데도 아무것도 하지 않는 것에 대해 분노를 느끼는 것으로 나타났다.

이와 같이 전체 가족관계가 부정적으로 변화하는 것은 치매가족의 경우 부양책임이 대부분 여성 부양자 한 명에게 집중됨으로써 노인부양, 가사, 자녀양육 및 교육, 직업활동에 따르는 역할, 배우자나 부모로서의 역할 등 다양한 역할을 수행하는 데서 역할가중 현상을 경험하기 때문이다. 부양자에게 여러 가지 역할이 동시에 부여되었을 때, 부양자가 어느 한 가지 역할에 충실하다 보면 다른 역할에 따르는 책임을 적절히 수행하지 못하므로 두 가지 역할 사이에서 심리적 갈등을 겪게 되고, 이러한 부양자의 갈등이 가족관계상의 갈등으로 연결되는 경우가 많다.

치매환자의 배우자가 부양자인 경우에는 치매환자 부부간에 의사소통이 단절되며, 동반자 의식이 상실되며, 긴장관계가 야기되는 등 노부부의 관계에서 부정적 변화가 나타나며, 성인 자녀와의 관계에서도 갈등을 경험하는 경우가 많다(Strawbrige & Wallagen, 1991). 부양자가 결혼한 성인 자녀인 경우에는 치매환자의 과도한 보호욕구로 인하여 부부생활에 필요한 시간을 갖지 못하며, 배우자의 요구에 적절히 대응하지 못하는 것에 대해 심리적 부담을 갖게 되고, 이러한 부담이 부부관계의 질적 저하를 초래하기도 한다. 그리고 부모로서 자녀양육이나 교육에 많은 신경을 쓸 수 없기 때문에 자녀의 보호욕구를 충족해 주지 못하므로 부모-자녀관계에서도 갈등을 경험하기도 한다.

치매환자의 신체 및 정신장애 정도의 판정, 부양자의 부양태도나 부양방법에 대한 의견 차이가 가족갈등을 일으키는 또 다른 요인이 된다. 치매환자의 부양을 담당하지 않는 가족성원은 부양자가 노인에게 적절한 원조를 제공하지 못한다고 보고 부양자의 행동에 대해 불필요한 조언을 하거나, 부양과업을 적절히 수행하지 못한다고 비난 또는 힐책하기도 한다. 이러한 가족성원의 태도에 대해 부양자는 가족성원이 자신의 어려움을 이해해 주지 않는 것에 섭섭한 감정을 갖게 되며, 가족이 노인을 돌볼 수 있는데도 아무것도 하지 않는 것을 보고 화를 내는 등 부정적 반응을 보이게 된다. 그리고 치매가족의 경우 치매환자의 부양으로 인하여 전체 가족이 함께 모여 대화할 수 있는 기회를 갖기 어려우므로 가족성원은 상대방에 대한 감정을 표현하지 못하고, 서로의 어려움을 이해할 수 있는 계기를 마련하지 못하게 된다. 따라서 가족성원은 상호이해나 협동보다는 상대방의 행동이나 태도에 대해 불만을 갖고 비난을 하는 경우가 많아지는 역기능적 상호작용의 연쇄과정을 형성하여, 결국에는 전체 가족관계가 부정적 방향으로 변화하게 된다.

전체 가족관계가 부정적으로 변화되는 또 다른 이유는 가족 내 역할재조정의 실패 때문이라 할 수 있다. 가족체계의 부분인 치매환자와 부양자의 역할변화는 다른 성원의 역할변화를 요구하게 되므로 가족성원은 역할 재조정을 통하여 부양자가 부양으로 인하여 수행할 수 없는 역할을 분담하여야 한다. 하지만 치매가족에서는 가족규모에 관계없이 한 명 또는 소수의 부양자 특히 여성 가족성원에게 부양책임을 전담시키는 경향이 강한 관계로 가족 내에 적절한 역할 재조정이 이루어지지 않아, 부양자가 감당할 수 없을 정도로 역할이 가중되는 경우가 많다. 동거가족 내부뿐 아니라 별거가족에서도 부양자에 대한 역할기대가 높아지는 경우가 많다. 특히 별거하는 성인 형제는 부모를 부양하는 데 있어서 동거하는 형제가 더 많이 기여하기를 원하고 자신의 기여는 늘리는 것은 꺼리므로 이 과정에서 좌절감, 투사 등의 부정적 감정을 경험하게 되어 결국 갈등적 형제관계를 형성하게 된다(Lerner et al., 1991). 이와 같이 가족 내에서 적절한 역할분담이 이루어지지 않을 경우 부양자는 자신의 역할수행능력을 초과하는 역할을 동시에 수행하게 됨으로써 역할수행도는 낮아지고, 나머지 가족은 부양자가 수행하지 못한 역할책임에 대해 비난을 하게 됨으로써 가족갈등이 야기된다.

3 치매가족의 전형적인 역기능적 상호작용 연쇄과정

가족의 상호작용 유형은 가족 내에서 지속적이고 반복적으로 나타나는 상호작용 연쇄과정이 축적되어 형성되며, 전체 가족과 개별 성원의 생활주기, 가족스트레스를 야기하는 가족 내·외적 사건에 의하여 변화가 이루어진다. 치매가족의 경우 치매환자를 부양하는 과정과 그 결과로서 이전과 다른 상호작용의 연쇄과정이 형성되게 된다. 권중돈(1995)은 치매가족에 대한 비구조화된 면접과 관찰을 통하여, 치매가족에서 특징적으로 나타나는 역기능적 가족 상호작용의 연쇄과정을 [그림 5-1]과 같이 제시하고 있다.

치매가족의 가족관계 변화는 '치매로 인한 노인의 기능저하'에서 1차적으로 유발된다. 즉, 치매환자의 인지장애, 문제행동, 일상생활동작능력 장애, 부정적 성격변화, 대인관계 변화와 같은 기능저하로 인하여 나머지 가족성원은 기존의 상호작용 유형을 그대로 유지할 수 없게 됨으로

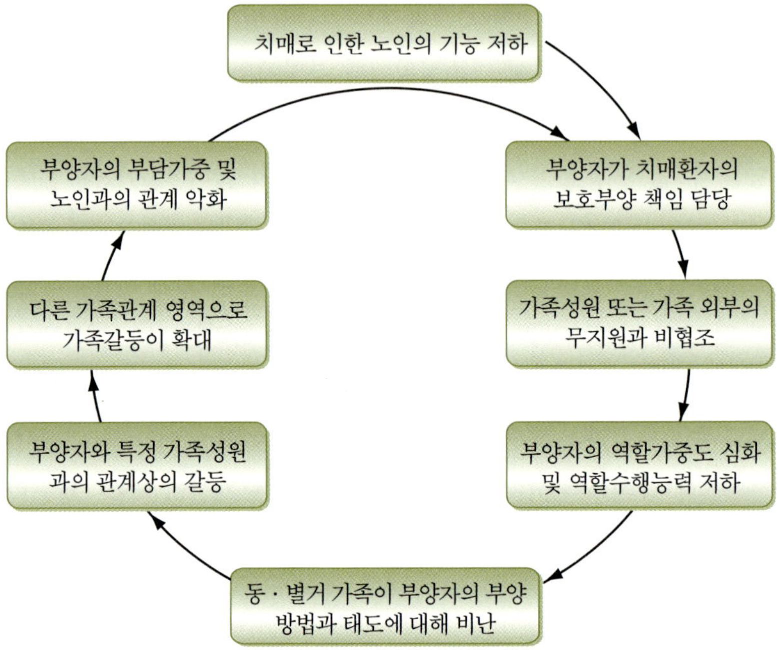

[그림 5-1] 치매가족의 역기능적 상호작용 연쇄과정

써 이를 변화시키기 위한 시도를 시작하는 것으로 나타났다. 이러한 치매환자의 기능저하를 보완하고 노인이 가족 내에서 계속 생활할 수 있도록 하기 위해 가족성원 중의 한 명이 부양자의 역할을 담당하게 된다.

치매환자의 부양책임을 담당한 부양자는 새로운 역할을 맡게 된 관계로 개인의 노력만으로는 단기간 내에 새로운 역할이 요구하는 기술을 습득할 수 없을 뿐만 아니라 치매환자의 부양과업이 매우 광범위하고, 부양요구가 과도한 관계로 한 명의 부양자가 치매환자의 부양을 전담하기가 매우 어려워진다. 따라서 동거가족, 별거가족 또는 가족 외부의 원조가 필요하게 되는데, 이때 적절한 지원과 협조가 이루어지면 역기능적 가족 상호작용의 연쇄과정을 밟지 않게 될 가능성이 높아진다. 그러나 다른 가족성원이나 외부의 지원과 협조가 없거나, 다른 성원이 부양자가 맡고 있던 이전의 역할책임을 보완해 주지 않게 되면, 부양자는 여러 가지 역할을 동시에 수행하여야 한다. 이러한 역할가중 현상이 지속되면 자신이 맡은 여러 가지 역할 중에서 특정한 몇 가지 역할 특히 노인부양 역할의 수행능력이 떨어지게 된다.

부양자의 노인부양 역할 수행능력이 저하되게 되면 동거가족과 별거가족 중의 특정 성원이 부양자의 치매환자 부양 방법과 태도에 대해 비난하기 시작한다. 그렇게 되면 부양자와 이 성원 사이에 갈등이 야기되며, 이러한 갈등은 동거가족은 물론 별거가족과의 관계로 확대됨으로써 전체 확대가족이 갈등 관계를 형성하게 될 가능성이 높아진다. 이와 같이 다른 가족과의 갈등이 야기되면 부양자가 다른 가족성원의 협조를 받기란 거의 불가능해지며, 혼자서 치매환자의 부양을 전담해야 하는 상황에 처하게 된다. 따라서 부양자의 부양부담이 가중되며, 노인이 치매에 걸렸기 때문에 자신이 고생을 한다는 생각이 들고, 치매환자를 보면 화와 짜증이 나고, 치매환자를 대하기조차 싫어지는 등 노인과의 관계가 악화된다.

이와 같이 역기능적 가족 상호작용의 연쇄과정이 반복되는 상황에서도 치매환자의 인지 및 일상생활능력은 지속적으로 저하되므로 부양자는 노인부양 역할을 계속해서 수행해야 하고, 그 결과 전체 가족관계와 노인-주부양자 관계가 부정적인 방향으로 변화하는 정도가 더욱 심화된다.

(3) 심리적 부담

치매환자를 부양한 결과로 부양자는 심리적 안녕 상태에 부정적인 영향을 받는 경우가 많다. 부양의 결과로 나타난 심리적 부담에는 다양한 변인이 포함되어 있다. 기존 연구(Barusch, 1988; Stephens et al., 1991)에 따르면, 치매환자를 부양한 결과로 인하여 치매환자와의 관계, 부부관계, 부모-자녀관계, 형제관계 등 전체 가족관계에서 화를 내는 경우가 많아지는 것으로 나타났다. 즉, 치매환자의 부양을 담당한 이후로 아무것도 아닌 일로 다른 사람을 비난하고 신경질을 부리며, 다른 사람에게 친절하게 대하지 못하고, 화가 나면 자신을 통제할 수 없는 경우가 발생하기도 한다. 그리고 치매환자 부양자의 경우 어떤 일을 하고자 하는 의욕이 생기지 않고, 생활에 대한 흥미가 없어지고, 자신이 처한 상황이 아무런 희망도 없는 것처럼 느껴지고, 낙담하거나 우울해하는 경우가 많으며, 자신이 아무 쓸모가 없는 존재라는 생각을 하는 등 우울 증상을 보이는 경우가 많은 것으로 나타났다.

치매환자의 부양역할에 대한 확실한 역할처방이 없기 때문에 부양자는 불안을 경험하게 된다. Cicirelli(1988)는 노인부양 역할에 따르는 불안의 항목으로 노인의 원조방법에 대한 불안, 부양으로 인한 개인적 생활변화에 대한 불안, 자신과 노인의 미래에 대한 불안, 부양으로 인한 자원의 고갈에 대한 두려움과 대처할 수 없는 부양 상황의 발생에 대한 두려움으로 인한 불안 등 모두 14개 항목을 제시한다. 이와 같은 노인부양에 따르는 불안 이외에 치매환자 부양자는 치매의 유전에 대한 불안, 화재와 같은 안전사고에 대한 불안, 노인의 공격적 행동으로 인해 피해를 입을 가능성에 대한 불안 등을 동시에 느낀다.

치매가족이 경험하는 또 다른 심리적 고통은 노인에게 잘해 주지 못하는 것, 과거에 잘못한 것, 노인을 집에서 더 이상 부양할 수 없다는 생각을 한 것 등에 대해 느끼는 죄책감이다(Springer & Brubaker, 1984). 그리고 치매의 치료 가능성이 매우 낮아 자신이 아무리 노력하여도 더 이상 노인이 나아질 것 같지 않아 허무한 생각이 들고, 자신이 치매환자의 증상에 효과적으로 대처하지 못하게 됨으로써 무력감을 경험하게 된다(Bergman, 1993).

노인의 일상생활동작능력 저하로 인한 부양애로, 재정 문제, 개인시간의 부족, 가사에 대한 부담, 정서적 지지의 변화로 인해 좌절감을 경험하게 된다. 이와 아울러 치매환자의 과도한 요구로 인하여 자아상실을 경험하고, 부양으로 인하여 개인 시간과 자유를 갖지 못함으로써 구속감을 느끼게 된다. 또한 사회관계망과의 접촉이 단절됨으로써 친구나 의지할 만한 사람이 없어지고, 자신을 이해해 주는 사람이 없고, 자신이 다른 사람에게서 버림을 받았다고 여기는 등 사회적 소외를 경험하게 된다(Oshagan & Allen, 1992).

(4) 재정 및 경제활동의 부담

부양자가 치매환자의 부양을 담당한 이후로 겪게 되는 경제적 부양부담 차원은 다시 재정적 부담과 경제활동의 제약이라는 두 가지 하위 차원으로 구분할 수 있다. 치매가족은 치매환자의 치료와 간호에 소요되는 비용에 대한 부담을 느끼거나 이로 인해 가족 내에서 발생하는 다양한 재정적 요구를 충족할 수 없는 등의 재정적 부담을 경험하며, 경제활동과 치매환자의 부양이라는 두 가지 과업 사이에서 갈등을 겪고, 경제활동에 지장을 받기도 하는 것으로 나타나고 있다.

치매가족의 경우 보호부양에 따르는 재정적 지출의 증가로 인하여 재정적 부담을 경험한다. Aneshensel 등(1993)은 이러한 재정적 부담을 노인의 장애나 의존성 증가라는 1차적 스트레스 유발인자에 반응하는 과정에서 나타나는 2차적 스트레스 유발인자라고 본다. 치매가족의 경우 치매환자의 치료와 간호에 대한 비용부담이 증가함으로써 가계에 압박을 받게 된다. 따라서 다른 가족생활 영역에서 발생하는 재정적 요구에 효과적으로 대처하지 못하게 되며, 취업을 통한 수입보전에 대한 요구가 증가하게 되는 것이 일반적인 경향이다.

치매가족은 치매환자의 의료비 월평균 12만 8000원을 포함하여 월평균 47만 원의 부양비용을 지출하고 있었으며, 치매 성노가 심해질수록 부양비용에 대한 부담이 높아지는 것으로 나타났다(서울대학교병원, 2008). 또한 소득수준이 낮은 가족의 재정적 부담이 높다는 Cantor(1986)의 연구결과와 마찬가지로 우리나라 치매가족의 경우에도 월평균 수입의 규모가 작을수록 의료비에 대한 부담이 높으며, 의료비 지출규모가 클수록 재정적 부담이 더 심해지는 경향이 있다.

Scharlach 등(1991)은 경제활동에 참여하는 치매환자의 부양자는 부양과 경제활동에 따르는 요구를 동시에 충족하여야 하기 때문에 역할긴장을 경험한다는 측면과 경제활동이 부양역할 수행에 따르는 요구를 경감하는 역할을 한다는 측면을 동시에 지적하였다. 부양이 경제활동에 장애를 초래한다는 연구결과를 종합하여 보면, 부양으로 인하여 경제활동시간이 단축되고, 회의 및 훈련 기회를 놓치는 경우가 많으며, 잦은 결근과 외출로 인하여 직장을 떠나 있는 시간이 증가하며, 일할 때 부양에 대한 걱정 등으로 인하여 업무에 방해를 받으며, 직장동료에게 피해를 주지 않을까 염려를 하게 되고, 경제활동을 중단하는 비율이 높고, 승진 기회를 놓치는 경우가 많으며, 생산성이 줄어드는 경향이 있다.

경제활동에 참여함으로써 오히려 부양에 대한 부담이 줄어든다는 연구결과(Scharlach et al., 1991)에 따르면 직무가 유연하고 노동압력이 적은 경우에는 두 가지 역할을 충분히 수행할 수 있으므로 성취감, 유능성, 지배감을 경험할 수 있고, 직장동료의 지원을 받고, 노인부양에 필요한 재정적 자원을 늘리고, 부양에 투여하는 에너지를 줄일 수 있어 오히려 부담이 경감되는 것으로 나타난다.

(5) 건강상의 악화

노인부양은 신체적 건강 또는 정신건강에 많은 영향을 미치는 것으로 알려져 있으며, 실제로 대부분의 선행연구에서 노인부양은 부양자의 신체 및 정신 건강에 부정적 영향을 미치는 것으로 나타난다. 특히 치매환자를 포함한 인지 기능 장애가 있는 노인을 부양하는 부양자의 경우 건강한 노인이나 신체장애노인의 부양자에 비하여 건강에 더 부정적인 영향을 받는 것으로 나타났다(Cattanach & Tebes, 1991). 부양으로 인한 건강상의 부담과 관련된 연구에서 정신건강은 심리적 부담으로 분류하여 논의하는 경향이 높아 건강과 관련된 부담을 논의하는 경우에는 주로 신체적 건강에 대한 부정적 영향을 말하는 경우가 많다.

치매환자 부양자의 경우 다른 노인부양자에 비하여 신체적 질병이나 장애를 경험하는 비율이 대체로 더 높은 편이다. Cattanach와 Tebes (1991)의 연구에 따르면 치매환자 부양자의 경우 지난 1년 동안 신체질환에 이환된 회수가 다른 부양자에 비하여 높게 나타났다. 우리나라 치매환자 주부양자의 경우 치매환자를 부양한 이후로 요통, 심질환, 고협압, 관절염, 소화기질환 등의 신체적 질환을 한 가지 이상 앓고 있는 부양자가 66% 정도인 것으로 나타나, 신체적 질환으로 인한 건강상의 부담이 매우 높았다(이성희, 권중돈, 1993). 그리고 정신질환자 부양자의 경우 기존의 신체적 질환이 악화되기도 하고, 약물에 의존하는 경향이 높아지는 경향이 있다.

치매환자 부양자는 부양역할뿐만 아니라 가사, 경제활동, 자녀양육 등의 다양한 역할을 수행하는 과정에서 신체적 피로를 경험할 가능성이 매우 높다. Ranbins 등(1982)의 연구에 따르면 치매환자의 부양은 주부양자는 물론 다른 가족성원의 신체적 피로를 가중하는 것으로 나타났으며, 우리나라 치매가족의 주부양자 83% 정도가 신체적 피로를 느끼는 것으로 나타났다. 특히 주부양자와 주가사담당자의 역할을 동시에 수행하는 경우와 수면이 부족하다고 느끼는 경우에 피로도가 더 높은 것으로 나타났다.

치매환자 부양자의 경우 노인의 주야전도 증상으로 인하여 밤에 충분한 수면을 취하지 못하는 경우가 많다. 우리나라 치매가족의 주부양자 중에서 절반 이상이 수면부족을 호소하고 있으며, 일본 치매가족의 주부양자는 지속적인 가족 내 부양을 방해하는 주된 요인으로 수면방해를 들고 있다(小泉直子 外, 1993). 그리고 부양으로 인한 신체질환, 피로 및 수면부족 이외에 치매환자 부양자가 경험하는 건강상의 부담요인으로 지적되고 있는 것은 건강 유지 및 증진 활동을 할 수 있는 시간의 부족, 건강에 대한 불안, 질병 이환에 대한 염려 등이 있다.

2) 치매가족의 인권 현상

치매환자를 가정에서 부양함으로써 가족 결속력의 증진, 부양자의 자아존중감 및 유능성 증진과 같은 긍정적 변화가 일어나기도 한다. 그러나 대부분의 경우 치매가족은 여러 가지 부정적 스트레스(distress)를 경험하게 된다. 실제로 서울대학교병원(2008)의 「치매환자 유병률 조사」에 따르면, 치매환자 부양자의 90%는 가족이며, 치매환자 부양자 4명 중 3명은 심각한 정신적 · 경제적 · 신체적 부담을 경험하고 있는 것으로 나타났다. 치매가족 특히 주부양자가 경험하는 부양부담은 부양자의 인권을 제한하거나 침해하는 중요한 요인이 된다.

치매환자 부양자는 하루 평균 5시간의 보호부양서비스를 제공하며, 특히 도구적 일상생활동작능력(IADL)에 장애가 심한 중등도 치매환자를 부양하는 경우에는 하루 8시간 정도의 부양을 하는 것으로 나타났다(서울대학교병원, 2008). 이와 같은 부양과업 수행에 많은 시간을 투여함에 따라 부양자는 사회적 관계에 있어서 많은 제한을 받으며, 개인시간과 자유를 가질 수가 없게 된다. 이와 같은 사회활동 제한으로 인하여 부양가족은 사생활의 자유권, 사회참여권, 소통교류권, 종교적 자유권, 문화생활권 등의 다양한 인권 영역에서 제약을 받는다.

부양자는 치매환자의 부양을 담당한 이후로 우울감, 불안감, 죄의식, 허무감, 무력감, 좌절감, 구속감, 소외감 등의 부정적 감정을 경험하게 된다. 그럼에도 부양자는 이러한 자신의 심리 상태를 표현할 수 있는 기회가 제한되고, 상담이나 치료를 받을 수 있는 기회를 갖기 못하는 경우가 많다. 이와 같은 심리적 부담으로 인하여 부양자는 행복추구권, 의사표현의 자유권, 건강권, 문화생활권 등에 제약을 받게 된다.

치매가족은 많은 돈은 아니라고 하더라도 환자의 치료와 간호비용으로 인해 가계운영에 압박을 받는다. 실제로 치매환자 부양가족은 월 47만 원(연 564만 원)의 의료 및 보호비용을 지출하는 것으로 나타났다(서울대학교병원, 2008). 그리고 경제활동 참여와 관련하여서도 다양한 제약을 받는다. 이와 같은 재정부담 및 경제활동 제약이라는 부담으로 인하여 적정생활향유권, 노동권 등에 제약을 받게 된다.

치매환자 부양자의 경우 절반 이상이 치매환자를 부양한 이후 신체 및 정신적 질환에 걸린 것으로 나타났다(이성희, 권중돈, 1993). 질병에는 이환되지 않는다 할지라도 대부분의 부양자가 신체적 피로를 경험하고, 수면방해, 건강 유지 및 증진 활동을 위한 시간 부족, 건강에 대한 불안 등을 경험하게 된다. 이러한 건강의 부정적 변화라는 부담으로 인하여 치매환자 부양자는 건강권을 적절하게 행사하지 못하는 경우가 많다.

치매환자와 부양자는 의사소통의 제한, 과도한 부양과업, 부정적 감정 등으로 인하여 부정적 관계변화를 경험하게 된다. 이러한 치매환자와의 갈등으로 인하여 부양자는 표현의 자유권, 교류소통권에 제한을 받을 가능성이 높아진다. 그러나 치매환자에 대한 학대나 방임 등을 행함으로써 치매환자의 인간존엄권을 침해하는 경우도 있다.

부양자는 자신의 어려움을 이해해 주지 않고 자신의 부양 노력을 이해해 주지 않는 가족성원에 대해 부정적 감정을 쌓아 둔 상태에서 지속적으로 환자 간호, 가사, 자녀 양육 및 교육, 직업활동에 따르는 역할, 배우자나 부모로서의 역할 등을 동시에 수행해야 하므로 다른 가족성원과 갈등을 겪게 된다. 이로 인해 부양자는 가족형성 · 유지권, 교류소통권의 제약을 받게 될 가능성이 높다.

3) 치매가족의 인권 보호방안

치매환자 부양가족은 시민 그리고 부양자로서의 의무만을 강요당해 왔으며, 힘든 부양 상황에서 자신의 권리를 요구하고 향유하고 싶어도 기회가 부여되지 않는 상황에서 어렵게 생활하고 있다. 이러한 치매환자 부양가족의 인권보호를 위한 방안을 모색함에 있어서도 치매환자의 인권보호

방안 모색과 마찬가지로 기존 연구의 제한으로 인해 많은 제약이 따르므로, 치매가족의 인권보호를 위한 일반적 원칙만을 제시해 보고자 한다.

가장 먼저 치매정책은 [그림 5-2]에서 보는 바와 같이 치매환자와 가족에 대한 균형적 서비스, 의료와 복지, 시설보호와 재가보호의 역동적 균형을 유지하는 정책방향으로 전환되어야 한다.

노인장기요양보험제도의 도입으로 인하여 의료와 복지, 시설과 재가의 균형은 어느 정도 이루어졌다고 할 수 있으나, 환자와 가족을 위한 정책 내용은 여전히 치매환자 중심이어서 그 불균형성이 해소되지 않고 있다. 현행 노인보건복지정책에서 노인장기요양보험제도를 이용하여 요양보호사인 동거가족이 치매환자를 부양할 경우 방문요양서비스의 급여를 제한적으로 수급하는 것 이외에 부양가족을 대상으로 한 직접서비스는 전무하며, 치매환자를 국가나 기관이 대리 보호함으로써 간접 휴식서비스(respite services)를 제공하는 것 이외에는 거의 없다고 할 수 있다. 이러한 정책방향이 지속된다면 국가의 노인장기요양제도에 대한 비용부담은 급증할 것이며, 부양가족의 인권 상황은 더욱 악화될 것이다. 그러므로 앞으로 치매환자와 부양가족을 위한 급여와 서비스가 일정 수준의 균형을 이룰 수 있도록 정책방향의 전환이 시급하다.

치매가족의 인권이나 삶의 질 향상을 위해 확대되어야 할 급여나 서비스는 매우 다양하다. 먼저 중등도의 치매일 때 가족의 부양부담이 최고

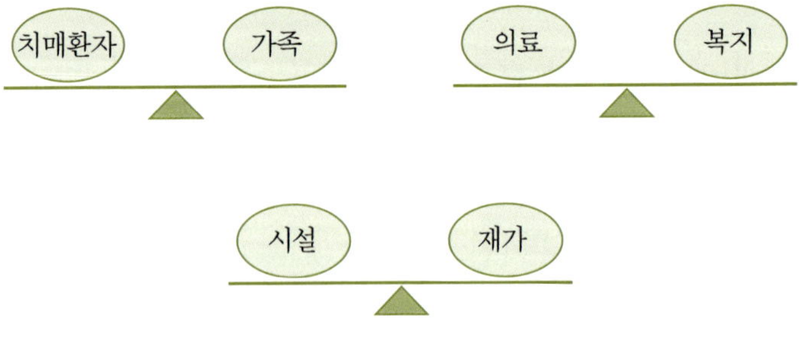

[그림 5-2] 치매환자와 가족지원 정책의 기본방향

수준에 이르는 점을 고려해 볼 때 장기요양등급판정에서 인지행동 및 행동변화 영역의 평가문항과 인정점수, 가중치를 상향 조정하여 중등도 치매환자에 대한 실질적 요양 혜택을 늘림으로써 가족의 부담을 경감해 나가는 것이 필요하다. 뿐만 아니라 노인돌봄종합서비스의 수급자 선정기준에서 소득기준, 장기요양등급 기준을 완화하여 수급권자의 범위를 확대하고, 치매환자에 대한 주간보호를 실시하는 시간과 동 시간대에 가족부양자의 자기개발과 문화생활을 지원할 수 있는 평생교육이나 여가프로그램을 동시에 실시하는 프로그램이 개발되어야 한다. 뿐만 아니라 치매가족을 위한 교육 · 지지 프로그램의 확대, 치매에 대한 상담 기회의 확대, 치매가족 자조모임에 대한 지원확대 등의 가족을 대상으로 한 직접서비스가 확대되어야 할 것이다.

치매가족을 위한 서비스나 급여의 확대는 가족이 자신의 권익을 강력하게 주장할 때 더욱 빠르게 이루어질 수 있다. 그러므로 한국치매가족협회와 지부에서는 치매가족 자조모임의 조직화와 연계 강화를 통하여 치매가족의 권익옹호사업을 적극적으로 전개하는 것이 바람직할 것이다. 즉, 이해당사자인 치매가족과 관련 단체와 협회가 연합하여 치매환자 특별 부양수당 지급, 치매의 장애인정, 치매환자 의료비 및 장기요양 본인부담금 경감 등과 같은 사회권 회복을 위한 옹호운동을 적극적으로 전개해 나가고, 자발적인 노인 옴부즈맨 조직을 구축하여 치매환자와 가족의 인권 침해 상황을 감시하고 구제하기 위한 노력을 전개해야 할 것이다. 물론 치매가족의 경우 사회활동 제한 등의 부담감으로 인하여 직접 참여가 어려운 점을 고려하여 치매와 관련된 분야의 전문가집단이 치매환자 부양가족을 대신하거나 또는 측면에서 지원하는 등 적극적 역할을 감당해 내는 것이 필수이다.

제6장

노인복지 옴부즈맨 제도의 이해

1. 노인권익운동의 이해

1) 노인권익운동의 필요성과 개념

민주주의 이념을 바탕으로 한 현대사회에서는 이념적으로는 인간의 존엄, 평등, 자유 등을 주장하고 있지만, 노인 등의 사회적 약자는 삶의 과정에서 다양한 불평등과 차별, 인간존엄성 침해를 당하고, 생존까지도 위협받고 있다. 이러한 상황을 극복하고 인간다운 생활, 즉 건강하고 문화적인 삶을 누리기 위해서는 사회적 약자 더 나아가서는 전 국민이 국가의 적극적인 관여와 배려, 급부와 서비스를 요구할 수 있는 권리를 적극적으로 제기하여야 한다.

현 세대의 노인계층은 일제의 식민통치, 6 · 25 전쟁, 4 · 19와 5 · 16 등의 정치적 변혁을 거치는 과정에서 개인의 안녕보다는 국가의 번영과 가족의 안녕을 위해 살아온 세대이다. 이러한 현 세대 노인의 사회적 공헌에 대한 국가와 사회의 보상과 처우는 매우 미비하다. 뿐만 아니라 현 세대 노인은 양보를 미덕으로 알고 자신의 권리를 주장하는 데 매우 소극적이었으며, 노동자, 장애인, 여성 등의 사회적 약자가 자신의 권리를 주장하는 사회운동을 전개했을 때에도 묵묵히 인고의 세월을 견뎌 왔다. 이로 인하여 현 노인 세대는 자신의 권리와 이익을 주장하지도 보호받지도 못한 상황에서 노인 차별과 학대, 다양한 인권침해에 노출되었다. 이러한 상황이 지속될 경우 노인은 인간으로서의 존엄성 보존은 물론 인간으로서 누려야 할 당연한 권리를 향유하는 데 제약을 받을 뿐 아니라 다양한 인권침해 상황에 노출됨으로써 인간다운 노후생활을 영위하는 것이 불가능해질 것이다. 그러므로 현 세대 노인 스스로 또는 사회의 다양한 구성원은 노인의 권리와 이익을 보호하기 위한 다양한 사회운동을 전개할 필요가 있다.

노인권익운동은 노인이 자신의 권리와 이익, 즉 권익을 보장받기 위한 사회운동(social action)이다. 즉, 노인권익운동이란 노인의 안정된 삶과 복리 증진에 방해가 되는 기존의 사회관계를 변화시키려는 집합적 노력이라고 정의할 수 있다(권중돈, 2010a). 이러한 노인의 권익을 찾기 위한 노력을 지칭하는 용어로 노인권익운동, 노인복지운동, 노인권익옹호운동, 심지어 '노인의 제 밥그릇 찾기' 운동(박재간, 2001)이라는 용어가 사용되고 있으나 그 개념 차이는 거의 없다고 할 수 있다.

이러한 노인권익운동은 사회운동의 한 영역으로서 사회운동이 갖는 구성요소를 갖추고 있다. 첫째, 노인권익운동은 어느 정도 조직을 갖고 일정한 방식으로 상호 의사소통하는 다수의 사람으로 구성되어야 한다. 둘째, 노인권익운동을 추진하는 조직의 규모는 비교적 커야 한다. 셋째, 노인권익운동은 목표달성을 위해 제도화되지 않았거나 사회적으로 수용되지 않는 수단을 일부 활용한다. 넷째, 노인권익운동은 구성원 개인의 목적달성이 아니라 사회의 변화에 궁극적 목적을 두어야 한다. 다섯째, 노인권익운동은 의식적이고 계획적이며 목표지향적 노력이어야 한다(고양곤, 2000).

2) 노인권익운동의 가능성과 현실

노인권익운동이 활성화되고 소기의 목적을 달성하기 위해서는 정치적 기회구조, 내적 리더십, 조직의 역량과 응집력이라는 조건을 갖추어야 한다(고양곤, 2000; 권중돈, 2010a). 먼저 노인권익운동이 성공하기 위해서는 정치기관의 개방성과 이들 기관과의 안정적인 정치적 제휴가 요구된다. 하지만 현재 우리 사회의 정치체계는 매우 폐쇄적이고 권위적인 권력구조를 지니고 있는 관계로 노인권익단체는 정치권과의 교류가 제약되어 있고, 각종 선거에서 공청회 정도를 하는 데 그치고 있으며 노인의 정치적 결집성 미약으로 인하여 정치적 기회구조를 적절히 확보하지 못하고 있다. 둘째, 노인권익운동 단체 내부의 탁월한 내적 리더십이 요구된다. 그러나 우리 사회에서는 노인권익단체 내부의 토착적 지도자나 외부의 탁월한 리더십을 보유하지 못하고 있다. 셋째, 노인권익단체의 강한 역량과 응집력이 요구된다. 그러나 현재 우리나라 노인권익단체의 인적 구성과 자금 동원력은 매우 취약하며, 현 세대 노인의 경우 사회의 어른으로서의 체통 중시, 유교적 가치관, 노화에 따른 신체 · 심리 · 사회적 기능의 약화 등으로 인하여 결사체 또는 연합체로서의 응집력을 갖지 못하고 있다.

그리고 노인의 권익을 옹호하는 단체의 역량은 매우 취약하고, 정치적 기회구조는 매우 제한되어 있다. 현재 우리나라에서 노인권익을 옹호하는 노인권익단체로는 대한노인회, 한국노인단체연합회와 노인관련 직능단체, 대한은퇴자협회와 직종별 퇴직자 단체(체신동우회, 보사동우회, 철우회, 서울시 시우회 등), 한국노년학회 등의 노년학 관련학회 등이 있다. 대표적인 노인권익단체인 대한노인회는 창립 이후 40년의 세월이 흘렀지만 재정의 대부분을 국고에 의존하고 있다는 점과 조직의 취약한 인적 구성과 응집력으로 인하여 노인권익단체로서의 기능에 한계를 지니고 있다(김동선, 2004). 그 외에 대한은퇴자협회나 직종별 퇴직자단체, 각종 학회 등의 노인권익 옹호활동은 매우 취약한 상황이다.

이에 비해 선진국에서는 노인권익운동이 매우 활성화되어 있다. 즉, 노인권익 증진을 위한 다양한 비정부기구(NGO)가 노인복지정책 개발은 물론이고, 고령유권자조직, 노인정보화교육, 폭력예방 사업 등 실질적인 서비스를 제공하고 있으며, 노인단체 간의 연계활동을 적극 추진하고 있다(박영란, 2001). 미국의 경우 은퇴자협회(AARP)가 정치적 압력단체로서의 기능을 수행하여 노인의 권익을 보호하는 활동에 앞장서고 있다. 유럽국가의 노인권익 활동은 두 가지 차원에서 이루어지고 있다. 하나는 지역 내 노인의 서비스욕구가 아래로부터 위로 정책결정자에게 정치적 압력으로 나타나는 것이고, 다른 하나는 지방정부, 중앙정부, 유럽연합정부의 정책결정자에 의한 자발적인 노인단체 지원과 노인인구의 정치세력화에 대한 지지이다. 일본의 대표적인 노인권익단체인 전국노인클럽연합회는 클럽 수 13만 개에 전국적으로 회원 수가 800만 명이 넘는 일본 최대 노인단체로서, 이 단체 간부의 상당수가 각 지방자치단체 산하 심의회 위원으로 활동하며 정치 영향력을 발휘하고 있다(주명룡, 2002).

3) 노인권익운동의 문제점과 과제

우리나라의 노인권익운동은 아직 초보 단계를 벗어나지 못하고 있으며 다양한 문제를 지니고 있는데, 이러한 문제점을 정리하여 보면 다음과 같다(고양곤, 2000; 권중돈, 2010a; 서혜경, 2001).

① 노인의 권리에 대한 의식수준이 낮고, 응집력이 낮다.

② 노인의 정치적 결속력이 취약하다.

③ 폐쇄적 정치구조로 인하여 정치적 기회구조가 매우 취약하며, 노인의 정치참여 또한 매우 부진하다.
④ 대부분의 노인권익단체가 인적 및 재정적 역량의 한계로 인하여 정치적 압력단체로서의 기능을 수행하지 못하고 있다.
⑤ 노인권익단체의 취약한 리더십으로 인하여 대정부 로비력과 추진력이 미약하다.
⑥ 노인권익단체가 새로운 정책대안을 제시하는 데 한계를 지닌다.
⑦ 노인권익단체는 내부 구성원에 대한 교육과 정보제공 기능에 한계를 지닌다.
⑧ 노인권익단체의 폐쇄성으로 인하여 다른 시민단체와의 연대활동에 매우 소극적이다.

이러한 문제를 해결하고 노인권익운동을 더욱 활성화하기 위해서는 '시간이 약'이라는 주장이 있다. 즉, 앞으로 권리의식이 강한 베이비붐 세대 또는 586세대가 노인이 되면 자연스럽게 노인권익운동이 활성화될 것이라고 보는 주장이다. 그러나 이러한 소극적인 접근방법으로는 급격히 진행되고 있는 인구고령화로 인해 파생되는 노인문제를 해결하고, 노인의 복지 증진을 도모하는 데는 한계가 있으므로 지금부터 다음과 같은 적극적인 노력을 기울여야 한다(고양곤, 2000; 권중돈, 2010a; 서혜경, 2001; Heumann et al., 2001).

① 노인 대중의 권리의식을 제고하기 위한 교육과 홍보를 적극적으로 실시한다
② 노인의 권익보장을 위한 다양한 노인복지정책을 개발하고, 이들 정책대안이 제도화될 수 있도록 입법부, 행정부에 지속적으로 건의, 청원한다.
③ 노인복지 관련 법, 제도의 개선을 위하여 국내외 노인단체 또는 다

른 시민단체와의 연대활동을 강화해 나간다.

④ 노인권익단체의 자발적 내부역량 강화를 위한 노력, 즉 회원 확보를 통한 조직 확대와 조직 구성원에 대한 의식화 교육을 통한 조직 내적 응집력 강화, 안정적 재정 확보를 위한 노력을 경주한다.

⑤ 노인 대표, 노인복지전문가가 노인복지 관련 위원회에 적극적으로 참여하도록 유도한다.

⑥ 노인의 정치적 결속력을 강화하기 위한 노력과 함께 정치적 기회구조의 확대를 위한 노력을 기울인다.

⑦ 노인권익단체 또는 노인 대표의 입법기관 진출을 모색한다.

⑧ 언론매체를 이용한 지속적 이슈 제기와 노인권익운동의 타당성에 대한 홍보를 강화한다.

이러한 노인권익운동 활성화를 위한 과제를 추진하는 데서 많은 현실적 어려움에 직면할 것이다. 그 이유는 우리나라의 노인권익운동은 "이제 노인권익운동이라는 배(船)를 만들자고 의견을 모으고 있는 단계"(고양곤, 2000) 또는 '노인권익운동의 첫발을 떼어 놓은 상황'이라는 표현에서 보듯이 아직은 노인권익운동의 토대를 견고히 하기 위한 초보적 노력을 기울이고 있는 상황이기 때문이다.

따라서 노인권익운동 활성화를 위해서 지금부터 꾸준한 노력을 경주해 나가야 할 것인데, 노인 분야의 옴부즈맨(ombudsman) 활동은 진정한 노인권익운동으로서의 의미를 지닌다. 즉, 노인 분야의 옴부즈맨 활동은 노인의 적극적 인권보호 및 옹호활동을 전개하는 노인권익운동의 새로운 지평을 개척하는 데 매우 중요한 의미를 지닐 것이다.

2. 노인 옴부즈맨 제도의 이해

1) 옴부즈맨의 역사와 용어

옴부즈맨(ombudsman)이라는 외국 용어로 인해, 옴부즈맨 제도가 우리 역사에는 존재하지 않았던 것으로 오해할 수 있다. 그러나 조선시대 중종 4년(1509년)에 최초로 파견하기 시작한 암행어사(暗行御史) 제도는 우리 고유의 옴부즈맨 제도로 볼 수 있다. 조선시대에 지방행정을 감찰하는 임무는 사헌부에 있었지만 교통과 통신 수단의 불편으로 지방관의 악정(惡政)을 철저히 적발하는 것이 어렵자, 국왕이 비밀리에 이사를 임명하여 각 지방에 파견하고 비밀감찰 임무를 맡게 했는데, 이것이 우리 역사상 존재했던 옴부즈맨 제도라 하겠다(www.wikipedia.org). 이처럼 우리 역사에서는 왕이 암행어사라는 옴부즈맨을 통하여 지방행정을 감독한 행정 옴부즈맨 제도(administrative ombudsman)가 조선시대부터 존재했다.

하지만 전 세계적으로 통용되는 현대적 의미의 옴부즈맨 제도는 스웨덴 의회에서 임명한 의회옴부즈맨(parliamentary ombudsman)에서 유래되었다고 보는 것이 일반적이다. 즉, 1809년 스웨덴 의회가 헌법에 국왕이 행정권을 갖고 의회가 입법권을 갖는 것으로 규정하고, 국왕의 전횡을 막고 행정 관료의 권력남용에 맞서 시민의 권리를 보호하기 위해 의회가 옴부즈맨을 임명한 것이 현대적 옴부즈맨 제도의 기원이라는 견해다.

옴부즈맨이란 용어는 고대 스웨덴어인 'ombuðsmann' 에서 유래되었으며, 원래 의미는 대표(representative) 또는 대리인(agent)이다. 하지만 세계 각국에서 'ombudsman'이라는 영어식 표현을 기본 용어로 채택하면서, 옴부즈맨은 '주로 정부나 의회에서 시민의 고충을 접수하고 조사하여 공공의 이익을 대변하는 임무를 맡은 고위 공무원'을 의미하는 용어로 사용되고 있는데, 일종의 민원조사관이다. 그리고 남성을 의미하는

'man' 이라는 단어 때문에 'ombuds' 또는 'ombudsperson' 이라는 용어를 사용하기도 하며, 여성 옴부즈맨을 'ombudswoman' 이라는 용어로 호칭하는 경우도 있다(USOA, 2003). 그러나 세계적으로 성 중립적 의미를 지닌 'ombudsman' 이라는 용어로 옴부즈맨을 지칭하는 것이 일반적이다.

우리나라에서도 '옴부즈만' 이라는 단어로 불리기도 하지만 외래어 표기법에 따르면 표준어는 '옴부즈맨' 이다. 우리나라에서의 옴부즈맨은 일반적으로 '국가 기관이나 공무원에 대한 일반 시민의 고충·민원을 처리하는 행정 감찰관' 이라는 의미를 지닌다. 따라서 행정이나 입법기관의 옴부즈맨에 해당하는 우리말 표현으로 적합한 것은 '감찰관' 이다.

그러나 옴부즈맨 제도는 의회나 행정기관에서만 사용되는 것은 아니며, 일반기업이나 대학, 언론 등에서도 내부 구성원의 불만, 불평, 고충을 해결하기 위해 이를 다양하게 활용하고 있다. 그래서 어떤 분야에서 옴부즈맨이라는 용어를 사용하는가에 따라 각기 다르게 불리고 있다. 일반적으로는 민간기업에서는 '고충처리원' 이라는 용어로, 그리고 대학과 학생 사이에서는 '상담원' 으로 불리며, 사회복지 분야나 언론 분야에서는 영어식 표현인 '옴부즈맨' 이라는 용어를 그대로 사용하는 경우가 많다.

노인복지 분야에서는 지금까지 공식적으로 옴부즈맨 활동이 이루어진 적이 없으나, 국가인권위원회에서 2009년부터 실시하고 있는 '노인인권지킴이단' 그리고 한국노인종합복지관협회에서 2010년부터 노인을 위한 사회적 일자리사업으로 실시하고 있는 '노인 옴부즈맨 사업' 이 노인복지 분야의 옴부즈맨 제도와 가장 유사하다.

2) 옴부즈맨의 정의

옴부즈맨은 시민의 이익을 위하여 정부활동을 점검하고, 부적절한 정부활동으로 인해 발생한 시민의 불만, 불평, 고충, 인권침해 사례(이하

'고충'으로 표기함)를 조사하고 보고하며, 고충 해결을 돕는 법적 신분이 보장되는 공무원이 대부분 맡아 왔다. 최초의 옴부즈맨이었던 스웨덴의 의회옴부즈맨은 의회에 의해 임명되었지만 의회의 간섭을 받지 않고 특정 사건을 다루며 정부와 개인 사이에서 독립적이고도 공정한 중재자였다. 이들은 다른 서구국가에서도 유사한 업무를 담당하고 있다. 미국옴부즈맨협회(USOA, 2004)의 「주정부 옴부즈맨 모범법안(model law)」에서는 옴부즈맨을 "정부기관에 대한 고충이나 불만을 접수하고, 고충이 정당하다면 조사를 한 후 고충해결에 대한 권고(recommendation)를 하는 독립적 공무원"이라고 정의하고 있다. 그리고 미국옴부즈맨협회(USOA, 2003)에서는 정부 옴부즈맨(governmental ombudsman)을 "정부의 조치사항에 대한 고충을 접수, 조사 또는 비공식적으로 제기하고, 적절한 시기에 조사결과와 권고를 하고, 보고서를 제출할 수 있는 권위와 책임을 지닌 독립적이고 공정한 공무원"으로 정의하고 있다. 이와 유사하게 미국변호사협회(American Bar Association)에서도 "고통을 받는 개인이 정부기관이나 공무원에 대항하여 제기한 고충을 접수하고, 조사하고, 고충이 정당하다면 고충을 해결할 수 있는 권고를 하는 독립적 공무원"이라고 정의하고 있다(Gottehrer & Hostina, 1998).

이와 같은 공공부문의 옴부즈맨 제도와 함께 민간기업, 대학, 비정부기관(NGO) 또는 비영리기구(NPO) 등의 민간조직에서도 옴부즈맨 제도를 도입하여 활용하는 사례가 늘어나고 있는데, 이들은 공공부문의 정부옴부즈맨과는 달리 '조직 옴부즈맨(organizational ombudsman)'으로 불린다. 민간조직 특히 기업의 옴부즈맨은 조직에서 지위가 높으나 조직경영에는 관여하지 않는 중립부서에 배치되어 일을 하며, 내부 고발자나 윤리 의식을 가진 종사자에게 다양한 선택권을 부여하고, 갈등을 중재하며, 문제 영역을 추적하여 조직의 정책이나 절차의 변화를 권고하는 역할을 한다.

한국노인종합복지관협회(2010)에서 실시하고 있는 노인 옴부즈맨은 공무원인 정부 옴부즈맨도 아닌, 그렇다고 기업에서 급여를 받고 고충과 분쟁, 문제를 발견, 조사, 해결하는 민간조직의 옴부즈맨도 아닌 제3의 유형에 속하는 '노인 당사자형 옴부즈맨'이다. 당사자형 노인 옴부즈맨은 노인이 경험하는 고충 등의 사례를 발견 또는 접수, 조사, 해결책의 권고를 한다는 점에서는 정부나 민간조직의 옴부즈맨과 유사하다. 그러나 당사자형 노인 옴부즈맨의 지위는 법적으로 보장되거나 사회적으로 공식 인정된 지위가 아닌, 특정 사업을 수행하기 위해 노인복지관에 소속되어 활동하는 민간조직의 옴부즈맨이며, 노인 스스로가 노인계층의 권익을 증진하기 위한 활동을 하고 있다는 점에서 자원봉사형 옴부즈맨(voluntary ombudsman)이다.

3) 노인 옴부즈맨의 역할과 기능

노인 옴부즈맨은 노인의 고충 등을 직접 나서서 해결해 주는 문제해결자(problem solver)가 아니며, 심지어 입법가도, 사회개혁가도, 그리고 정부나 민간조직에 도전하여 이길 수 있는 빛나는 무기로 무장한 기사(knights)는 더더욱 아니다(USOA, 2003). 노인 옴부즈맨은 노인권익을 보호하고 권익침해를 사전 예방하는 파수꾼(watchdog)이며, 정부, 의회, 기업, 또는 민간복지조직 등의 제도적 권력에 의해 노인이 겪게 되는 고충 등을 발견하고, 노인이 자신의 고충을 조직에 표현할 수 있는 창구역할을 한다. 그리고 노인의 불평, 불만, 고충, 차별, 인권침해 등의 사례를 발견하고, 노인이 제기한 고충이 타당성을 지니고 있다면 이에 대해 조사를 진행하고, 고충처리과정에 대한 상세한 정보를 제공하고, 적절한 고충 해결책을 발견하여 해당 조직에 개선을 권고하는 대리인(agent) 또는 노인이 고충을 토로할 수 있는 중간 창구 또는 마지막 의뢰자(recourse) 역할을 담당한다. 즉, 노인 옴부즈맨은 지역의 유력인사이거나 권력자일 필요는 없으며, 거대한 조직의 권력에 대항할 수 없는 자금과 시간이 없는 무능력한 노인이 고충을 제기할 수 있는 창구로서의 역할을 충실히 이행하면 될 것이다. 이러한 역할을 수행함으로써 궁극적으로 노인 옴부즈맨은 노인이 제도적 권력에서 부적절한 처우를 받지 않도록 하고 노인의 권리와 이익, 즉 권익을 보호하고 증진하며, 정부와 민간복지조직 등 노인복지 관련 조직의 서비스 질을 향상하는 데 기여할 수 있다. 이와 같이 노인 옴부즈맨은 지위와 권한, 소속 조직, 보수 등에서 차이는 있지만, 자신의 고충에 대한 충분한 지식이 없는 노인이 고충을 표현하고 해결방안을 찾을 수 있도록 돕는 피해 노인의 마지막 의뢰자로서의 역할을 담당하게 된다.

노인 옴부즈맨은 지역사회 내에 숨겨진 노인의 고충을 직접 발견하거나, 진정서나 고발장 등의 형태나 상담을 통하여 노인이 제기하여 접수한 고충에 대해 조사를 실시한다. 조사과정에서 노인이 자신의 고충을 정확하고 분명하게 표현하지 못하는 경우에 노인 옴부즈맨은 노인에게 고충의 내용을 분명히 설명해 달라고 질문하거나, 고충을 알기 쉽게 설명할 수 있도록 도와주기도 한다. 그리고 고충이 너무 오랜 시간이 지났거나, 노인 옴부즈맨을 통하지 않고 공공기관의 민원센터나 경찰 등의 다른 통로를 통하여 해결될 수 있는 경우에는 이들 고충처리통로에 대한 상세한 정보를 충분히 제공한다.

노인 옴부즈맨이 노인의 고충을 조사한 결과, 고충이 기관이나 조직의 잘못에 기인된 것으로 판단되면 해당 기관이나 조직에 고충의 내용을 상세하게 기록하고 나름의 해결책이 마련된다면 이것을 포함해 문서 형태로 통지하여, 기관이나 조직이 고충에 대한 해명이나 해결을 권고한다. 그러나 노인 옴부즈맨의 권고는 기관이나 조직의 자발적 변화를 요구하는 것이며 사법적 권한을 갖지 못하므로 기관이나 조직에 권고를 이행하도록 강제할 수는 없다(USOA, 2004). 그러나 노인이 경험한 고충이 법, 질서, 규칙 등을 고려해 볼 때 기관이나 조직의 잘못에 기인한 것이 분명한데도 권고를 수용하지 않은 경우에는 일반대중에게 이 사실을 공개하여 대중의 비판을 받게 할 수 있다.

일반적으로 대부분의 고충 사례는 공공기관이나 민간조직에서 법, 규정, 절차, 재량권 등의 범위 안에서 적절한 조치가 취해진 경우가 많다. 이 경우에 노인 옴부즈맨은 기관의 해명자료 또는 공문서를 바탕으로 고충 제기자인 노인에게 어떤 근거에서 기관이나 조직의 조치나 서비스가 타당한 행위였는지를 직접 설명해 줄 수 있어야 한다. 그 외에도 노인 옴부즈맨은 노인과 지역주민에게 노인이 누려야 할 권리와 이익을 홍보하고, 공공기관과 민간기관의 노인복지 업무와 서비스를 감시하는 역할도 담당하여야 한다.

4) 노인 옴부즈맨의 권리와 의무

노인 옴부즈맨이 옴부즈맨으로서의 역할을 수행할 때 갖는 권리를 미국옴부즈맨협회(USOA, 2004)와 미국변호사협회(Gottehrer & Hostina, 1998)에서 제시한 정부옴부즈맨의 권한을 기초로 하여 살펴보면 다음과 같다.

① 고충을 발견하고 조사할 권리를 갖는다. 노인 옴부즈맨은 선별조사(screening test)를 통하여 지역사회의 노인 고충 사례를 직접 발견하거나 접수받은 고충 사례에 대해 객관적 조사를 할 권리를 지닌다.

② 모든 공공 또는 민간 조직과 단체를 비판하고, 변화를 권고할 권리를 지닌다. 노인 옴부즈맨은 노인에게 고충을 야기한 조직이나 기관의 부당행위를 비난(blame)하는 것이 아닌 객관적 근거에 기초하여 비판(criticism)할 수 있으며, 기관이나 조직의 기능을 개선하고 부당한 조치가 재발하지 않도록 기관의 변화를 권고할 수 있다. 노인 옴부즈맨이 객관적 비판과 적절한 권고를 하기 위해서는 법, 규정, 절차 등에 대한 연구와 옴부즈맨 활동에 관한 세미나, 회의, 토론모임

등에 적극적으로 참여하여 자신의 전문적 역량을 키워야 한다.

③ 기관이나 조직에 질의를 하고, 기관의 기록에 접근하여 검토하고, 필요한 경우 사전 통지를 하지 않고 출입하여 점검(inspection)할 수 있는 권리가 있다. 노인 옴부즈맨은 노인에게 고충을 야기한 것으로 추정되는 기관이나 조직에 대하여 노인의 고충을 야기한 상황에 대한 정보나 자료를 요청하거나 직접 방문하여 점검할 수 있다. 그러나 자원봉사형 옴부즈맨의 경우 지위상의 한계로 인하여, 사전 통보 없이 기관을 방문하여 점검할 경우 갈등을 일으킬 가능성이 높으므로 삼가도록 한다. 따라서 소속기관을 통하여 공문을 발송하여 협조를 얻은 후 해당 기관이나 조직을 방문하여 자료나 정보를 요청하고 직접 점검을 하도록 한다.

④ 고충 사례의 조사과정에서 관련된 사항에 대한 기록이나 증거, 증언을 해 줄 사람을 소환할 권리가 있다. 그러나 정부 옴부즈맨과 달리 자원봉사형 노인 옴부즈맨은 고충 제기자의 주장을 뒷받침해 줄 수 있는 목격자나 증언자를 소환할 수 있는 권리가 매우 제한되어 있으며, 가능하면 노인 옴부즈맨이 증언자나 목격자를 찾아가서 필요한 정보와 자료, 증언을 받도록 한다.

⑤ 노인 옴부즈맨은 소속기관이나 조직, 다른 제도적 권력이나 타인의 통제에서 자유로우며 독립적 활동을 할 수 있다. 법적 지위를 인정받는 정부 옴부즈맨과 달리 자원봉사형 노인 옴부즈맨은 독자적 제3자로서의 지위를 명백히 보장받지 못하며, 소속기관과 협력하여 활동하여야 한다. 다만 소속기관이 노인 옴부즈맨으로서의 활동에 부당한 요구나 압력을 가하는 경우에는 고충 접수와 처리, 조사시행, 결과보고 등과 관련된 소속기관의 규칙이나 절차의 개정이나 폐지를 요구할 권리를 갖는다.

⑥ 고충 등을 야기한 기관이나 조직이 명백한 귀책사유에도 불구하고 권고를 이행하지 않은 경우에 대중에게 그 내용을 공개할 것인가를

결정할 수 있는 재량권을 갖는다. 노인 옴부즈맨은 노인의 고충을 처리하는 과정에서 기관이나 조직의 부당성이 명백히 드러났지만 기관이나 조직이 이의 해결이나 시정을 거부한 경우에는 일반 대중에게 그 결과를 알려 대중의 비판을 받도록 할 수 있다. 다만 이 경우에도 소속기관의 사업담당자와 긴밀하게 협의하여 내용 공개 범위와 수준을 결정하도록 한다.

⑦ 노인 옴부즈맨은 활동에 필요한 비용을 받을 권리가 있다. 법적 지위가 보장되는 미국 정부 옴부즈맨의 경우 고위공무원에 해당하는 지위와 급여를 받을 수 있고, 자신의 업무를 보조할 종사자를 채용할 권리가 있다. 그러나 자원봉사형의 노인 옴부즈맨은 보조할 종사자를 채용할 수 있는 권리는 부여되지 않는다.

노인 옴부즈맨이 옴부즈맨의 직무를 수행할 때 이행해야 할 의무를 미국옴부즈맨협회(USOA, 2004)와 미국변호사협회(Gottehrer & Hostina, 1998)에서 제시한 정부 옴부즈맨의 의무를 기초로 하여 살펴보면 다음과 같다.

① 노인 옴부즈맨은 노인의 권리와 이익을 보호하고 서비스의 질을 향상하는 옹호자(advocate)로서, 공익 증진에 우선을 두고 공평하고도 적절하게 그 직무를 수행하여야 하며, 사익을 얻거나 정치적 목적으로 그 지위를 이용해서는 안 된다.

② 노인 옴부즈맨은 고충을 제기한 노인 또는 이해 당사자에게 일체의 금품이나 비용을 수수해서는 안 된다. 노인 옴부즈맨이 옴부즈맨 활동에 대한 대가로 비용을 수납하는 행위는 사회적 약자인 노인에 대한 또 다른 권익침해 행위로서, 비윤리적 행위인 동시에 불법적 행위이다.

③ 노인 옴부즈맨은 고충 제기자인 노인의 인적 사항 등의 사생활 정보

와 고충 내용, 그리고 조사와 관련된 정보와 자료에 대한 비밀을 철저히 보장해야 한다.

④ 노인 옴부즈맨은 고충 제기자를 보호해야 할 의무뿐만 아니라 이해 당사자인 기관의 이익을 보호할 의무가 있다. 따라서 고충과 관련된 조사과정에서 기관이나 조직에 충분한 답변이나 소명 기회를 주어야 하며, 편파적으로 판정해서는 안 되며, 권고사항을 강요해서는 안 되며, 기관의 고유 업무를 방해하거나 대외적 명성을 훼손하는 일을 해서는 안 된다.

⑤ 노인 옴부즈맨으로서의 직무를 수행하는 과정에서 소속기관과 유기적인 협조관계를 맺고 원활한 직무수행이 이루어질 수 있도록 노력해야 한다.

5) 노인 옴부즈맨의 자격과 행동원칙

(1) 노인 옴부즈맨의 자격

노인 옴부즈맨은 노인의 고충을 객관적으로 조사하고, 공정하게 판단하여 합리적으로 고충을 해결할 수 있는 방안을 권고하는 역할을 수행해야 한다. 따라서 노인 옴부즈맨은 해당 분야의 법률, 행정, 공공정책 등의 문제를 분석할 수 있는 전문 지식과 풍부한 실무 경험을 갖추어야 하며, 합리적 판단력, 객관성, 통합성을 갖추어 일반 대중의 신뢰를 받을 수 있어야 한다. 그러므로 다음과 같은 사람은 옴부즈맨이 될 수 없다(USOA, 2004).

① 정치적 편파성이 있는 자. 즉, 정치적 정당 활동에 가입하거나 관여하는 자, 정치자금을 모금 또는 헌금하는 자는 노인 옴부즈맨이 될 수 없다. 다만 노인 옴부즈맨은 시민으로서 투표권을 가지며, 자신의 정치 의견을 사적으로 표현할 수 있는 권리는 있다.

② 임명직 또는 선출직 공무원이거나 이 직에 입후보한 자. 노인 옴부즈맨이 선출 또는 임명직 공무원일 경우 본인 스스로가 자신의 문제를 조사하고 권고하는 자가당착 상황에 직면할 수 있으므로 공직에 몸을 담고 있어서는 안 된다. 그리고 노인 옴부즈맨의 지위를 사회신분 상승용으로 오용하여서도 안 된다.

③ 노인 옴부즈맨으로서의 활동을 방해하는 특정 직업이나 전문직에 종사하는 자. 노인 옴부즈맨이 옴부즈맨 이외의 다른 직업에 종사할 경우 두 마리 토끼를 잡으려다 한 마리도 제대로 잡지 못하는 문제가 발생할 수 있으므로 특정 직업에 종사하여서는 안 된다.

④ 이해갈등을 초래하거나 부정이나 불공정, 편파행위를 할 수 있는 특정 업무를 맡고 있는 자. 노인 옴부즈맨 자신이 관련 분야에서 현재 맡고 있는 업무가 있거나, 가족 중의 일부가 이러한 일에 종사하고 있는 경우 객관성의 문제가 발생할 수 있으므로 노인 옴부즈맨으로 활동하는 것은 바람직하지 않다.

(2) 노인 옴부즈맨의 행동원칙

이와 같은 노인 옴부즈맨의 결격 사유에 해당되지 않는다고 하여 모든 노인 옴부즈맨이 효과적인 옴부즈맨 활동을 할 수 있는 것은 아니다. 그러므로 노인 옴부즈맨은 옴부즈맨으로 활동하면서 다음과 같은 4개 행동원칙을 철저히 준수하여야 한다(IOA, 2009a; IOA, 2009b; USOA, 2003).

[1] 독립성

독립성은 효과적이고 신뢰받는 노인 옴부즈맨이 되기 위해 지켜야 하는 핵심 원칙이다. 이러한 독립성의 원칙을 이행하기 위해서는 독자적 권위와 신뢰가 확보되어야 한다. 노인 옴부즈맨은 외부의 통제나 영향력에서 자유로워야만, 사실(fact)과 법률, 규정 등에 의거하여 조사하고, 결과를 보고하며, 합리적이고 공정하게 권고사항을 작성할 수 있다.

① 옴부즈맨은 법적으로 독립된 지위를 가지며, 법적 권한과 책임 그리고 이에 상응하는 사명감을 갖고 활동해야 한다.
② 옴부즈맨은 소속기관의 부당한 영향이나 지배, 통제를 받아서는 안 되며, 독립적으로 활동할 수 있어야 한다. 조직 내의 상급자의 지배를 받지 않으며, 조직 내에서 부과되는 통제, 제한에 방해받지 않고 독립적으로 활동이 가능하다.
③ 옴부즈맨은 독립성을 저해할 수 있는 조직 내의 어떤 다른 지위도 가져서는 안 된다. 즉, 정당 가입이나 특정 활동 분야와 관련된 직위를 가져서는 안 된다.
④ 옴부즈맨은 노인의 고충 등을 조사하고 처리하는 과정에서 확인한 사실과 관찰결과를 근거로 타인의 압력을 받지 않고 주도적으로 판단하고 조치를 취할 수 있다.

[2] 중립성과 공정성

노인 옴부즈맨은 편견 없이 객관적이고 공정한 방식으로 노인의 고충을 발견, 접수하고 검토하여야 하며, 고충과 관련된 모든 사람을 개인적 선호도나 편견 없이 공정하게 처우하여야 한다. 이런 원칙을 따름으로써 옴부즈맨은 고충 제기자인 노인은 물론 당사자인 조직과 기관에서 고충이 공정하게 검토될 것이라는 신뢰를 얻을 수 있으며, 옴부즈맨의 조사결과와 권고를 수용할 가능성이 높아진다.

① 옴부즈맨은 중립을 지키고 공정하여야 하며, 정당, 언론사, 공공기관, 지역단체나 노인보건복지 관련조직 등의 특정한 집단이나 조직과 연대해서는 안 된다.
② 옴부즈맨은 사람을 대하고, 고충을 조사하고 처리하는 과정에서 공평하고 공정해야 하며, 객관성을 유지하기 위해 노력해야 한다.
③ 옴부즈맨은 중립성을 훼손할 수 있는 어떤 부가적 역할도 맡아서는

안 되며, 조직 내의 어떤 연합체나 집단과 협력해서도 안 된다.

④ 옴부즈맨은 고충의 조사결과가 조직의 내부결재 절차를 밟을 경우 중립성과 공정성의 훼손이 우려된다면 내부 결재선을 거치지 않고 조직의 최고위 관리자에게 직접 보고할 수 있다.

⑤ 옴부즈맨은 옴부즈맨으로 활동하면서 경비수납, 사회적 지위상승 등의 개인적 이익을 얻거나 추구해서는 안 된다.

⑥ 옴부즈맨은 자신과 친분이 있는 사람이나 조직의 고충을 다루어서는 안 된다.

⑦ 옴부즈맨은 고충 제기자의 의견이나 주장만을 들어서는 안 되며, 고충의 문제와 관련이 있거나 이로 인해 긍정 또는 부정의 영향을 받을 수 있는 관련 당사자 모두의 의견과 주장을 들어야 한다.

⑧ 옴부즈맨은 자신이 담당한 고충에 대해 다양한 문제해결 방안을 강구하고 이와 관련된 최선의 선택을 하기 위해서, 동료 옴부즈맨과 토론하거나 필요시 외부 전문가의 의견을 구해야 한다.

⑨ 옴부즈맨은 자신이 관할하는 지역에 위치한 기관이나 개인을 객관적 증거를 바탕으로 비판하고, 고충의 해결과 재발 방지를 위한 권고를 할 수 있다.

⑩ 옴부즈맨은 고충 제기자에게 도움이 되는 권고와 옹호 활동을 제외하고 어떤 단체나 개인을 옹호하는 활동을 해서는 안 된다.

3 비밀보장

옴부즈맨은 고충이나 조사와 관련된 정보의 비밀을 보장해야 한다. 이 원칙을 준수할 경우 이해 당사자에게 민감한 정보를 균형 있게 보호하게 됨으로써, 노인은 고충을 자연스럽게 제기할 수 있게 되고, 피해자나 목격자가 조사과정이나 보고에 필요한 정보를 개방적이고 자발적으로 얘기할 수 있는 분위기가 조성되어, 옴부즈맨으로서의 활동에 도움을 얻게 된다.

① 옴부즈맨은 고충의 조사와 처리과정에서 얻게 된 모든 정보의 비밀을 철저히 보장해야 한다. 따라서 옴부즈맨은 고충 제기자나 이해 당사자와의 면담과정에서 비밀이 보장되는 공간을 확보하고 비밀보장의 원칙을 알려야 하며, 옴부즈맨 활동과정에서 얻은 모든 사람의 신상정보나 이를 유추할 수 있는 정보를 당사자의 동의 없이 공개해서는 안 된다. 다만 당사자가 심각한 위험에 처할 가능성이 높을 때에는 합리적으로 판단하여 공개할 수 있다.
② 옴부즈맨은 자신이 접촉한 고충 제기자나 이해 당사자에 관한 조사자료나 정보를 조직 내・외부의 요구에도 공개하지 않을 수 있다.
③ 옴부즈맨은 다른 사람이 접근하여 읽지 못하도록 상담기록 노트, 전화메시지 등의 모든 기록을 안전한 장소에 안전한 방식으로 보관해야 한다.
④ 옴부즈맨은 조사자료나 보고서를 준비하고 제출하는 과정에서 비밀보장의 원칙을 따라야 한다.

④ 신뢰성과 비공식성

옴부즈맨은 고충 제기자는 물론 이해당사자를 존중하고 신뢰하여야 하며, 제3자의 관점에서 비공식 절차에 따라 조사와 해결, 권고 등의 역할을 수행해야 한다. 이때 비공식성은 '조직의 공식 절차에 따라 조사를 하지 않는다'는 의미이며, 옴부즈맨의 '조사행위 자체가 공식적으로 인정받지 못한다'는 의미가 아니라는 점에 유의해야 한다.

① 옴부즈맨은 조직의 공식 절차가 아닌 비공식 절차에 따라 경청, 정보 제공과 수집, 고충 내용의 확인, 해결방안의 강구와 같은 역할을 담당한다. 즉, 비공식적인 제3자의 관점에서 개입해야 한다.
② 가능한 한 고충 제기자가 스스로 문제를 해결할 수 있는 새로운 방법을 찾도록 도와야 한다.

③ 옴부즈맨은 노인이 직접 고충을 제기하거나 조직에 고충을 접수하지 않아도, 주도적으로 고충을 발견하여 조사해야 한다.

④ 옴부즈맨은 고충과 관련된 모든 개인이나 조직의 기록에 접근할 수 있는 권리를 지닌다.

⑤ 옴부즈맨은 법적 구속력이 있는 결정이나 해결방안을 제시할 수 없으며, 권고나 정책을 강요하여서도 안 된다.

⑥ 옴부즈맨은 조직의 공식 통로를 대신하는 것이 아니라 이를 보완하는 것으로, 조직의 공식 절차를 통하지 않고도 얼마든지 옴부즈맨으로서의 활동을 전개할 수 있다.

⑦ 옴부즈맨은 행정부서나 법원 또는 조직 내부의 공식 조사절차나 판결절차에 참여하지 않으며, 공식 조사나 절차가 필요한 경우 다른 기관이나 조직에 의뢰할 수 있다.

⑧ 옴부즈맨은 노인의 권익과 관련된 정책 동향이나 이슈 등을 분석하고, 미래에 노인의 권익을 침해할 수 있는 이슈에 대해 적절한 권고를 할 수 있어야 한다.

⑨ 옴부즈맨은 세미나, 토론모임, 지도감독, 교육훈련에 지속적으로 참여하여 자신의 전문성과 역량을 향상하여야 한다.

⑩ 옴부즈맨은 지역사회나 노인, 일반대중에게 옴부즈맨 활동에 대한 신뢰를 얻기 위해 노력해야 한다.

3. 노인 옴부즈맨의 고충처리 과정

노인 옴부즈맨이 노인이 경험하는 고충을 발견 또는 접수하고, 이에 대한 조사를 실시하고, 고충의 해결방안을 모색하여 권고를 하는 일련의 고충 처리과정은 분야마다 다르지만, 일반적 고충 처리절차는 [그림 6-1]에서 보는 바와 같다.

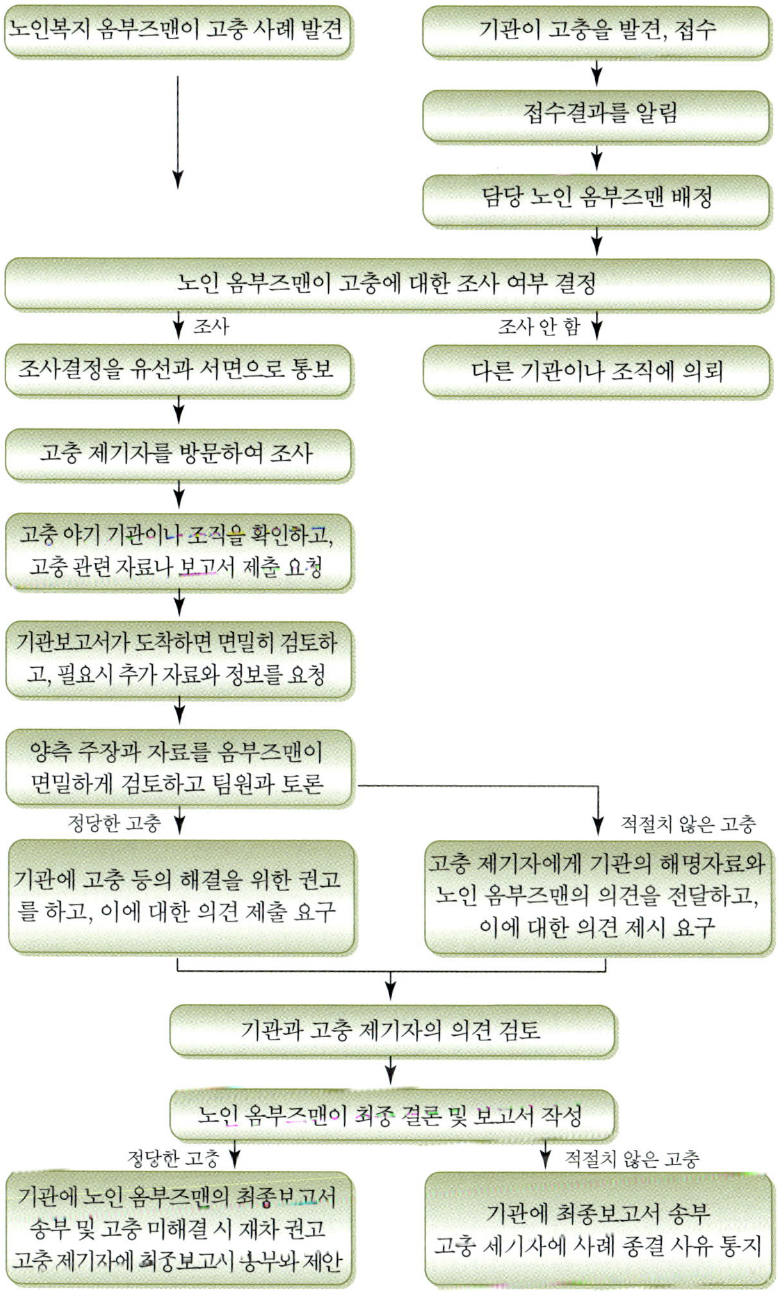

[그림 6-1] 노인 옴부즈맨의 고충 처리절차 흐름도

자료: How your complaint is processed(http://www.ombudsmen.parliament.nz)에서 발췌 수정.

1) 고충 사례의 발견과 접수

노년기에는 타인의 잘못으로 인하여 불편이나 고충을 경험하더라도 자신의 잘못으로 간주하는 경향이 농후하며, 고충을 표현하여 분쟁이나 갈등을 조성하기보다는 은폐하고 표현하지 않는 경향이 강하다(권중돈, 2010c). 특히 가족이나 지인과 관련된 고충이나 불편함은 더더욱 그런 경향이 강하여, 노인이 경험하는 고충은 쉽게 외부로 표현되지 않고 직접 고충을 제시하는 경우도 많지 않다. 따라서 노인 옴부즈맨이 노인이 경험하는 고충을 발견하는 것이 매우 어려우므로, 노인 옴부즈맨으로서 성공적으로 업무를 수행하기 위해서는 고충 사례를 발견하고 접수하는 데 많은 노력을 기울여야 한다.

노인의 고충 사례는 세 가지 방법으로 발견 또는 접수된다. 첫 번째는 노인이 직접 노인 옴부즈맨에게 고충을 호소하는 경우이다. 이 경우는 가장 바람직하고 가장 손쉽게 고충 사례를 발견하는 방법이기는 하지만, 노인 옴부즈맨 제도가 널리 알려지지 않았으므로 이와 같은 고충 사례 접수는 많지 않다. 두 번째는 소속기관이나 다른 노인복지 관련 기관의 상담이나 서비스를 이용하는 과정에서 종사자에게 노인이 고충을 호소하는 경우로, 노인복지 관련 기관 종사자에게서 고충 사례를 의뢰받는 방법이다. 이 경우 역시 사례가 많지 않을 것인데, 그 이유는 노인의 고충을 노인복지 관련 기관 내부에서 처리하고자 하는 경향이 강할 것이기 때문이다. 그렇지만 노인 옴부즈맨은 한 사례라도 더 발견하기 위해서 노인이 주로 이용하는 기관에 노인 옴부즈맨 제도에 대해 적극적으로 홍보하여 고충 사례를 의뢰받기 위한 노력을 기울여야 할 것이다. 이 두 가지 방법에 의해 발견된 잠재적 고충 사례에 대해서는 분야별 상세 조사를 통하여 고충의 구체적 내용을 조사해야 한다.

세 번째는 노인 옴부즈맨이 지역사회의 노인을 직접 만나서 선별조사를 하는 방법이다. 노인 옴부즈맨이 활동하는 분야에 따라 다르지만 소비자 피해, 노인학대, 노인장기요양보험제도, 노인돌봄서비스 등의 고충 사례는 노인이 직접 표현하지 않으면 겉으로 드러나지 않는 속성이 있기 때문에 별도의 1차 선별조사가 필요하다. 즉, 지역사회에 숨겨져 있는 학대를 당하거나, 소비자 피해를 입었거나, 노인장기요양 및 돌봄서비스 이용 시에 불편을 경험했을 수 있는 잠재적 고충 사례를 찾아내는 조사활동이 이루어져야 한다. 이러한 분야의 잠재적 고충 사례를 찾아내기 위해서 '누구에게 어떻게 접근해야 한다'는 객관적 기준을 제시하기는 어렵다. 그러나 '누구를 대상으로' 조사를 할 것인가에서 가장 좋은 손쉬운 방법은 노인복지시설을 이용하는 노인을 대상으로 일제 조사를 실시하는 방법이며, 그다음으로는 지역사회의 경로당, 빈곤 지역 등의 취약 지역을 방문하고, 또 그다음으로는 동네의 길가에서 만나거나 노인이 사는 집을 수소문하여 방문조사를 하는 방법이 있을 수 있다.

그런데 이런 방식으로 조사대상자에 직접 조사를 한다고 할지라도 고충 사례를 발견하기란 쉽지 않다. 그러므로 조사과정에서 '주변에 학대를 당하거나, 물건을 사고 난 후 피해를 입었거나, 노인장기요양제도의 방문요양서비스나 노인돌봄종합서비스를 이용하는 노인을 알고 있는지'를 질문하여, 해당 노인을 소개받아 찾아가서 조사하는 조사대상추출방법이 가장 바람직하다. 이 조사대상 표출방법을 '눈덩이표집(snowball sampling)'이라 한다. 이 표출방법은 고충을 경험하고 있는 사람을 알고 있는 노인을 통하여 고충 사례를 소개받거나, 자신과 비슷한 고충을 가진 사람을 연결하여 나감으로써 고충 사례를 더 많이 발견하는 방법이다.

누구를 조사할 것인가와 함께 문제가 되는 것은 '무엇을 가지고 어떤 방법으로' 조사할 것인가이다. 노인학대, 소비자피해, 노인장기요양보험 및 노인돌봄서비스 분야의 잠재적 고충 사례를 선별해 내기 위해서 〈표 6-1〉에 제시한 '노인 고충사례 선별조사표'를 활용하여 노인 옴부즈맨이 직접 일대일 면접 조사하는 방법을 사용할 수 있다. 그러나 이 선별조사는 '실제 고충 사례'를 찾는 것이 아니라 '고충을 받았을 것으로

표 6-1 소비자 · 노인학대 · 노인복지서비스 분야 잠재적 고충 사례 발견을 위한 선별조사표

<table>
<tr><td colspan="5">노인 고충 사례 선별조사</td><td>조사번호</td><td colspan="2"></td></tr>
<tr><td>기관명</td><td colspan="4"></td><td>옴부즈맨</td><td colspan="2"></td></tr>
<tr><td>조사일시</td><td colspan="4">20○○년 월 일 시 분 ~ 시 분</td><td>조사장소</td><td colspan="2"></td></tr>
<tr><td colspan="8">조사대상 노인의 특성</td></tr>
<tr><td>이름</td><td colspan="2"></td><td>성별</td><td>( )남 ( )여</td><td>연령</td><td colspan="2">만 세</td></tr>
<tr><td>거주지</td><td colspan="7">시 구 동 번지</td></tr>
<tr><td>연락처</td><td>자택</td><td colspan="2"></td><td>휴대전화</td><td colspan="3"></td></tr>
<tr><td>경제 상태</td><td colspan="7">( ) 기초수급자 ( ) 차상위계층 ( ) 일반노인</td></tr>
<tr><td rowspan="10">소비자 피해 분야</td><td colspan="5">강요나 회유로 물건을 구입하신 적이 있습니까?</td><td colspan="2">( ) 있다
( ) 없다</td></tr>
<tr><td colspan="5">속아서 물건을 구입하신 적이 있습니까?</td><td colspan="2">( ) 있다
( ) 없다</td></tr>
<tr><td colspan="5">광고와는 달리 물건을 사고 나서 보니, 물건의 질이 만족스럽지 못했던 경우가 있습니까?</td><td colspan="2">( ) 있다
( ) 없다</td></tr>
<tr><td colspan="5">싸다고 해서 샀는데, 실제로는 시중에서 사는 것보다 비싼 값을 주고 물건을 산 적이 있습니까?</td><td colspan="2">( ) 있다
( ) 없다</td></tr>
<tr><td colspan="5">전화나 홈쇼핑으로 샀는데, 주문한 것과 다르거나 물건의 질이 만족스럽지 못했던 적이 있습니까?</td><td colspan="2">( ) 있다
( ) 없다</td></tr>
<tr><td colspan="5">무료 공연이나 공짜 관광, 강습회에 참여한 후 물건을 구입하신 적이 있습니까?</td><td colspan="2">( ) 있다
( ) 없다</td></tr>
<tr><td colspan="5">주문한 물건이 불량제품이거나 파손된 채 배달된 적이 있습니까?</td><td colspan="2">( ) 있다
( ) 없다</td></tr>
<tr><td colspan="5">물건이 만족스럽지 못하여 반품하려 했으나 반품을 받아 주지 않는 경우가 있었습니까?</td><td colspan="2">( ) 있다
( ) 없다</td></tr>
<tr><td colspan="5">주변에서 물건을 사고 위와 같은 피해를 입은 적이 있는 노인을 알고 계십니까?</td><td colspan="2">( ) 있다
( ) 없다</td></tr>
<tr><td colspan="2">주변 피해노인 정보</td><td colspan="5"></td></tr>
</table>

분야	질문	응답
노인복지 서비스 분야	노인장기요양보험의 등급판정을 받으셨습니까?	( ) 받았다 ( ) 안 받았다
	등급판정을 받았다면, 몇 등급을 받으셨습니까?	(　)등급
	노인장기요양보험의 방문요양서비스를 받고 계십니까?	( )안 받는다 ( )받는다
	노인돌봄종합서비스(바우처)를 받고 계십니까?	( )안 받는다 ( )받는다
	혼자 살고 있으며, 노인돌보미가 가정을 방문하는 노인돌봄기본서비스를 받고 계십니까?	( )안 받는다 ( )받는다
	주변에 방문요양서비스나 노인돌봄종합서비스, 노인돌봄기본서비스를 이용하고 있는 노인을 알고 계십니까?	( ) 안다 ( ) 모른다
	요양 및 돌봄서비스 이용노인 정보	
노인학대 분야	다른 사람에게 폭행을 당한 적이 있습니까?	( ) 있다 ( ) 없다
	다른 사람에게 감금당하거나 출입을 통제당한 적이 있습니까?	( ) 있다 ( ) 없다
	가족이나 보호자가 흉기나 물건 등으로 협박이나 위협을 한 적이 있습니까?	( ) 있다 ( ) 없다
	하기 싫다고 했는데도 억지로 힘든 일을 시킨 적이 있습니까?	( ) 있다 ( ) 없다
	가족이나 보호자에게 무시당하거나 심한 욕을 듣고, 감정이 상해 본 적이 있습니까?	( ) 있다 ( ) 없다
	가족이나 보호자가 원하는 것을 해 주지 않거나, 원하지 않은 것을 강요한 적이 있습니까?	( ) 있다 ( ) 없다
	성적 폭력을 당하거나 성적으로 수치스러운 일을 당한 적이 있습니까?	( ) 있다 ( ) 없다
	재산이나 돈을 허락도 없이 가로채거나 빼앗긴 적이 있습니까?	( ) 있다 ( ) 없다
	허락도 없이 은행에서 대출을 받아가거나, 서명이나 인감을 도용당한 적이 있습니까?	( ) 있다 ( ) 없다

	자신의 돈인데 자신의 뜻대로 쓰지 못하고, 다른 곳에 돈을 쓰도록 강요받은 적이 있습니까?	( ) 있다 ( ) 없다
	거동이 불편해 혼자 의식주 등의 일상생활을 하기 어려운데도 자식이 도와주지 않는 경우가 있습니까?	( ) 있다 ( ) 없다
	아파도 병원에 데려가지 않고, 경제능력이 없어 돈이 필요한데도 자식이 도와주지 않은 적이 있습니까?	( ) 있다 ( ) 없다
	건강이 안 좋아 도움이 필요한데도 다른 사람의 도움을 거부한 적이 있습니까?	( ) 있다 ( ) 없다
	가족이나 보호자가 병원이나 시설에 입소시킨 후 노인과 연락을 끊어 버리는 일을 당한 적이 있습니까?	( ) 있다 ( ) 없다
	가족이나 보호자에 의해 낯선 곳에 버려진 적이 있습니까?	( ) 있다 ( ) 없다
	주변에 자식이나 아는 사람에게 위와 같은 학대를 당하는 노인을 알고 계십니까?	( ) 있다 ( ) 없다
	학대노인 정보	

자료: 권중돈, 김기태 외(2011). 노인권익위원(Ombudsman) 교육교재. 한국노인종합복지관협회.

추정되는 잠재적 사례' 를 발견하는 것이므로, 고충 내용에 대한 상세조사는 실시하지 않으며 잠재적 고충 사례를 찾아내는 데만 목적을 두고 실시한다.

2) 고충 사례의 조사

노인이 직접 고충을 호소하든지, 노인복지 관련기관의 종사자 등에 의해 의뢰를 받은 고충 사례든지, 아니면 노인 고충 사례 선별조사에서 잠재적 고충 사례로 선정이 되었는지에 관계없이, 노인 옴부즈맨은 팀원끼리의 토론을 통하여 상세 조사 여부를 결정하여야 한다.

이때 조사가 필요한 고충 내용에는 법적 의무의 미이행, 불합리한 지연, 행정적 실수, 권한남용, 단순 사무착오, 억압, 태만, 불공정한 정책,

편파성, 의사소통의 부족이나 실패, 무례한 또는 오만한 태도, 불공정성, 불합리성, 서비스의 불충분성, 법률위반, 종사자의 무능력, 차별, 실수와 부주의, 재량권의 남용, 법이나 규칙 적용의 실수, 특정 조치를 취한 사유에 대한 불명확한 설명 등에 기인한 불평, 불판, 고충, 차별, 인권침해 행위 등이 포함된다(권중돈, 김기태 외, 2011). 그러나 상세 조사를 하지 않은 상황에서 이와 같은 사유에 해당하는지를 알 수 없으므로, 선별조사에서 상세조사가 필요하다고 판정된 경우에는 모두 상세 조사 사례로 결정하도록 한다.

지역사회에서 발견된 고충 사례라 할지라도 ① 다른 경로를 통하는 것이 바람직한 것으로 기대되는 사례, ② 사소하고 하찮거나, 남을 괴롭히거나, 또는 신뢰가 가지 않는 고충 사례, ③ 현 시점에서 조사하기에는 너무 오랜 시간이 경과한 사례, ④ 개인적 피해나 고통을 받지 않은 사례, ⑤ 경찰이나 행정기관에서 조사가 진행 중인 사례, ⑥ 다른 기관에 이미 접수하여 고충에 대한 조사가 진행 중인 사례, ⑦ 재판이 진행 중이거나 판결이 난 사례, ⑧ 개인의 사생활이나 단체 등의 기밀사항을 조사해 줄 것을 요구하는 사례, ⑨ 노인 옴부즈맨의 팀 회의에서 상세 조사가 필요 없거나 부적절하다고 평가된 사례에 해당하는 경우에는 상세 조사를 실시하지 않는다(권중돈, 김기태 외, 2011).

상세한 조사가 필요하다고 결정된 고충 사례에 대해서는 당사자에게 조사를 실시하기로 한 결정사항을 유선으로 통보하고 조사 시점에 서면으로 그 내용을 다시 한 번 통보하도록 한다. 그리고 상세 조사를 하기에 적절하지 않은 사례로 판정되거나 다른 기관을 통하여 고충을 해결하는 것이 더 바람직한 경우에는 그 사유를 유선과 서면으로 통지하고, 의뢰한 기관에 접근하는 방법에 대한 상세한 정보를 제공해야 한다.

노인 옴부즈맨이 조사과정에서 가장 먼저 이해해야 할 사항은 잠재적 고충 사례의 당사자인 노인의 기대이다. 고충을 겪고 있는 노인의 경우 ① 노인 옴부즈맨이 자신의 얘기를 귀담아들어 주기를 원하며, ② 이해

받기를 원하며, ③ 노인 옴부즈맨이 예의를 지키고 존중해 주기를 원하며, ④ 자신이 겪는 고충이나 문제가 발생하게 된 이유를 알고 싶어 하며, ⑤ 고충을 야기한 기관이나 사람에게 진정한 사과를 받기를 원하며, ⑥ 무엇이 해결될 수 있고 무엇이 해결될 수 없는지를 알고 싶어 하며, ⑦ 가능한 한 빨리 해결을 위한 조치를 취해 주기를 원한다.

노인 옴부즈맨은 고충 제기자의 기대에 대한 이해를 바탕으로 조사과정에서 다음과 같이 행동하여야 한다(Office of the Ombudsman, Hong Kong, 1998).

① 감정이입의 태도를 보여야 한다. 고충의 내용이 타당하든 타당하지 않든 간에 고충 제기자는 현재 불편을 경험하고 있다. 그러므로 고충 제기자를 존중하고 예의를 갖춰 대해야 하며, 고충 제기자의 불편한 심정을 역지사지하는 마음으로 이해하고, 이런 이해의 감정을 적절히 전달해야 한다.
② 비심판적 태도를 유지해야 한다. 고충의 상세 내용을 파악하기 위해서는 언제, 어디서, 누가, 왜 등의 개방형 질문을 사용하고, 답변 내용을 바탕으로 고충 제기자의 잘못이나 책임을 들추어내거나 다그쳐서는 안 된다. 조사과정에서 고충을 야기한 기관의 잘못과 책임에 대해서도 언급하지 않도록 주의한다.
③ 고충이나 문제에 대해 듣기 전에 고충 제기자의 분노를 누그러뜨리기 위해 노력한다. 고충 제기자의 얘기를 경청하고, 이해하려 하고, 예의와 존중하는 태도를 보여야 한다. 경청하고 고충 제기자의 심정을 이해하고 있다는 사실을 전달하기 위해서는 '맞아요', '그렇군요' 등과 같은 맞장구쳐 주는 용어를 사용하거나 고개를 끄덕거리는 등의 행동을 취한다. 그리고 고충 제기자가 고충과 관련된 사실을 충분히 얘기할 수 있도록 시간을 주되, 특정 내용을 놓고 고충 제기자와 논쟁을 하거나 따지고 드는 것은 고충 제기자의 분노감정을

키울 수 있으므로 삼간다.

④ 조사과정에서 유도질문을 하거나, 특정 답변을 강요해서는 안 된다.

⑤ 고충 제기자가 알아듣기 쉬운 말을 써야 한다. 특히 해당 분야의 전문용어에 대해서는 쉬운 말로 풀어서 얘기한다.

⑥ 고충 제기자의 신상정보와 고충 내용에 대해서는 비밀보장이 된다는 사실을 분명히 언급하고, 동의 없이 정보를 공개하지 않는다는 사실을 명확하게 알린다.

⑦ 조사과정에서 기록이나 녹음을 하기 전에 반드시 동의를 받는다.

⑧ 고충이 발생한 이유에 대해 추정하여 얘기하거나, 고충의 해결이 가능한지 불가능한지를 단언하여서는 안 된다. 특히 특정한 조치나 해결을 장담해서는 안 되며, 잠정적 방식으로 가능성을 언급한다.

⑨ 고충이 조사에 적절한 사례가 아니어서 다른 기관에 의뢰를 할 경우 고충 제기자는 또 한 번 실망하고 좌절할 것이므로, 온화한 태도로 의뢰하는 기관에 대한 상세 정보를 제공하고, 가능하다면 같이 동행해 준다.

⑩ 노인 옴부즈맨은 고충 제기자가 궁금해하는 법률과 정책, 규정 등에 대해 상세히 알려 주고, 스스로 고충을 처리할 수 있는 방법과 경로에 대해 충분한 정보를 제공한다.

3) 고충 사례 관련 조직과 당사자 조사

공정하고 합리적 고충 해결을 위해서는 고충 제기자뿐만 아니라 그러한 고충을 야기한 조직이나 개인 당사자, 관련자에 대한 조사를 반드시 실시한다. 즉, 고충과 관련된 양측의 주장과 관련된 자의 증언을 모두 들어야만 고충의 조사결과에 대한 합리적이고 공정한 판단을 내리고 이후의 조치사항을 강구할 수 있게 된다. 따라서 고충 제기자의 조사 내용에 대한 노인 옴부즈맨 간의 토론을 통해 최종 조사결과가 확정되면, 이를 토대로 고충을 야기한 것으로 추정되는 조직이나 당사자를 찾아내어 이들에게 고충과 관련된 자료나 보고서 제출을 요청하거나, 직접 방문하여 면접조사를 실시할 수 있다. 조직이나 당사자를 직접 방문하여 면접조사를 하는 경우에도 고충 제기자와의 면접에서 따라야 하는 행동원칙을 동일하게 따른다. 그리고 조직이나 당사자에게 보고서나 소명자료를 제출하도록 요구하는 경우에는 다음과 같은 절차와 원칙을 따른다(USOA, 2004).

① 고충 제기자가 지목한 조직이나 당사자가 반드시 고충을 야기한 책임이 있다고 쉽게 단정하지 않는다.
② 고충을 야기한 것으로 추정되는 조직이나 기관에 중요하거나 해를 입힐 수 있는 결론이나 권고를 하기 이전에, 기관이 답변과 소명을 할 수 있는 충분한 기회를 부여한다.
③ 고충 제기자에 대한 조사결과를 바탕으로 기관이나 당사자가 답변이나 소명을 해야 하는 사항을 구체적으로 명기하여 공문서 형태로 발송하고, 전화로 사전 공지한다.
④ 기관이나 당사자의 답변이나 소명이 있기 전까지는 조사나 해결방안, 권고사항에 대해 어떠한 결론도 내리지 않으며, 설령 내부적으로 잠정적 결론을 내렸다고 하더라도 반드시 비밀을 지키며, 외부에 그 사실을 알리지 않는다.
⑤ 기관이나 조직, 당사자인 개인이 고충과 관련된 중요한 사항에 대해 답변을 할 수 있는 시간을 충분히 준다.
⑥ 기관이나 당사자가 답변이나 소명을 하는 데 필요한 조사자료가 있다면 노인의 사전 동의를 얻어 이를 기관이나 당사자에게 제공한다.
⑦ 기관이나 당사자의 답변서나 소명자료를 받으면 그 내용에 대해서는 비밀을 보장한다.
⑧ 답변서나 소명자료를 받으면 노인 옴부즈맨 팀원 회의를 통하여 그

내용을 상세히 검토하고, 답변이나 소명이 불충분한 경우에는 재차 공문 형태로 추가 답변이나 소명자료를 요청한다.

4) 고충 해결책의 모색과 권고

고충 제기자, 고충을 야기한 조직과 당사자, 기타 관련자에 대한 조사가 모두 완료된 후에는 노인 옴부즈맨 팀원 간의 깊이 있는 토론을 통하여 고충이 발생한 원인이 고충 제기자의 귀책 사유인지, 아니면 고충을 야기한 조직과 당사자의 귀책 사유인지를 정확히 판단해야 한다. 이러한 판단은 법률, 규칙과 규정, 지침 등의 객관적 근거에 의거하여 이루어져야 하며, 필요한 경우 변호사, 경찰, 공무원 등 지역사회의 전문가집단의 자문을 받아야 한다.

노인 옴부즈맨 팀원 토론과 자문결과 등에 근거해 볼 때, 고충 제기자에게 귀책 사유가 있고 고충을 야기한 것으로 지목된 조직이나 당사자에게 귀책 사유가 없는 것으로 확인된 경우에는 다음과 같은 조치를 취한다.

① 조직이나 당사자의 소명자료와 노인 옴부즈맨의 의견을 상세하게 공문서 형태로 기록하여 고충 제기자를 방문하여 충분히 설명한다.
② 고충 제기자에게 조직의 소명자료와 노인 옴부즈맨의 의견의 타당성, 수용 가능성을 질문한 후 고충 제기자의 의견을 듣는다.
③ 고충 제기자가 조직의 소명자료와 노인 옴부즈맨의 의견에 동의하고 수용하는 경우에는 최종 보고서를 작성하여 그 결과를 통보하는 것으로 고충 사례 처리절차를 종료한다.
④ 만약 고충 제기자가 조직의 소명자료와 노인 옴부즈맨의 의견에 동의하지 않고 추가 조사를 요구할 경우에는 고충 조사단계로 되돌아가서 다시 한 번 동일한 절차를 밟는다.
⑤ 노인 옴부즈맨에 의한 동일한 조사의 반복을 고충 제기자가 거부하

는 경우에는 다른 고충처리기관에 의뢰한다.

노인 옴부즈맨 팀원 토론과 자문결과 등에 근거해 볼 때, 고충 제기자에게는 귀책 사유가 없고 고충을 야기한 조직이나 당사자에게 분명한 귀책 사유가 있는 경우에는 다음과 같은 조치를 취한다.

① 노인 옴부즈맨 팀원 간의 토론과 외부 자문위원의 자문을 통하여 귀책 사유가 있는 조직이나 당사자가 고충 제기자의 고충을 해결하기 위해서 취해야 할 합리적인 조치사항이 담긴 권고사항을 작성한다.
② 고충을 야기한 조직이나 당사자에게 노인 옴부즈맨이 마련한 권고안을 공문서와 유선으로 통보하고, 고충해결을 위해 적극 협조해 줄 것을 요구한다.
③ 만약 조직이나 당사자가 노인 옴부즈맨이 제안한 권고에 대해 이견이 있거나 수용하지 못하는 경우에는 그에 대한 의견을 작성하여 공문서 형태로 발송하거나, 직접 면담을 통하여 의견을 전달하도록 요청한다.
④ 고충 제기자에게도 조직이나 당사자에게 요청한 고충해결을 위한 권고사항을 통보한다.
⑤ 조직이나 당사자의 권고 이행 여부를 지속적으로 점검하고, 성실히 이행하여 고충이 해결된 경우에는 고충 처리과정에 대한 최종보고서를 작성한다.
⑥ 조직이나 당사자가 권고를 이행하지 않는 경우에는 권고의 이행을 요구하는 공문서를 재발송하고, 필요한 경우 직접 방문하여 권고 이행을 요구한다.
⑦ 2차에 걸쳐 재권고를 했음에도, 조직이나 당사자가 권고를 이행하지 않는 경우에는 일반 대중에게 그 사실을 공표하거나, 법적 조치나 행정조치를 시행할 수 있는 권한이 있는 기관에 그 사실을 통보

하고 특별 조치를 요청한다.

⑧ 고충 제기자에게 조직이나 당사자의 고충해결 노력에 대한 만족도를 조사하여, 추가 요구사항이 있으면 이를 조직이나 당사자에게 권고하고, 고충이 만족하게 해결된 경우에는 최종보고서를 작성하고 고충 처리절차를 종결한다.

5) 고충 처리과정 보고 및 종결

노인 옴부즈맨은 옴부즈맨 활동 사항을 수시로 또는 정기적으로 소속기관이 정한 양식과 절차에 따라 성실하게 보고하여야 한다. 다만 고충 제기자의 고충을 조사하고 해결책을 모색하고 권고를 하는 과정에서 소속기관에 보고할 경우, 소속기관이 부당한 압력이나 통제를 가해올 위험이나 우려가 있다면 노인 옴부즈맨 팀원 회의를 통하여 수시 보고를 하지 않을 수 있다.

노인 옴부즈맨은 담당한 고충 사례가 원만하게 해결되거나, 다른 고충 처리기관에 의뢰한 경우, 그리고 조사결과 고충 제기자의 고충이 자신의 귀책 사유 때문으로 판단되어 고충 처리절차를 종결한 경우에는 사례발견과 접수과정부터 해결책 모색과 권고, 권고이행의 점검과 종결에 이르기까지의 과정을 상세히 기록하여 소속기관에 최종보고서를 제출하고, 고충 제기자와 조직, 당사자에게도 공문서 형태로 최종보고서를 송부하여야 한다.

제7장

노인복지서비스 분야 옴부즈맨 제도의 실제

1. 노인복지서비스 분야의 이해

노인복지제도는 소득보장, 건강보장, 고용보장, 주거보장, 노인복지서비스로 구성된다. 이 중에서 노인복지서비스, 즉 노인을 위한 사회서비스라는 용어는 다양한 의미를 갖는다. 좁은 의미의 노인복지서비스는 노인의 건강, 심리, 사회참여와 관련된 상담, 여가, 교육, 봉사 등을 지원하는 비화폐적 서비스로 그 의미가 국한된다(권중돈, 2010a). 그러나 넓은 의미로는 노인의 소득, 고용, 주거, 건강, 여가, 사회참여, 심리 등과 관련된 문제해결과 욕구충족, 더 나아가 노인의 권익을 보호하기 위한 모든 종류의 급여(benefits)와 서비스(services)를 포괄하는 노인을 위한 사회서비스를 의미하기도 한다. 따라서 노인복지서비스의 어떤 개념을 선택하는가에 따라 이 분야의 노인복지서비스 분야 옴부즈맨의 활동범위는 달라진다. 이에 다음에서는 노인장기요양보험제도의 방문요양서비스, 노인돌봄종합서비스와 독거노인돌봄기본서비스라는 세 종류의 노인복지서비스에 국한해서 살펴보고자 한다.

1) 노인장기요양보험제도의 방문요양서비스 이해

노인장기요양보험제도는 “고령이나 노인성 질환 등의 사유로 일상생활을 혼자서 수행하기 어려운 노인 등에게 신체활동, 가사지원 등의 요양서비스를 가정이나 요양시설에서 제공하여 노후의 건강 증진 및 생활안정을 도모하고 부양가족의 부담을 경감하여 국민의 삶의 질을 향상하고자 하는 사회보험제도” 이다(보건복지부, 2012b). 노인장기요양보험제도는 시설급여와 재가급여로 나뉘며, 재가급여 중의 하나가 바로 방문요양서비스이다. 방문요양서비스는 “가정에서 일상생활을 영위하고 있는 노인으로서 신체적, 정신적 장애로 어려움을 겪고 있는 노인에게 지역사회 안에서 건전하고 안정된 노후를 영위하도록 장기요양요원(요양보호사)이 가정을 방문하여 신체활동 및 가사활동 등 필요한 각종 서비스를 제공하는 노인장기요양보험제도의 재가급여 중의 한 서비스” 이다(보건복지부, 2012b).

방문요양서비스의 적용대상은 노인장기요양보험 가입자(국민건강보험 가입자와 동일함)와 그 피부양자, 의료급여 수급권자이며, 보험료 납부대상은 국민건강보험료 납부대상자이다. 그리고 방문요양서비스의 이용이 가능한 수급자는 장기요양 인정신청을 하여 1~3등급을 판정받은 65세 이상 노인 또는 노인성 질환을 가진 65세 미만의 자이다. 그리고 장기요양급여 수급자 이외의 자(등급 외 자) 중 기초수급권자 및 부양의무자로부터 적절한 부양을 받지 못하는 자로서 혼자서 일상생활을 수행하기 어려워 재가서비스의 제공이 필요한 자에게도 방문요양서비스를 제공할 수 있다. 단, 노인돌봄종합서비스, 독거노인돌봄기본서비스, 가사간병도우미 등 타 서비스를 제공받고 있는 경우는 서비스 대상에서 제외된다.

장기요양등급 1~3등급을 판정받고 장기요양인정서를 받은 자 중에서 국민기초생활수급권자와 의료수급권자는 시 · 군 · 구에 신청하여야 하지만, 일반 노인의 경우 노인장기요양보험제도 홈페이지나 국민건강보험공단 지사 장기요양센터 등에서 방문요양서비스를 제공하는 재가장기요양기관을 확인하고 본인이 이용하고 싶은 재가장기요양기관을 선택한 후 장기요양급여 제공계약을 체결하여 방문요양서비스를 받을 수 있다.

'방문요양서비스 제공(이용)계약서'에는 계약기간 및 계약해지, 급여비용, 개인정보 보호의무, 손해배상책임, 분쟁해결방법 등에 대한 내용이 명기되어야 하며, 계약 당사자가 서명날인하고 각각 1부씩 보관하여야 한다. 그리고 노인이 이용할 방문요양서비스의 세부 내용은 '방문요양서비스 제공(이용) 계획서'를 별도로 작성하여 첨부하여야 한다. 방문요양서비스의 서비스 내용은 신체활동지원서비스, 가사활동지원서비스, 개인활동지원서비스, 정서지원서비스가 포함된다. 다만 방문요양서비스는 수급자에게 제공하는 서비스에 국한되며, 노인 이외의 가족을 위한 서비스는 제공하지 않는다.

방문요양서비스는 노인장기요양보험제도의 재가급여 기준에 따라 급여와 본인부담액을 정한다. 이때 다른 재가서비스를 이용한 금액까지 합산하여 장기요양 등급별 월한도액을 초과하여 사용할 수 없으며, 만약 초과하여 사용한 경우에는 모두 본인이 그 비용을 부담해야 한다. 서비스 제공시간은 요양보호사가 수급자의 가정에 도착했을 때부터 필요한 서비스를 제공하기 위한 준비, 서비스의 제공 및 마무리에 소요된 총 시간을 말한다. 방문시간은 재가서비스 자동청구시스템(radio frequency identification: RFID; 전자태그에 내장된 정보를 전파를 이용하여 안테나와 리더기의 비접촉방식으로 읽는 차세대 인식기술로 출입 통제나 지불시스템에 이용)에 의해 기록된다. 방문요양서비스의 급여비용은 1회 방문당 서비스 제공시간에 따라 산정하며, 총 급여비용 중에서 15%는 본인부담을 원칙으로 하되, 국민기초생활수급자는 본인부담금이 면제되며, 의료급여 수급권자, 천재지변 등으로 보건복지부 장관이 인정하는 자는 7.5%의 본인부담금을 부담하여야 한다.

2) 노인돌봄종합서비스의 이해

노인돌봄종합서비스는 노인장기요양보험제도와 함께 노인의 건강권을 보호하기 위한 대표적인 돌봄서비스(care service)의 한 유형이다. 노인장기요양보험제도의 방문요양서비스는 장기요양보험에 가입하거나 가입자의 피부양자인 중증 노인 환자가 일정액의 본인부담금을 납부하고 이용하는 제도인 반면 노인돌봄종합서비스는 경증 노인 환자가 국가의 지원액과 일정액의 본인부담금을 납부하여 이용한다는 차이점이 있다. 노인돌봄종합서비스는 2007년 5월에 '노인돌보미바우처' 라는 이름으로 시작된 사회서비스로서, "혼자 힘으로 일상생활을 영위하기 어려운 노인에게 가사 및 활동지원 또는 주간보호서비스를 제공하여 안정된 노후생활 보장 및 가족의 사회경제적 활동기반 조성하는 데 목적을 둔 사회서비스" 이다(보건복지부, 2012a).

노인돌봄종합서비스를 이용하기 위해서는 연령, 소득, 건강상태라는 세 가지 조건을 모두 충족하여야 한다. 첫째, 연령은 만 65세 이상이어야 한다. 둘째, 소득기준은 '가구소득이 전국 가구 평균 소득의 150% 이하' 이어야 한다. 셋째, 건강상태는 노인장기요양보험제도의 장기요양 등급판정에서 등급 외 A 또는 B 등급을 받은 자여야 한다. 그리고 의료기관에 입원 중인 노인, 사회복지시설 입소노인, 자활근로에 의한 간병서비스, 독거노인돌봄기본서비스, 방문요양서비스, 노인장기요양보험, 국가보훈처의 복지도우미, 기타 사회서비스 일자리사업의 가사간병서비스 등에 준하는 재가서비스를 이용하는 노인은 노인돌봄종합서비스를 이용할 수 없다. 그리고 노인과 같이 살고 있는 가구원 중에서 노인돌봄종합서비스, 가사간병서비스, 노인장기요양보험의 방문요양서비스를 이용하는 자가 있다면 이 가정의 노인은 노인돌봄종합서비스를 이용할 수 없다.

노인돌봄종합서비스를 이용하기 위해서는 노인장기요양보험제도의 장기요양 등급판정을 받은 후 서비스 이용 신청을 하여야 한다. 서비스 신청은 ① 서비스가 필요한 본인, 가족 또는 그 밖의 관계자가 직접 신청하거나, ② 사회복지담당공무원이 직권으로 신청이 가능하다. 노인돌봄종합서비스는 시 · 군 · 구의 예산범위 내에서만 서비스를 제공하므로, 시 · 군 · 구청장은 대상자를 선정하여 신청일로부터 20일 이내에 그 결과를 서면 또는 문자메시지, 전자우편(e-mail)을 이용하여 통지하여야 한다. 시 · 군 · 구에서 서비스 수요에 비해 예산이 부족한 경우에는 노인이 연령, 소득, 건강상태의 기준을 충족하더라도 이용하지 못하는 경우가 발생할 수 있다.

노인이 서비스 대상자로 선정되었다는 통지를 받는 동시에 시 · 군 · 구에서는 한국보건복지정보개발원(www.khwis.or.kr)에 서비스 대상자 선정결과를 동시에 전송한다. 한국보건복지정보개발원에서 전담 금융기관(국민은행)에 '바우처 카드' 발급 대상자 자료를 송부하면 금융기관에서 서비스 대상자인 노인에게 카드를 발급하여 송부한다. 카드를 발급받은 서비스 대상자가 금융기관의 지정계좌에 본인이 부담해야 할 본인부담금을 입금하면, 서비스를 이용할 수 있는 바우처(voucher, 이용권)가 지급된다. 그런 다음 서비스 대상자가 시 · 군 · 구의 노인돌봄서비스 제공기관에 연락하여 서비스 이용 신청을 하면, 서비스 제공기관의 담당자가 노인가구를 직접 방문하여 서비스 제공(이용) 계획서를 작성하고, 서비스 계약이 체결되면 서비스를 이용할 수 있게 된다.

노인돌봄종합서비스의 서비스 내용은 ① 신변 · 활동지원서비스, ② 가사 · 일상생활지원서비스, ③ 주간보호서비스의 세 가지로 구성된다. 첫째, 신변 · 활동지원서비스에는 식사도움, 세면도움, 체위변경, 옷 갈아입히기, 구강관리, 신체기능의 유지, 화장실 이용 도움, 외출동행, 목욕보조 등이 포함되며, 목욕보조서비스는 보호사가 입회하는 경우에만 가능하다. 둘째, 가사 · 일상생활지원서비스에는 취사, 생활필수품 구매, 청소, 세탁 등이 포함되며, 의료인이 행하는 의료 · 조산 · 간호 등의 의료서비스는 제공되지 않는다. 셋째, 주간보호서비스에는 기능회복(물리치료, 작업치료, 언어치료 등), 여가생활서비스, 급식 및 목욕, 노인 가족에 대한 교육과 상담, 송영서비스가 포함된다. 이때 방문서비스인 신변 · 활동지원서비스와 가사 · 일상생활지원서비스의 경우에는 서비스 대상 노인의 활동지원과 일상생활지원에 한정하며, 신변 · 활동 지원서비스 없이 가사 · 일상생활 지원 서비스만 이용할 수는 없다. 그리고 노인돌봄종합서비스는 재가서비스가 원칙으로 대상자가 의료기관에 입원 시 간병서비스는 제공되지 않으며, 병원 입원기간에는 노인돌봄종합서비스가 중지된다.

2012년 현재 노인돌봄종합서비스의 기준단가는 방문서비스의 경우 시간당 9200원으로, 주간보호서비스의 경우 1일 9시간을 기준으로 2만 7600원이며, 서비스 대상자 특성과 서비스 종류에 상관없이 동일한 기준단가를 적용한다. 방문서비스의 서비스 기준 단가를 적용하는 서비스 제공시간은 노인돌보미가 서비스 대상자의 가정에 도착하여 필요한 서비스를 제공하기 위해 준비하고, 서비스를 제공한 후 마무리하기까지 소요된 총 시간을 말한다. 서비스 대상자는 서비스 이용 시간을 기준으로 월 27시간형과 월 36시간형 두 가지 중에서 하나를 선택하여 노인돌봄종합서비스를 이용할 수 있다.

서비스 대상자가 서비스 유형을 선택하게 되면, 서비스 시간과 대상자의 소득수준에 따라 국고와 지방비로 서비스를 이용할 수 있는 바우처가 지원된다. 이때 바우처란 '상품을 구매할 수 있는 증서'로서, 노인을 지원하는 것이지만 노인에게 직접 지급하여 서비스 비용을 지불하게 하는 것이 아닌 노인이 이용한 서비스 비용만큼 한국보건복지정보개발원에서 서비스 제공기관에 그 비용을 대신하여 지급하는 것이다. 노인이 노인돌봄종합서비스를 이용하기 위해서는 국고와 지방비로 지원하는 바우처 지원액에 더하여 매월 일정액의 본인부담금을 선납하여야만 한다. 이때 바우처 지원액과 본인부담금은 서비스 이용시간과 노인의 소득수준에 따라 달라진다.

서비스 제공자와 서비스 이용자인 노인이 자율 계약을 통해 서비스를 이용하지만, 서비스 제공자는 노인의 상태 등을 고려하여 '사회복지서비스 제공(이용)계획서'와 '서비스 일정표'에 명기된 바에 따라 서비스를 제공하여야 한다. 그리고 서비스 비용을 결제하기 위해서 노인돌보미는 서비스 시작 시점과 종료 시점에 휴대용단말기(또는 휴대전화)를 통해 바우처 카드로 서비스 이용료를 결제해야 한다. 비용 결제한 영수증에는 등급, 바우처 이용 잔여시간, 바우처 사용시간이 표기되며, 출력된 영수증에 이용자의 서명을 받고 각각 1부씩 영수증을 보관하여야 한다. 서비스 비용 결제에 사용되는 바우처 카드는 타인에게 절대 양도하거나 매매할 수 없으며, 서비스 제공기관과 담합하여 부당하게 바우처를 사용해서도 안 된다. 또한 서비스 제공인력이나 기관이 바우처 카드를 보관하고 바우처를 사용하거나 거짓 등 부정한 방법이나 고의로 실제 제공한 서비스의 대가 이상으로 서비스 제공 비용을 청구하거나 서비스를 제공하지 않으면서 바우처를 결제해서는 안 된다. 만약 바우처 카드를 부당하게 이용하는 것이 확인되면 서비스 대상자는 자격이 취소되고 부당이득은 환수당하고, 이용 노인과 기관 등은 주의, 경고, 사업참여 제한(최장 2년), 지정취소 등을 당하게 된다.

노인의 가정을 방문하여 직접서비스를 제공하는 인력은 '노인돌보미'라고 부르며, 이들은 노인 요양보호사 양성교육을 이수한 요양보호사여야 한다. 다만 도서와 벽지 지역의 경우에는 요양보호사 자격을 갖춘 노인돌보미가 없거나 부족한 경우 이웃 주민을 노인돌보미로 인정할 수도 있다. 그러나 노인돌봄종합서비스를 받는 노인, 사회복지시설의 장이나 상시 근무자, 노인돌봄종합서비스 제공기관의 장이나 상시 근무자, 노동부 지원 사회적 일자리 사업 등 기타 이에 준하는 사회적 일자리 참여자 중 주 30시간 이상 전일제 근무자는 노인돌보미가 될 수 없다. 그리고 노인돌보미는 자신의 가족에게 서비스를 제공할 수 없으며, 매년 상·하반기 각 2시간씩 연 4시간의 보수교육을 이수하고, 서비스 제공기관과 채용계약을 체결하여야만 노인돌보미로 활동할 수 있다.

3) 독거노인돌봄기본서비스의 이해

독거노인돌봄기본서비스는 앞서 언급한 노인장기요양보험제도, 노인돌봄종합서비스와 함께 우리나라의 노인돌봄서비스의 한 유형이다. 노인장기요양보험제도의 방문요양서비스나 노인돌봄종합서비스는 중증 또는 경증 노인환자를 위한 사회보험료 또는 국가 일부 보조와 본인부담금을 납부하는 돌봄서비스이다. 이에 반해 독거노인돌봄기본서비스는 질병이나 소득수준에 관계없이 혼자 사는 독거노인을 위한 돌봄서비스이며, 서비스 비용은 전액 국가가 부담하며 본인부담금은 없다.

독거노인돌봄기본서비스는 2007년 6월 '독거노인 생활지도사 파견사업'이라는 명칭으로 시행되었으며, "독거노인에게 욕구에 따라 안전확인, 생활교육, 서비스 연계 등 맞춤형 복지서비스를 제공하여 독거노인에 대한 종합적인 사회안전망을 구축하는 데 목적을 둔 사회서비스"이다(보건복지부, 2012a). 이러한 독거노인돌봄기본서비스의 세부 사업목표는 ① 독거노인에 대한 생활실태 및 복지욕구 파악, ② 독거노인의 안전확인 및 생활교육 실시, ③ 독거노인 지원을 위한 보건·복지서비스 연계체계 구축을 통한 효율적 서비스 제공이다.

독거노인돌봄기본서비스의 서비스 대상은 소득수준, 부양의무자 유무, 주민등록상 동거자 유무에 상관없이 실제 혼자 살고 있는 65세 이상 노인으로 ① 일상적 위험에 매우 취약하여 정기적인 안전확인이 필요하거나, ② 소득, 건강, 주거, 사회접촉 등의 수준이 열악하여 노인관련 보건복지서비스 지원이 필요하거나, ③ 안전확인이 필요한 대상은 아니지만 정기적인 생활상황 점검 및 사회접촉 기회 제공이 필요한 독거노인이다. 독거노인돌봄기본서비스에서는 '현황조사'와 '서비스 대상자 선정'

이라는 2개 절차를 거쳐 최종 서비스 대상을 선정한다. 서비스 대상에 포함할 독거노인을 선정하기 위하여 1차 판정에서는 주택 위치, 지난주 결식 횟수, 도움이 필요한 일상동작 수, 사회관계(가족, 친구, 이웃)를 고려한다. 이때 주택 위치가 이웃과 동떨어져 있으며, 결식빈도가 많고 일상생활의 도움이 필요하며, 사회관계가 단절되어 있는 경우에는 '우선사업대상자'로 선정하며, 나머지는 일반사업 대상자로 선정한다. 2차 판정과정에서는 우선사업 대상자와 일반사업 대상자 중에서 유사한 다른 서비스를 이용하는 대상자를 제외하고 최종 서비스 대상자를 선정한다.

독거노인돌봄기본서비스의 서비스 대상자로 선정되었다고 하여 모두 서비스를 이용할 수 있는 것은 아니며, 서비스 신청서를 작성하여 제출하여야 서비스를 이용할 수 있다. 서비스 신청서를 받은 사업수행기관에서는 독거노인돌봄기본서비스시스템(www.ucare.go.kr)에 서비스 대상자 정보를 등록하여 시 · 군 · 구에 승인을 요청하고, 시 · 군 · 구의 승인이 이루어지면 최종으로 서비스 대상자로 결정된다.

독거노인돌봄기본서비스의 주된 서비스 내용은 ① 안전확인, ②생활교육, ③ 서비스 연계의 세 가지이다. 독거노인에게 실질적인 서비스를 제공하기 이전에 서비스 관리자는 독거노인의 현황 조사 결과를 토대로 독거노인의 욕구에 따라 정기적인 안전확인, 필요 서비스 연계, 생활교육 등 개별 서비스 제공계획을 수립하여, 그 내용을 담당 노인돌보미에게 통보하고 상세히 설명함으로써 계획에 따른 서비스가 이루어질 수 있도록 한다.

모든 서비스는 무료로 제공되므로, 노인돌봄종합서비스나 방문요양서비스처럼 독거노인이 부담해야 하는 비용은 없다. 그러므로 서비스 비용 결제를 위해 서비스 이용시간이나 서비스 내용 확인 등과 관련된 별도의 이용절차도 없다.

독거노인돌봄기본서비스에서 제공하는 서비스를 공급하는 인력은 노인돌보미와 서비스관리자이다. 노인돌보미는 기초자치단체의 사업의지와 독거노인 인구비율을 감안하여 시 · 군 · 구별로 배정하되, 시도에서 노인돌보미 인원을 조정하여 배정한다. 노인돌보미의 자격조건은 노인돌보미로서 활동이 가능한 신체 건강한 자로 하되, 기초자치단체나 사업수행기관에서 요양보호사, 복지 관련 교육 이수자 등의 별도 기준을 추가할 수 있다. 서비스관리자는 사회복지사 자격을 갖춘 자 중에서 선발한다.

2. 노인복지서비스 분야의 인권 기반

1) 방문요양서비스의 인권 기반

노인장기요양보험제도는 노인 특히 중증 질환을 앓고 있는 노인의 건강권(right to health)을 보장하기 위한 제도이다. 건강권은 보건의료서비스를 받을 수 있는 권리에 국한된 것이 아니며, 노인이 건강한 삶을 영위할 수 있는 환경을 증진하는 광범위한 사회경제적 요인을 포괄하고 기저의 결정요인까지 포함하는 개념이다. 세계보건기구에서는 광의의 건강 개념을 적용하여 건강권을 '건강해질 권리(the right to be healthy)' 만이 아닌, 모든 사람이 쉽게 접근하여 질 높은 서비스를 이용할 수 있는 건강돌봄서비스 정책과 실행계획을 만들고 실천해야 한다는 의미까지 포함하는 것으로 본다(WHO, 2002). 즉, 건강권은 질병의 시의적절한 치료뿐 아니라 안전한 식수, 적절한 위생, 안전한 식품 공급, 영양과 주거, 적절한 직업적 환경과 건강 관련 교육과 정보에 대한 접근권 등을 포함하는 포괄적 권리이다. 그리고 건강이 단순히 질병이나 허약성이 없는 상태가 아니라 심리적, 사회적 안녕 상태까지를 포함하기 때문에, 주거, 노동, 사회보장, 사회참여, 평등, 차별적 처우의 금지, 사생활 보호, 정보접근권 등의 다양한 인권 항목과 밀접하게 연관되어 있다.

국제인권협약에 나타난 건강권과 관련된 조항을 살펴보면 다음과 같다

(국가인권위원회, 2007a). 먼저 세계인권선언문(1948년) 제3조에서는 "모든 사람은 생명과 신체의 자유와 안전에 대한 권리를 가진다."라고 규정하고 있으며, 제25조에서는 "모든 사람은 의식주, 의료 및 필요한 사회복지를 포함하여 자신과 가족의 건강과 안녕에 적합한 생활수준을 누릴 권리와 실업, 질병, 장애, 배우자 사망, 노령 또는 불가항력의 상황으로 인한 생계결핍의 경우에 보장받을 권리를 가진다."라고 규정하여 자유권, 사회보장권과 건강권이 밀접한 관련성을 지니고 있음을 보여 주고 있다.

경제적 · 사회적 · 문화적 권리에 관한 국제협약(1976년)의 제12조에서는 "모든 사람이 도달 가능한 최고 수준의 신체적 · 정신적 건강을 향유할 권리를 가지는 것을 인정한다."라고 규정하고, 국가는 이러한 권리를 보호하고 실현하기 위해서 질병의 예방, 치료, 통제를 위한 철저한 조치를 강구하고, 질병 발생 시에는 모든 사람에게 의료적 치료와 간호를 받을 수 있는 여건을 마련해 주어야 한다고 적시하고 있다.

이상에서 살펴본 바와 같이 건강권은 질병의 치료와 간호뿐 아니라 적절한 식품 공급과 영양, 안전한 식수와 적절한 위생 공급, 주거, 적절한 직업적 환경과 건강 관련 교육과 정보에 대한 접근권 등을 포괄하는 광의의 개념이다. 그러나 노인장기요양보험제도의 방문요양서비스는 건강권 중에서 세부적 권리인 '요양보호권'과 직접적으로 관련되어 있다. 그리고 방문요양서비스는 신체활동 지원, 가사활동 지원, 개인활동 지원, 정서지원서비스를 포괄하므로, 질병으로 인해 제한된 일상생활동작능력의 보완 · 유지 · 회복, 적절한 위생관리, 청결한 주거환경, 사회활동 참여 지원, 정서적 안정과 관련된 서비스를 받을 권리를 포함한다. 즉, 방문요양서비스는 노인의 건강권 중에서 요양보호권과 직접적으로 연결되어 있다.

따라서 국가와 장기요양기관은 ① 지역 내에 충분한 방문요양서비스 기관을 확충하여 노인이 이용하고 싶을 때 쉽게 이용할 수 있도록 하며, ② 장기요양등급 1~3등급에 속하는 모든 노인은 기관이나 서비스에 대한 정보 부족, 경제적 부담으로 인해 차별받는 일 없이 접근할 수 있도록 도와야 하며, ③ 노인의 욕구와 문제, 기능상태에 적합한 서비스를 계획하여 제공하며, ④ 높은 품질의 서비스를 받을 수 있도록 하며, ⑤ 부적절한 서비스에 대해서는 손해배상 등의 방법으로 피해를 구제받을 수 있는 권리를 철저히 보장해야 한다. 그리고 노인복지 옴부즈맨 역시 방문요양서비스 이용노인의 건강권을 보호하기 위해서 방문요양서비스의 이용 가능성, 접근성, 욕구 수용성, 서비스의 품질, 법 절차적 권리가 어느 정도 보장되고 있는지를 확인하고, 이러한 기준을 충족하지 못하는 노인권익 침해 사례를 발견하면 조사하여 해결책을 모색하고, 권익보호를 위한 권고활동을 전개해야 한다.

2) 노인돌봄종합서비스의 인권 기반

노인돌봄종합서비스 분야의 노인권익의 개념은 앞서 기술한 노인장기요양보험제도의 방문요양서비스 분야의 권익 개념과 유사하다. 즉, 노인돌봄종합서비스는 방문요양서비스와 마찬가지로 노인의 건강권을 보장하기 위한 서비스이다. 노인돌봄종합서비스는 건강권 중에서도 요양보호권과 직접적으로 관련되어 있다. 그리고 노인돌봄종합서비스에서는 주간보호서비스와 방문서비스로 신변·활동지원서비스와 가사·일상생활지원서비스를 제공하므로, 질병으로 인해 제한된 일상생활동작능력의 보완·유지·회복, 적절한 위생관리, 청결한 주거환경, 사회활동 참여 지원과 관련된 서비스를 받을 권리를 포함한다.

이러한 노인돌봄종합서비스 이용노인의 요양보호권과 관련하여 보건복지부(2012a)의 노인돌봄서비스 사업안내에서 '노인돌봄서비스 상호협력 동의서'에 서비스 이용자와 서비스 제공자인 노인돌보미의 권리와 의무를 〈글상자 7-1〉과 같이 규정하고 있다.

글상자 7-1 노인돌봄종합서비스 이용자와 제공자의 권리와 의무

1. 이용자의 권리와 의무

(1) 이용자는 노인돌봄서비스를 이용함에 있어서 본인의 권리를 이해하고 행사하여야 합니다.

- 이용자는 제공기관과 노인돌보미를 선택할 수 있습니다.
- 이용자는 제공기관과의 협의하에 작성한 노인돌봄서비스 제공계획서의 범위 안에서 서비스의 구체적인 내용을 요청할 수 있습니다.
- 이용자는 노인돌봄서비스를 이용함에 있어 본인의 인권을 침해당하지 않고 보호받을 권리가 있습니다.

(2) 이용자는 노인돌봄서비스를 이용함에 있어서 본인의 의무를 준수해야 합니다.

- 노인돌봄서비스는 지원 대상자 본인에 대한 서비스에 한정하며, 별도의 계약 없이 지원 대상자가 아닌 가족의 빨래, 대청소 등의 서비스는 제공하지 않습니다.
- 이용자는 서면 또는 구두로 협의되지 않은 서비스를 노인돌보미에게 요구해서는 안 됩니다.
- 이용자는 노인돌보미의 인격을 최대한 존중하고, 상대방의 신뢰관계를 저해할 수 있는 언행이나 불필요한 신체접촉은 삼가야 하고, 이로 인한 위법한 행위가 있을 시 서비스 중지 및 관련 법률에 의거 민·형사상 처벌을 받을 수 있습니다.
- 이용자의 자격이나 욕구에 영향을 주는 어떠한 변화(이사, 소득, 보험 자격, 서비스 관리능력 등)가 발생하면 빠른 시일 내에 담당자에게 알려 주십시오.

2. 서비스 제공자(노인돌보미)의 권리와 의무

(1) 노인돌보미는 노인돌봄서비스를 제공함에 있어서 본인의 권리를 이해하고 행사하여야 합니다.

- 노인돌봄서비스는 지원 대상자 본인에 대한 서비스에 한정하며, 별도의 계약 없이 지원 대상자가 아닌 가족의 빨래, 대청소 등의 서비스는 제공

하지 않습니다.
- 노인돌보미는 이용자가 서면 또는 구두로 협의되지 않은 서비스를 무리하게 요구하는 경우 이를 거부할 수 있습니다.
- 노인돌보미는 제공기관으로부터 인권 침해를 당하지 않도록 보호받을 권리가 있습니다.

(2) 노인돌보미는 노인돌봄서비스를 제공함에 있어서 본인의 의무를 준수해야 합니다.
- 노인돌보미는 이용자의 선택과 자율적인 판단을 존중하고, 이용자가 직면한 상황과 장애 특성을 최대한 이해하며 상호 협조하에 바람직한 서비스 제공이 이루어지도록 노력하여야 합니다.

자료: 보건복지부(2012a). 노인돌봄서비스 사업안내.

3) 독거노인돌봄기본서비스의 인권 기반

노인장기요양보험제도의 방문요양서비스와 노인돌봄종합서비스가 노인의 건강권을 보장하는 데 집중하는 서비스인 반면에 독거노인돌봄기본서비스는 독거노인의 인권 영역 전반에 걸쳐 인권보장을 하기 위한 서비스이다. 그러므로 독거노인돌봄기본서비스가 방문요양서비스나 노인돌봄종합서비스에 비해 관련된 인권 영역이 훨씬 넓다.

독거노인돌봄기본서비스가 독거노인이 갖는 인권 영역 전반을 보호하기 위한 사회서비스이지만, 가장 중점을 두고 보호하고자 하는 인권 영역은 바로 사회권 중에서 소통권과 가족유지권이다. 즉, 독거노인이 가족, 이웃, 친구와 활발한 사회 교류를 할 수 있도록 돕고, 개인적 또는 가족적인 불가피한 상황으로 가족과 별거하더라도 가족에게 부양받을 권리를 보호하기 위해 노력하며, 이러한 권리가 보호받지 못하는 경우에 노인돌보미가 사회관계망과의 교류를 촉진하고 최소한의 생활안전만이라도 보호하고자 한다.

소통권과 가족유지권 이외에 독거노인돌봄기본서비스가 보호하고자 하는 독거노인의 인권 영역은 차별과 학대받지 않을 권리, 경제권, 주거환경보장권, 건강권, 평생교육권, 사회참여권이다. 먼저 차별과 학대받지 않을 권리를 보호하기 위하여 노인돌보미는 독거노인과 가족의 교류를 촉진하고 성인자녀 등의 가족에게 독거노인의 생활에 필요한 자금이나 물품을 지원하도록 권유함으로써 독거노인의 방임과 자기방임을 예방하고자 한다. 둘째, 노인돌보미는 지역사회의 공공 및 민간 자원과 서비스를 개발, 동원하여 독거노인에게 연계함으로써 독거노인의 부족한 소득, 불량한 주거환경, 질병 치료와 간호서비스 이용 기회 등을 개선하여 독거노인의 경제권, 주거환경보장권, 건강권 등을 보호하고자 한다. 셋째, 노인돌보미는 독거노인이 생활함에 있어서 알아야 할 정보나 건강관리 등에 필요한 생활교육을 제공함으로써 독거노인의 제한된 평생교육 기회를 확대하고, 경로당, 노인복지관 등 노인보건복지 기관의 서비스를 이용하고 주류사회에의 합류를 지원함으로써 독거노인의 평생교육권과 사회참여권을 보호하고자 한다.

이와 같이 독거노인돌봄기본서비스에서는 독거노인의 인권과 이익을 보장하기 위한 다양한 서비스를 제공하고 있지만, 서비스 과정에서 발생할 수 있는 권익침해를 사전 예방하거나 사후 조치할 수 있는 권익보호장치는 시 · 군 · 구와 사업수행기관의 자체적 점검활동 이외에는 없으며, 노인돌보미의 윤리의식만을 강조하고 있는 실정이다.

3. 노인복지서비스 분야 옴부즈맨 활동의 실제

1) 노인복지서비스 이용상의 고충 조사

노인복지서비스 분야 옴부즈맨은 방문요양서비스, 노인돌봄종합서비스, 독거노인돌봄기본서비스 이용노인 중에서 부당 · 불법서비스를 받은 노인이나, 서비스 이용과정상의 불만을 호소하는 노인 등, 즉 고충 사례를 발견하면 이들 노인을 대상으로 상세한 고충 조사를 실시하여야 한다.

(1) 고충 조사표

방문요양서비스, 노인돌봄종합서비스, 독거노인돌봄기본서비스의 법적 및 인권 기반이 각기 다르기 때문에, 각각의 서비스별로 고충 조사를 달리해야 한다. 이러한 노인복지서비스 분야의 고충 조사표를 예시하면 〈표 7-1〉과 같다.

표 7-1 노인복지서비스 이용노인 고충 조사표(예시)

서비스 이용 노인 정보					
이름		성별	( ) 남 ( ) 여	연령	만 세
거주지	시(도) 구(시) 동 번지				
연락처	자택	☏	휴대전화	☏	
경제상태	( ) 기초수급자 ( ) 의료수급자 ( ) 일반노인				
판정등급	( ) 1급 ( ) 2급 ( ) 3급 ( ) 등급외A ( ) 등급외B ( ) 판정 안 받음				
서비스 제공기관 정보					
기관명		대표자		연락처	
주소	시(도) 구(시) 동 번지				
요양보호사/노인돌보미	이름		연락처		
서비스 이용 정보					
이용서비스	( ) 방문요양서비스 ( ) 노인돌봄종합서비스 ( ) 독거노인돌봄기본서비스				
서비스 이용기간	20 년 월 일 ~ 20 년 월 일				
이용하는 서비스					
서비스 이용횟수와 시간	주 회 시간/ 월 시간				

서비스 이용 확인 및 고충 사항			
방문요양서비스	1	장기요양 등급판정을 받기 전에 지금의 방문요양기관의 서비스를 제공받은 적이 있습니까?	( ) 있다 ( ) 없다
	2	장기요양 등급판정을 받을 때 조사원이 물으면 높은 등급을 받기 위해 어떻게 대답하라고 방문요양기관에서 가르쳐 준 적이 있습니까?	( ) 있다 ( ) 없다
	3	계약 전이나 계약 시에 방문요양기관이 주는 선물이나 사은품 또는 현금을 받은 적이 있습니까?	( ) 있다 ( ) 없다
	4	방문요양기관에서 계약 전에 어르신이 원하는 서비스를 확인하고 이를 계약서에 기입한 후 계약 내용을 설명해 주고, 계약서 사본을 제공했습니까?	( ) 예 ( ) 아니요
	5	요양보호사에게 계약서에 명시된 서비스를 충분하게 제공받습니까?	( ) 예 ( ) 아니요
	6	요양보호사가 계약서상의 회당 방문시간을 잘 지킵니까?	( )예 ( )아니요
	7	요양보호사가 자신이 할 일을 다 했다며 시간을 다 채우지도 않고 가 버린 적이 있습니까?	( ) 있다 ( ) 없다
	8	계약서상의 서비스 이용 시간이 너무 많아 요양보호사가 특별히 하는 일 없이 놀거나 쉬다가 가는 경우가 있습니까?	( ) 있다 ( ) 없다
	9	서비스 제공 중에 요양보호사가 힘든 일이나 특정한 서비스를 거부한 적이 있습니까?	( ) 있다 ( ) 없다
	10	서비스 제공 중에 요양보호사가 말이나 행동으로 불평이나 불만을 제기하거나 반말이나 명령조로 지시한 적이 있습니까?	( ) 있다 ( ) 없다
	11	서비스 제공 중에 요양보호사가 욕설이나 수치심을 느끼게 하는 심한 말을 하는 등의 학대행위를 한 적이 있습니까?	( ) 있다 ( ) 없다
	12	늘 방문하던 요양보호사가 사정이 있어 못 오게 되었을 때 미리 기관이나 요양보호사가 방문하지 못하는 사유를 설명하고, 대신해서 방문할 요양보호사의 이름과 전화번호를 알려 줍니까?	( ) 예 ( ) 아니요
	13	매번 서비스를 제공하고 나서 요양보호사가 서비스를 제공한 기록지(장기요양급여 제공기록지)에 서비스 내용을 기록하여 어르신에게 확인을 받습니까?	( ) 예 ( ) 아니요
	14	매달 서비스 제공 내용을 기록한 서류(장기요양급여 제공 기록지)를 보여 주고 확인을 받아 갑니까?	( ) 예 ( ) 아니요
	15	서비스 제공 내용을 기록한 서류(장기요양급여 제공 기록지)를 확인한 결과, 요양보호사가 오지도 않은 날 왔다고 기록되어 있거나, 서비스 시간을 실제 한 것보다 많이 기록한 경우가 있습니까?	( ) 있다 ( ) 없다
	16	본인부담금 경감 대상자가 아닌데, 본인부담금을 받지 않거나, 깎아 주거나, 기관이나 요양보호사가 대신 내준 경우가 있습니까?	( ) 있다 ( ) 없다

서비스 이용 확인 및 고충 사항			
독거노인돌봄종합서비스	1	장기요양 등급판정을 받기 전에 서비스 제공기관의 서비스를 제공받은 적이 있습니까?	( ) 있다 ( ) 없다
	2	계약 전이나 계약 시에 서비스 제공기관이 주는 선물이나 사은품 또는 현금을 받은 적이 있습니까?	( ) 있다 ( ) 없다
	3	서비스 제공기관에서 계약 전에 어르신이 원하는 서비스를 확인하고 이를 계약서에 기입한 후 계약 내용을 설명해 주고, 계약서 사본을 제공했습니까?	( ) 예 ( ) 아니요
	4	계약 과정에서 필요한 서비스 시간보다 더 많은 시간을 이용하라는 권유를 받고, 필요 시간보다 많은 시간을 이용하기로 계약했습니까?	( ) 예 ( ) 아니요
	5	노인돌보미에게 서비스 제공계획서와 서비스 일정표에 따라 서비스를 충분하게 제공받습니까?	( ) 예 ( ) 아니요
	6	서비스 제공 중에 노인돌보미가 힘든 일이나 특정한 서비스를 거부한 적이 있습니까?	( ) 예 ( ) 아니요
	7	서비스 제공 중에 노인돌보미가 말이나 행동으로 불평불만을 제기하거나, 욕설을 하는 등 학대행위를 한 적이 있습니까?	( ) 있다 ( ) 없다
	8	노인돌보미가 마음에 안 들어 바꿔 달라고 했는데도 상담하러 오지도 않고 노인돌보미를 바꿔 주지 않은 경우가 있습니까?	( ) 있다 ( ) 없다
	9	노인돌보미가 서비스를 시작하기 전에 그리고 서비스를 마친 후에 두 번 모두 카드나 휴대전화로 결제를 합니까?	( ) 예 ( ) 아니요
	10	노인돌보미가 집에 와서 특별히 하는 일 없이 놀다가 시간만 채우고 가면서, 서비스를 한 것처럼 결제를 한 적이 있습니까?	( ) 있다 ( ) 없다
	11	어르신의 바우처 카드를 노인돌보미가 가지고 다니며, 결제를 한 적이 있습니까?	( ) 있다 ( ) 없다
	12	어르신이 서비스를 받지 않았는데도 결제를 하거나, 실제 서비스 받은 시간보다 많은 시간을 결제한 경우가 있습니까?	( ) 있다 ( ) 없다
	13	병원에 입원 중이었는데, 서비스를 이용한 것처럼 결제를 한 적이 있습니까?	( ) 있다 ( ) 없다
	14	노인돌보미는 매번 카드로 결제한 후 영수증을 보여 주고, 서비스 이용시간과 남은 시간에 대해 설명해 줍니까?	( ) 예 ( ) 아니요
	15	월 27시간 이용하는 기초수급자가 아닌데 본인부담금을 받지 않거나, 본인부담금의 일부를 기관이나 노인돌보미가 대신 납부해 줘서 서비스를 이용한 적이 있습니까?	( ) 예 ( ) 아니요
	16	노인돌봄종합서비스를 이용하는 것처럼 해 주고, 그 대가로 돈이나 물품을 받으신 적이 있습니까?	( ) 예 ( ) 아니요
	17	어르신이 주간보호서비스를 이용하려 했지만, 기관에서 합당하지 않은 이유로 이를 거부한 적이 있습니까?	( ) 예 ( ) 아니요

서비스 이용 확인 및 고충 사항			
노인돌봄기본서비스	1	노인돌보미가 내가 사는 형편을 알아보기 위한 현황조사를 나온 적이 없거나, 조사를 왔지만 대충 물어보고 간 적이 있습니까?	( ) 있다 ( ) 없다
	2	서비스를 받을 수 있는 대상으로 선정된 후 '노인돌봄기본서비스 신청서'를 제출하지 않았는데, 서비스를 받고 계십니까?	( ) 예 ( ) 아니요
	3	노인돌보미가 무슨 서비스를 해 줄 것인지에 대해 상세하게 설명해 주거나 알려 준 적이 있습니까?	( ) 예 ( ) 아니요
	4	1주일에 1회 이상 노인돌보미가 집을 방문하여 말동무도 해 주고, 생활하는데 필요한 서비스를 제공해 주고 있습니까?	( ) 예 ( ) 아니요
	5	1주일에 2회 이상 노인돌보미가 전화를 걸어 안부를 확인하고 있습니까?	( ) 예 ( ) 아니요
	6	위급한 일이 생겨 노인돌보미에게 전화를 해도 통화가 되지 않응 경우가 있습니까?	( ) 있다 ( ) 없다
	7	한 달에 2회 정도 다른 독거노인과 함께 모여서 교육을 받고 계십니까?	( ) 예 ( ) 아니요
	8	노인돌보미가 방문하겠다고 하고, 특별한 이유도 설명하지 않고 오지 않은 경우가 있습니까?	( ) 있다 ( ) 없다
	9	노인돌보미가 집에 와서 말이나 행동으로 불평과 불만을 제기하거나, 욕설을 하는 등 학대행위를 한 적이 있습니까?	( ) 있다 ( ) 없다
	10	서비스를 이용하면서 노인돌보미의 말이나 태도로 인해 무시당하거나 기분이 상한 적이 있습니까?	( ) 있다 ( ) 없다
	11	노인돌보미가 집에 와서 특별히 하는 일 없이 놀다가 시간만 채우고 가는 경우가 있습니까?	( ) 있다 ( ) 없다
	12	늘상 오던 노인돌보미를 아무런 설명도 해 주지 않고 바꾸거나, 방문할 때마다 다른 노인돌보미가 오는 경우가 있습니까?	( ) 있다 ( ) 없다
	13	노인돌보미가 마음에 안 들어 바꿔 달라고 했는데도 기관에서 상담하러 오지도 않고, 노인돌보미를 바꿔 주지 않은 경우가 있습니까?	( ) 있다 ( ) 없다
	14	노인돌보미가 후원해 온 물품을 전해 주거나, 생활교육을 해 주고 나서 금품을 요구한 적이 있습니까?	( ) 있다 ( ) 없다
상세 고충 내용			

고충해결	( ) 동의 ( ) 동의 안 함		개인정보 제공	( ) 동의 ( ) 동의 안 함	
조사일시	20 . . .	조사장소		조사자명	(인)

(2) 고충 조사표 작성방법

'노인복지서비스 이용노인 고충 조사표'는 크게 5개 영역으로 구성되어 있는데, 각 영역별 조사항목의 조사방법을 설명하면 다음과 같다. 그러나 조사를 실시하기 전에 반드시 수행해야 할 과업을 적절히 수행해야만 조사과정의 협조를 얻기가 쉽다.

① 자기소개 및 조사협조 요청하기

먼저 노인을 만나면 노인복지 옴부즈맨은 신분증을 보여 주고 자신을 소개한다. 그런 다음에는 조사목적을 상세하게 설명하고 조사에 대한 협조를 요청한다. 즉, 조사가 "노인복지서비스를 이용하는 노인의 권익을 증진하기 위해 노인의 고충이나 불만, 불평, 차별, 인권침해 등의 사례를 수집하여 해결을 돕기 위한 목적"에서 실시된다는 점을 인식시키고, 조사에 대한 협조를 요청한다. 조사항목은 노인의 고충을 발견하여 이의 해결을 지원하는 데 목적이 있으므로, 조사내용은 철저히 비밀이 보장되며 노인이 조사내용과 신상정보의 공개에 동의하지 않으면 절대 공개하지 않는다는 사실을 분명히 인식시킨다. 조사과정에서 옴부즈맨은 심문하듯이 질문하지 않도록 주의하며 온화하고 예의 바른 어조와 자세로 조사에 임한다.

조사는 노인을 대상으로 하는 것이 원칙이나 치매 등으로 인하여 의사소통이 원활하지 않은 경우에는 노인의 보호자를 대상으로 하여 조사를 실시한다. '서비스 이용 확인 및 고충 사항' 영역의 조사가 완료된 후에 고충 사항 중에 어느 하나라도 해당되는 경우에는 그 고충을 상세히 조사하여 그 내용을 '상세 고충 내용'에 상세하게 기입한다. 그리고 노인이나 보호자가 고충의 해결을 원하는지, 해결을 원한다면 개인정보 공개에 동의할 의사가 있지를 확인하고, 해결책 모색과 기관에 대한 권고에 동의하는 경우에는 '개인정보 제공 및 활용에 관한 동의서'를 작성하여 날인을 받는다.

② 서비스 이용노인 정보 조사방법

- 성별: 노인권익위원의 관찰결과를 근거로 해당하는 곳에 ✓를 표시한다.
- 연령: 나이는 만 나이를 질문하여 기입한다.
- 거주지: 현재 노인이 살고 있는 주택의 주소를 상세히 기입한다.
- 연락처: 고충이 발견되었을 때 추가 조사나 해결책 마련, 권고서 작성과정에서 확인할 사항이 있으면 연락이 필요함을 설명한다.
- 경제상태: 노인은 자신이 기초수급자, 차상위 계층인지를 인지하고 있다. 그러나 기초수급자가 아니면서 본인이 차상위 계층인지 아닌지 모르는 경우에는 가구원수별 건강보험료 본인부담액(장기요양보험료를 제외한 금액)의 기준을 참고하여 차상위 계층 여부를 확인하여 해당하는 곳에 ✓를 표시한다.
- 판정등급: 장기요양 등급판정을 받았다면, 노인에게 장기요양등급을 질문하여 해당하는 곳에 ✓를 표시한다. 독거노인돌봄기본서비스의 경우 장기요양등급에 관계없이 이용할 수 있으므로, 이들에 대해서는 장기요양 등급판정 여부를 질문하여 노인장기요양보험제도에 대해 간략히 소개한다.

③ 서비스 제공기관 정보 조사방법

- 기관명, 대표자, 연락처, 주소: 서비스 제공기관은 노인이나 보호자에게 기관에 대한 정보를 상세히 제공해야 할 의무가 있으므로 대다수의 노인이나 보호자는 이를 인지하고 있다. 그러나 모르고 있는 경우에는 기관이 대략 어느 곳에 위치한 기관인지를 확인하고, 국민건강보험공단과 노인장기요양보험제도 홈페이지나 시 · 군 · 구에서 사업수행기관명과 대표자, 연락처 등을 확인하여 기입한다.
- 요양보호사(노인돌보미) 이름과 연락처: 노인이 대부분 인지하고 있으므로 물어서 기입하면 된다. 만약 모르고 있는 경우에는 고충 사항

이 발견되어 해결책이나 권고를 해야 할 필요가 있을 때 해당 서비스 제공기관에 전화하여 확인하여 기입한다.

④ 서비스 이용정보

- 이용서비스: 노인이 이용하는 서비스의 종류를 확인하여 해당하는 곳에 ✓를 표시한다. 이용하는 서비스를 정확히 모르는 경우에는 본인부담금 납부 여부 및 납부방법을 질문하면 이용 서비스의 종류를 쉽게 확인할 수 있다.
- 서비스 이용기간: 노인이 정확히 서비스 이용기간을 모를 경우에는 '방문요양서비스 제공(이용)계약서', '사회복지서비스 제공(이용)계약서', '독거노인돌봄기본서비스 신청서'를 확인하여 계약이 이루어지거나 신청서를 작성하여 제출한 날부터 조사 당일까지를 서비스 이용기간으로 기록한다.
- 이용하는 서비스: 노인이나 보호자에게 어떤 서비스를 이용하는지를 질문하여 기입한다. 노인이 상세히 모르는 경우에는 요양보호사나 노인돌보미가 방문하여 해 주는 일의 내용을 질문하여 서비스의 내용을 기록한다.
- 서비스 이용횟수와 시간: 방문요양서비스와 독거노인돌봄기본서비스를 이용하는 경우에는 1주일에 요양보호사나 노인돌보미가 몇 회 방문하여 몇 시간 정도의 서비스를 하는지 그리고 노인돌봄종합서비스는 한 달에 몇 시간의 서비스를 이용하는지를 질문하여 기입한다.

⑤ 방문요양 서비스 이용 확인 및 고충 사항

노인이 방문요양서비스를 이용하는 과정에서 불편이나 불평, 고충 등을 경험하는지 그리고 방문요양기관이 적법한 절차에 의거하여 질 높은 서비스를 제공하는지를 기본적으로 확인하기 위한 조사 항목으로서, 각 항목의 방문요양 서비스 기준을 설명하면 다음과 같다.

- 사전 서비스 제공 여부: 방문요양서비스는 장기요양 등급 판정 이후에 이용이 가능하므로, 등급판정 이전부터 서비스를 제공하는 것은 부적절한 서비스 제공절차이다. 이 항목에 '있다' 고 응답한 경우 상세 고충 조사를 한다.
- 등급판정 사전교육: 방문요양기관이 등급판정을 위한 사전 교육을 하는 것은 부적절한 개입이다. 이 항목에 '있다' 고 응답한 경우 상세 고충 조사를 한다.
- 수급자 유인행위: 기관이 계약전이나 계약 시 금품을 제공하여 유인하는 것은 불법적 행위이다. 이 항목에 '있다' 고 응답한 경우 상세 고충 조사를 한다.
- 욕구확인 및 계약절차: 계약을 하기 전에 서비스 욕구를 설명해 주고, 계약 내용에 이를 반영하고 상세히 설명해 주며, 계약서 사본 1부를 노인에게 제공하여야 한다. 이 항목에 '아니요' 라고 응답한 경우 상세 고충 조사를 한다.
- 서비스 충분성: 계약서에 명기된 서비스를 충분하게 받았는지를 조사하기 위한 항목이다. 이 항목에 '아니요' 라고 응답한 경우 상세 고충 조사를 한다.
- 회당 방문시간 준수: 노인 가정에 도착하여 서비스를 제공하고 가정을 떠나기까지의 시간이 계약서에 명기된 시간과 일치하는지를 확인하기 위한 항목이다. 이 항목에 '아니요' 라고 응답한 경우 상세 고충 조사를 한다.
- 서비스 시간 준수: 방문하여 요양보호사가 할 일을 다 했다고 하더라도 서비스 계약시간은 엄수해야 하는 사항이다. 이 항목에 '있다' 고 응답한 경우 상세 고충 조사를 한다.
- 계약서상의 서비스 시간 과다 책정: 계약 시 서비스 시간을 과다하게 책정하여 요양보호사가 할 일이 없는데도 그 계약시간을 변경하지 않고 부당하게 서비스를 제공하고 있는지를 확인하기 위한 항목이

다. 이 항목에 '있다'고 응답한 경우 상세 고충 조사를 한다.

- 특정 서비스의 거부: 요양보호사가 힘든 빨래나 청소 등을 거부한 경우가 있는지를 확인하기 위한 항목이다. 이때 노인을 위한 서비스가 아니라 동거가족을 위한 서비스를 노인이 요구한 경우에는 요구 자체가 부당한 요구이므로 이를 요양보호사의 서비스 거부로 표시해서는 안 된다. 이 항목에 '있다'고 응답한 경우 상세 고충 조사를 한다.
- 요양보호사의 불평, 불만: 요양보호사는 서비스 과정에서 노인에게 불평이나 불만을 토로해서는 안 되며, 노인에 대한 예의와 인간봉사 전문직으로서의 자세를 지켜야 한다. 이 항목에 '있다'고 응답한 경우 상세 고충 조사를 한다.
- 요양보호사의 학대행위: 신체적 폭력, 욕설, 수치심을 느끼게 하는 말이나 행동 등의 학대행위를 한 경우가 있는지를 확인하기 위한 항목이다. 이 항목에 '있다' 고 응답한 경우 상세 고충 조사를 한다. '노인학대 분야'의 옴부즈맨에게 사실을 통보하여 노인학대와 관련된 사항에 대한 상세 조사를 의뢰하고, 두 팀이 협력하여 고충을 해결할 수 있도록 지원한다.
- 요양보호사 교체에 대한 통보: 노인에 대한 이해가 있는 요양보호사가 지속적으로 서비스를 제공하는 것이 바람직하다. 그러나 요양보호사나 기관의 특수한 사정으로 인해 요양보호사를 교체할 경우에, 방문요양기관은 교체 사유와 대체 파견하는 요양보호사의 기본 신상정보(이름과 전화번호 등)를 제공할 의무가 있는데, 이를 이행하는지를 확인하기 위한 항목이다. 이 항목에 '아니요' 라고 응답한 경우 상세 고충 조사를 한다.
- 매회 서비스 기록의 확인: 서비스 제공 후 요양보호사는 자신이 서비스를 제공한 내용과 그 시간을 기록하여 노인에게 확인을 받아야 하는데, 이를 이행하는지를 확인하기 위한 항목이다. 이 항목에 '아니요' 라고 응답한 경우 상세 고충 조사를 한다.

- 매월 서비스 제공 기록지 확인: 기관이나 요양보호사는 매회뿐 아니라 매월 서비스 제공 기록, 즉 장기요양급여 제공 기록지를 작성하여 확인을 받아야 하는데 이를 준수하는지를 확인하기 위한 항목이다. 이 항목에 '아니요' 라고 응답한 경우 상세 고충 조사를 한다.
- 허위 또는 부당청구: 매회 또는 매월 서비스 제공 기록(장기요양급여 제공 기록지)을 확인한 결과 하지도 않은 것을 한 것처럼 허위로 청구하거나, 실제 제공한 서비스보다 과도하게 또는 부당하게 청구를 한 적이 있는지를 확인하기 위한 항목이다. 이 항목에 '있다'고 응답한 경우 상세 고충 조사를 한다.
- 본인부담금 할인 및 면제: 기관이나 요양보호사가 더 많은 수급자를 확보하여 수입을 올리기 위해, 국민기초생활 수급자나 의료급여 수급자가 아닌데도 노인이 부담해야 하는 본인부담금을 받지 않거나, 할인해 주거나, 기관이나 요양보호사가 대납해 준 경우가 있는지를 확인하기 위한 항목이다. 이 항목에 '있다' 고 응답한 경우 상세 고충 조사를 한다.

⑥ 노인돌봄종합서비스 이용 확인 및 고충 사항

노인돌봄종합서비스를 이용하는 과정에서 불편이나 불평, 고충 등을 경험하는지 그리고 서비스 제공기관이나 인력이 적법한 절차에 의거하여 질 높은 서비스를 제공하는지를 기본적으로 확인하기 위한 조사 항목으로서, 각 항목의 노인돌봄종합서비스 기준을 설명하면 다음과 같다.

- 사전 서비스 제공 여부: 노인돌봄종합서비스는 장기요양 등급 판정 이후에 이용이 가능하므로, 등급판정 이전부터 서비스를 제공하는 것은 부적절한 서비스 제공절차이다. 이 항목에 '있다'고 응답한 경우 상세 고충 조사를 한다.
- 수급자 유인행위: 기관이 계약전이나 계약 시 금품을 제공하여 유인

하는 것은 불법 행위이다. 이 항목에 '있다'고 응답한 경우 상세 고충 조사를 한다.

- 욕구확인 및 계약절차: 계약을 하기 전에 서비스 욕구를 설명해 주고, 계약 내용에 이를 반영하고 상세히 설명해 주며, 계약서 사본 1부를 노인에게 제공하여야 한다. 이 항목에 '아니요'라고 응답한 경우 상세 고충 조사를 한다.
- 과다 서비스 이용 요구: 노인돌봄종합서비스는 월 27시간 또는 월 36시간이라는 두 가지 유형 중 하나를 선택하여 이용할 수 있으며, 서비스 기준 시간보다 초과하여 이용할 경우 노인이 비용의 전액을 본인부담하여야 한다. 서비스 제공기관에서 노인에게 필요한 서비스 시간보다 더 많은 시간을 이용하도록 요구하는 것은 과다 서비스 이용을 유도한 행위로서 적절치 못한 불법 행위이다. '예'라고 응답한 경우 상세 고충 조사를 한다.
- 서비스 충분성: 서비스 제공계획서와 서비스 일정표에 명기된 서비스를 충분하게 받았는지를 조사하기 위한 항목이다. 이 항목에 '아니요' 라고 응답한 경우 상세 고충 조사를 한다.
- 특정 서비스의 거부: 노인돌보미가 힘든 빨래나 청소 등을 거부한 경우가 있는지를 확인하기 위한 항목이다. 이때 노인을 위한 서비스가 아니라 동거가족을 위한 서비스를 노인이 요구한 경우에는 부당한 요구이므로, 이를 노인돌보미가 서비스를 거부한 것으로 보아서는 안 된다. 그리고 노인의 성추행이나 성희롱이 1차 주의, 2차 경고에도 불구하고 지속되어 3차에 자격정지로 서비스 이용 자격이 자동으로 정지된 경우도 노인의 과실에 의한 것이므로 이를 노인돌보미의 서비스 거부로 표시해서는 안 된다. 이 항목에 '있다' 고 응답한 경우 상세 고충 조사를 한다.
- 노인돌보미의 불평, 불만, 학대행위: 노인돌보미는 서비스 과정에서 노인에게 불평이나 불만을 토로해서는 안 되며, 노인에 대한 예의와

인간봉사전문직으로서의 자세를 지켜야 한다. 그리고 욕설이나 폭력 행사 등의 학대행위를 해서도 안 된다. 이 항목에 '있다'고 응답한 경우 상세 고충 조사를 한다. 상세 고충 조사 결과 학대를 당한 것이 확인되면 노인학대 분야의 옴부즈맨에게 사례를 의뢰하여 상세한 조사와 추후 조치가 이루어질 수 있도록 한다.

- 기관의 노인돌보미 교체 거부: 서비스 이용노인이 노인돌보미의 서비스에 불만족하여 노인돌보미의 교체를 요구하면 서비스 제공기관은 상담을 거쳐 14일 이내에 노인돌보미를 교체하여야 한다. 따라서 이 기간이 지났음에도 상담을 하지 않고, 노인돌보미도 교체하지 않는다면 이는 사업지침을 위반하는 행위이다. 이 항목에 '있다'고 응답한 경우 상세 고충 조사를 한다.
- 서비스 시간의 결제: 노인돌봄종합서비스는 월 사용시간이 계약서에 명기되어 있으므로, 서비스 시간의 결제는 매우 중요하다. 따라서 노인돌보미는 노인의 가정을 방문할 때 1회 그리고 서비스를 끝내고 갈 때 1회 이렇게 모두 2회의 서비스 결제를 바우처 카드나 휴대전화로 해야 한다. 이것이 지켜지지 않을 경우 과다 서비스 시간 결제가 이루어질 수 있다. 이 항목에 '아니요'라고 응답한 경우 상세 고충 조사를 한다.
- 서비스 부실: 노인돌보미는 가정을 방문하여 노인의 상태와 욕구를 확인하고 계약서에 명기된 서비스를 성실히 제공하여야 한다. 따라서 서비스는 제공하지 않고 서비스 시간만 결제하는 것은 부당청구이다. 이 항목에 '있다'고 응답한 경우 상세 고충 조사를 한다
- 바우처 카드 양도 및 허위 청구: 바우처 카드는 누구에게도 양도하거나 매매해서는 안 되며, 반드시 노인이 소지하고 있어야 한다. 따라서 노인돌보미가 노인의 바우처 카드를 갖고 다니는 것은 부당·허위 청구를 위한 목적일 수 있으므로 이 경우는 불법행위이다. 이 항목에 '있다'고 응답한 경우 상세 고충 조사를 한다.

- 서비스 시간 허위 또는 과다 청구: 서비스를 하지 않았는데 결제를 하는 것은 허위청구이며, 서비스 시간보다 많은 시간을 과다하게 결제하는 것은 부당청구이므로 위법이다. 이 항목에 '있다'고 응답한 경우 상세 고충 조사를 한다.
- 의료기관 입원 중 청구: 노인돌봄종합서비스의 방문서비스는 노인의 가정에서 제공해야 하는 서비스이므로 의료기관 등에 입원하였을 때 제공하는 간병서비스는 불법 서비스이다. 이 항목에 '있다'고 응답한 경우 상세 고충 조사를 한다.
- 영수증 발급과 서비스 시간 확인: 매회 서비스 제공 후 결제 시에는 영수증을 발행하고, 서비스 사용시간과 남은 시간을 노인에게 알려 주어야 한다. 이 항목에 '아니요' 라고 응답한 경우 상세 고충 조사를 한다.
- 본인부담금 할인 및 대납: 기초수급자이면서 월 27시간을 이용하는 경우에는 본인부담금이 없지만, 기초수급자가 월 36시간 이용하거나 차상위 계층과 그 이상의 계층이 서비스를 이용하는 경우에는 기준에 따라 본인부담금을 미리 납부하여야 서비스를 이용할 수 있다. 따라서 월 27시간 이용하는 기초수급자가 아닌데도 본인부담금을 받지 않거나, 깎아 주거나, 기관이나 노인돌보미가 대신하여 납부해 주는 것은 불법이다. 이 항목에 '예' 라고 응답한 경우에는 상세 고충 조사를 한다.
- 허위 서비스 이용 대가 보상: 서비스를 이용하지도 않으면서 서비스를 이용하는 것처럼 해 주고, 기관이나 노인돌보미에게 금품을 받는 것은 불법행위이다. 이 항목에 '예' 라고 응답한 경우 상세 고충 조사를 한다.
- 주간보호서비스 제공 거부: 노인돌봄종합서비스 중에서 장기요양등급 1~3등급 또는 등급외 A, B 판정을 받고, 낮 시간 동안에 주간보호서비스를 받고자 주간보호서비스 기관과 상담하였을 때, 서비스

단가가 낮다거나, 이송서비스를 제공해야 하므로 불편하다거나, 노인이 이용하면 추가로 인력을 채용해야 한다는 점 등의 합당하지 않은 이유를 들어 주간보호서비스를 제공하기를 거부하는 것은 서비스 거부행위에 해당하는 불법행위이다. 이 항목에 '예' 라고 응답한 경우 상세 고충 조사를 한다.

7 독거노인돌봄기본서비스 이용 확인 및 고충 사항

독거노인이 독거노인돌봄기본서비스를 이용하는 과정에서 불편이나 불평, 고충 등을 경험하는지 그리고 서비스 제공기관이나 인력이 적법한 절차에 의거하여 질 높은 서비스를 제공하는지를 기본적으로 확인하기 위한 조사 항목으로서, 각 항목의 독거노인돌봄기본서비스 기준을 설명하면 다음과 같다.

- 현황조사 여부: 독거노인돌봄기본서비스의 대상자를 선정하기 이전에 노인돌보미가 독거노인의 가정을 방문하여 반드시 '독거노인 지원카드' 를 근거로 하여 노인의 상태나 생활상에 대해 상세하게 현황조사를 실시해야 한다. 따라서 현황조사를 하지 않거나 불성실하게 조사하고 독거노인돌봄기본서비스를 제공하는 것은 부적절한 서비스 절차이다. 이 항목에 '있다' 고 응답한 경우 상세 고충 조사를 한다.
- 서비스 신청서 제출 여부: 아무리 독거노인돌봄기본서비스의 서비스 대상으로 선정되었너라도 독거노인이 서비스 반기를 원하지 않거나, 서비스 신청서를 제출하지 않으면 서비스를 제공할 수 없다. 따라서 서비스 이용에 대한 독거노인의 자기결정권을 보장하기 위한 서비스 신청서의 생략은 부적절한 서비스 이용절차이다. 이 항목에 '예' 라고 응답한 경우 상세 고충 조사를 한다.
- 서비스 내용과 절차에 대한 사전 설명: 서비스 대상자로 선정된 후

노인돌보미는 독거노인에게 어떤 서비스를 해 줄지 서비스를 개시하기 전에 상세하게 설명해 주어야 한다. 따라서 이 절차가 생략된다면 부적절한 서비스 이용절차이다. 이 항목에 '아니요' 라고 응답한 경우 상세 고충 조사를 한다.

- 직접 안전확인 서비스: 노인돌보미는 독거노인을 1주일에 1회 이상 방문하여 1시간 동안 같이 머물면서 독거노인의 생활 안전확인과 함께 필요한 서비스를 제공해야 한다. 따라서 이러한 서비스 규정을 지키지 않으면 부적절한 서비스이다. 이 항목에 '아니요' 라고 응답한 경우 상세 고충 조사를 한다. 다만 독거노인돌봄기본서비스에서는 가사서비스나 간병서비스 등의 제공이 노인돌보미의 부수적인 서비스로, 제공하지 않더라도 문제가 되지 않으므로 이는 상세 고충 조사를 하지 않아도 된다.
- 간접 안전확인서비스: 노인돌보미는 독거노인에게 1주일에 2회 이상 전화를 걸어 5~6분 동안 안전확인과 말벗서비스를 제공해야 한다. 따라서 이 규정을 준수하지 않는 것은 부적절한 서비스이다. 이 항목에 '아니요' 라고 응답한 경우 상세 고충 조사를 한다.
- 위급 시 긴급연락: 독거노인은 위험한 일이 발생하거나 급하게 상담할 일이 있을 경우 노인돌보미에게 전화를 걸 수 있다. 이때 노인돌보미가 전화를 받지 않는 것은 부적절한 서비스이다. 이 항목에 '있다' 고 응답한 경우 상세 고충 조사를 한다.
- 생활교육서비스: 노인돌보미는 독거노인 5명 이상을 대상으로 월 2회 정도 건강관리, 영양, 운동, 레크리에이션 등의 생활교육을 실시하여야 한다. 따라서 이 서비스 규정을 지키지 않는다면 부적절한 서비스이다. 이 항목에 '아니요' 라고 응답한 경우 상세 고충 조사를 한다.
- 노인돌보미의 방문약속 미 이행: 노인돌보미는 노인 가정을 방문하기로 약속을 했으면 정시에 도착해야 한다. 따라서 약속한 시간보다

늦게 도착하여 사과를 하지 않거나, 아무런 통보도 없이 약속한 시간에 방문하지 않는 것은 부적절한 서비스이다. 이 항목에 '있다' 고 응답한 경우 상세 고충 조사를 한다.

- 노인돌보미의 불평, 불만, 학대행위: 노인돌보미는 서비스 과정에서 노인에게 불평이나 불만을 토로해서는 안 되며, 노인에 대한 예의와 인간봉사전문직으로서의 자세를 지켜야 한다. 그리고 욕설이나 폭력 행사 등의 학대행위를 해서도 안 된다. 이 항목에 '있다' 고 응답한 경우 상세 고충 조사를 한다. 상세 고충조사 결과 학대를 당한 것이 확인되면 노인학대 분야의 옴부즈맨에게 사례를 의뢰하여 상세한 조사와 추후 조치가 이루어질 수 있도록 한다.
- 노인돌보미의 부적절한 태도: 노인돌보미는 독거노인을 존중하고, 진실하게 대하며, 최대한 노인의 말과 행동을 수용해 주는 태도를 가져야 한다. 따라서 노인돌보미가 독거노인을 무시하거나 깔보거나 하는 태도를 보이는 것은 부적절한 서비스 태도이다. 이 항목에 '있다' 고 응답한 경우 상세 고충 조사를 한다.
- 서비스 부실: 노인돌보미는 가정을 방문하여 노인의 상태와 욕구를 확인하고 필요한 서비스를 성실히 제공하여야 한다. 따라서 서비스는 제공하지 않고 시간만 허비하고 가는 것은 부적절한 서비스 행위이다. 이 항목에 '있다' 고 응답한 경우 상세 고충 조사를 한다.
- 노인돌보미의 부적절한 교체: 독거노인과 노인돌보미 간의 친밀한 관계 형성은 서비스의 질을 결정하는 중요한 요소이다. 그러므로 동일한 노인돌보미가 지속적으로 노인 가정을 방문하여 서비스하는 것이 가장 바람직하며, 불가피한 사유로 노인돌보미가 교체되는 경우에는 그 사유를 독거노인에게 충분히 설명해 주어야 한다. 그런데 노인 가정을 방문하는 노인돌보미가 수시로 바뀌거나 노인돌보미가 교체됨에도 그 사유를 설명하지 않는다면 부적절한 서비스이다. 이 항목에 '있다' 고 응답한 경우 상세 고충 조사를 한다.

• 기관의 노인돌보미 교체 거부: 서비스 이용 노인이 노인돌보미의 서비스에 불만족하여 노인돌보미의 교체를 요구하면 서비스 제공기관은 상담을 거쳐 노인돌보미에게 귀책 사유가 있을 경우 노인돌보미를 교체하여야 한다. 그런데 노인돌보미 교체를 요구해도 기관에서 아무도 방문 상담하지 않고, 노인돌보미를 교체하지도 않는다면 이는 부적절한 서비스이다. 이 항목에 '있다' 고 응답한 경우 상세 고충 조사를 한다.
• 노인에게 금품 요구: 독거노인돌봄기본서비스의 안전확인서비스, 서비스 연계, 생활교육 서비스 모두 무료 서비스이다. 그러므로 생활교육이나 후원금품을 연계해 주었다고 해서 노인돌보미가 독거노인에게 사례를 요구하거나 금품을 요구하는 것은 불법행위이다. 이 항목에 '있다'고 응답한 경우 상세 고충 조사를 한다.

⑧ 상세 고충 조사자료

고충 조사표상의 서비스 종류별 '서비스 이용 확인 및 고충 사항' 항목 중 하나라도 고충에 해당되는 경우에는 각 항목의 고충 내용을 '언제, 어디서, 누가, 왜, 어떻게, 무엇을' 이라는 육하원칙에 입각하여 질문하고, 그 답변 내용을 상세하게 기록한다. 이때 옴부즈맨은 본인의 기억력을 신뢰하기보다는 수첩과 같은 별도의 기록지에 질문과 응답 내용을 자세하고 정확하게 기입해 두고, 사업수행기관이나 같은 팀 동료와의 토론을 위해 조사결과를 제출할 때 그 내용을 정서(正書)하여 제출한다.

상세 고충 조사자료는 이후 옴부즈맨 팀 회의를 거쳐 고충 발생의 원인을 파악하거나, 해결책을 모색하여 방문요양기관에 권고하는 '서비스 고충 해결 권고서'를 작성하는 데 중요한 기초자료가 되므로 최대한 상세하게 내용을 파악하여 기록한다. 특히 고충 제기자에게 고충 해결에서 기대하는 바와 나름대로 생각하고 있는 고충 해결방안을 묻고, 그 답변 또한 상세하게 기입한다. 만약 상세 고충 조사자료의 기입 내용이 많아 한정된 지면에 모두 기입 수 없는 경우에는 별지를 이용하여 기록하고 첨부한다.

⑨ 고충해결과 개인정보 동의 및 조사자 확인 절차

고충에 대한 상세 조사가 완료되면, 옴부즈맨은 노인이나 보호자에게 고충의 해결을 원하는지를 질문하여 조사표상의 고충해결란에 동의 여부를 표시한다. 고충 해결을 위해 노인의 개인정보와 조사결과를 방문요양기관에 통보하는 과정에서 '개인정보 제공 및 활용'에 동의할 것인지에 대한 의사를 확인하여 동의 여부를 표시하고, 동의하는 경우 [그림 7-1]의 동의서를 작성하게 한 다음 노인의 자필 서명 날인을 받는다. 만약 글씨를 쓸 수 없는 노인이라면 옴부즈맨이 성명, 주소 등을 기입하더라도, 서명만큼은 반드시 노인이 자필로 하도록 한다.

그러나 대다수 노인은 불평이나 불만, 고충, 차별, 인권침해 등을 당하여도 이를 참고 넘어가려는 성향이 강해 고충 조사에는 응했더라도 기관에 해결을 요구하여 귀찮은 일이 생기는 것을 원치 않으며, 개인 정보 활용에도 동의하지 않는 경우가 많다. 이때 옴부즈맨은 고충을 당한 당사자인 노인과 보호자뿐만 아니라 앞으로 다른 노인이 고충을 당할 가능성이 높다는 점을 알리고, 모든 노인의 권익보호와 질 높은 방문요양서비스 이용을 위해 노인이 고충 해결에 적극적으로 동참하는 것이 필요하다고 적극적으로 설득한다.

조사 당일에는 고충 해결과 개인정보 활용에 동의하지 않는다 할지라도 며칠이 지나면 마음의 변화가 있을 수 있으므로, 3~4일이 경과한 이후에 전화통화를 하고 다시 방문하여 고충 해결과 개인정보 활용에 대해 재차 동의를 구하도록 한다. 그럼에도 고충 해결과 개인정보 활용에 동의하지 않을 경우에는 각 조사 항목의 '동의 않음'에 표기한다.

마지막으로 조사일시, 조사장소, 조사자명을 기입하고, 서명한 후 조사를 종결한다. 추가 조사를 실시하였다면, 여백에 조사일시 등을 기입하고

개인정보 제공 및 활용 동의서

성명: 주민등록번호:

주소:

상기 본인이 제기한 방문요양서비스(노인돌봄종합서비스, 노인돌봄기본서비스) 이용과정에서 경험한 불평, 불만, 고충, 차별 등의 행위에 대한 해결을 해당 기관에 요구함에 있어서, 다음의 개인 정보를 제공하고 활용하는 것에 동의한다.

1. 정보 수집
   - 신상정보
   - 서비스 이용 정보
   - 서비스 이용 확인 및 고충 사항

2. 정보 활용
   - 고충 조사결과와 이에 근거한 고충해결책 논의 자료
   - 고충 조사결과를 해당 기관에 통보하는 자료
   - 고충 해결을 위해 해당 기관에 권고하는 자료

20 . . .

동의자(대리인): (인)

[그림 7-1] 개인정보 제공 및 활용 동의서

서명한 후 조사표와 개인정보 제공 및 활용 동의서를 옴부즈맨 팀이나 부서에 제출한다.

2) 노인복지서비스 고충 해결을 위한 조치방법

(1) 조사결과에 대한 팀 회의

옴부즈맨 개인이 아무리 객관적 입장에서 조사를 하였더라도 여러 명의 옴부즈맨이 조사의 객관성과 신뢰성, 정확성을 다시 한 번 확인할 필요가 있다. 따라서 조사가 완료되면 조사자는 그 결과를 정리하여 여러 옴부즈맨이 참여한 팀 회의에 보고하고, 나머지 옴부즈맨은 조사결과에 대해 토론하여 최종 조사결과를 확정하여야 한다. 만약 조사내용이 편향되어 있거나 정확하지 않거나 신뢰하기 어려운 부분이 있는 경우에는 조사를 담당한 옴부즈맨에게 추가 조사를 요구하거나 2명의 옴부즈맨이 공동으로 재조사를 하여야 한다.

(2) 기관에 고충 내용 통보 및 의견 제출 요구

고충을 당한 노인이나 보호자가 고충 해결과 개인정보 제공 및 활용에 동의한 경우에 조사를 담당한 옴부즈맨이 주축이 되어 기관에 통보할 고충의 내용을 정리하고, 고충의 사실 여부와 타당성을 확인하기 위해 기관에 의견이나 자료를 제출하도록 요구할 사항을 정리한다. 기관에 통보할 고충 내용과 요구할 의견이나 제출 요구 자료가 결정되면, 다시 옴부즈맨 팀 회의를 개최하여 그 내용의 타당성을 확인하고 수정 · 보완하여 기관에 통보할 고충의 내용과 의견 또는 자료제출에 대한 요구사항 문구를 확정한다. 이와 같은 기관에 고충 통보 및 의견제출 요구사항을 작성할 때 활용할 수 있는 양식은 [그림 7-2]와 같다.

이 양식의 작성에서는 먼저 고충 제기자의 이름과 고충 조사완료 일사를 고충 제기 일자란에 기록한다. 그런 다음 옴부즈맨 팀 회의를 통해 최

<table>
<tr><th colspan="4">서비스 이용노인 고충 통보 및 의견제출 요청서</th></tr>
<tr><td>고충 제기자</td><td></td><td>고충 제기 일자</td><td>20○○.　.　.</td></tr>
<tr><td rowspan="2">고충 내용</td><td colspan="3">상세한 고충 내용은 붙임 자료를 참고하시기 바랍니다.</td></tr>
<tr><td colspan="3"></td></tr>
<tr><td rowspan="2">고충에 대한
기관 의견</td><td colspan="3">위의 고충에 대한 기관의 의견을 상세히 기록해 주십시오.</td></tr>
<tr><td colspan="3"></td></tr>
<tr><td rowspan="2">기관 의견을
뒷받침할
자료목록</td><td colspan="3">위의 기관의견을 뒷받침할 수 있는 자료의 명칭을 기입하고, 상세 자료는 첨부하여 주시기 바랍니다.</td></tr>
<tr><td colspan="3"></td></tr>
<tr><td>자료 제출처</td><td colspan="3">시(도)　구(군)　동　번지 ○○○기관 노인복지 옴부즈맨팀</td></tr>
<tr><td>자료 제출기한</td><td colspan="3">20　.　.　. (15일 이내)</td></tr>
<tr><td>문의처</td><td colspan="3">○○○○○기관 노인복지 옴부즈맨팀
(☏　담당자:　)</td></tr>
<tr><td>붙임자료</td><td colspan="3">고충 제기자 조사결과(노인복지서비스 이용노인 고충조사표) 사본</td></tr>
</table>

[그림 7-2] 고충 통보 및 의견 · 자료 제출 요구 양식

종 결정된 주요 고충 내용을 일목요연하게 정리하여 기록하며, 상세 자료는 붙임자료로 대신한다. '고충에 대한 기관 의견' 란과 '기관의 의견을 뒷받침할 자료목록' 란은 기관이 작성하는 부분이므로, 이는 공란으로 남겨 둔다. 그런 다음 자료 제출처에 관한 사항을 정확히 기입하고 자료 제출기한을 명기한다. 이때 자료 제출기한은 우편발송 소요시간 3일과 기관이 의견을 정리하고 자료를 준비할 기간 15일을 고려하여, 사업수행기관에서 공문 발송하는 날에 18일을 더하여 산정한다.

기관에 대한 요구사항이 서면으로 작성되면, 공문서 형태로 해당 기관에 등기우편으로 우송하도록 요청한다. 공문서 발송 3일이 지나면 해당 기관에 전화를 걸어 공문서 수신 여부를 확인하고, 공문서 접수일자와 전화통화자의 이름, 통화시간을 기록해 둔다.

(3) 기관 의견 및 고충 제기자의 주장 검토

고충을 야기한 것으로 추정되는 기관의 의견서와 자료가 도착하면, 옴부즈맨은 다시 팀회의를 소집하여 기관 의견서와 자료가 충분한지를 검토하고 부족한 경우에는 위의 절차를 다시 밟아 추가 의견과 자료제출을 요구한다. 이때 자료 제출기한은 10일 정도로 제한한다.

기관이 적절한 의견과 자료를 제출한 경우에는 이를 검토하여 고충 제기자가 제기한 고충이 기관 측의 잘못에 기인한 것인지, 아니면 기관과 고충 제기자 쌍방의 잘못에 기인한 것인지, 그도 아니면 고충 제기자가 부당하게 또는 잘 모르고 고충을 제기한 것인지를 판단하기 위하여 옴부즈맨 팀회의를 개최하여야 한다. 고충이 야기된 책임이 누구에게 있는지에 대한 판단은 매우 민감한 사안이므로, 이때는 노인복지법과 시행규칙, 시행령, 그리고 노인장기요양보험법과 시행규칙, 시행령, 이에 더해 노인보건복지사업안내나 노인돌봄서비스사업안내에 규정된 지침, 노인복지서비스에 관한 연구서나 참고자료를 충분히 활용하여 고충의 책임소재를 객관적으로 판단하여야 한다.

(4) 고충 해결을 위한 권고문 작성 및 통보

옴부즈맨 팀회의를 통해 고충의 책임소재를 판단한 결과, 기관 측에 고충의 책임이 있는 것이 밝혀진 경우에는 기관에 고충 해결을 위한 권고문을 작성하여 발송하여야 한다. 이때 활용할 수 있는 고충 해결을 위한 권고문 양식은 [그림 7-3]과 같다.

권고문을 작성할 때는 고충 제기자, 고충 제기일자, 고충 내용, 기관제출 의견요지 등을 기존 자료에 기초해 간략하게 기입한다. 그런 다음 옴부즈맨팀 회의에서 고충의 책임소재가 기관에 있다고 판단하게 된 법적 · 행정적 근거 조항과 어떤 점에서 책임이 있는지 그 사유를 명백하고 상세하게 기입한다. 그런 다음 옴부즈맨 팀회의를 통해 고충 제기자의 고충 해결을 위해 적합하다고 생각하는 권고문안을 작성하여 기입한다. 고충 해결을 위한 권고문안을 작성할 때는 옴부즈맨의 객관적 입장도 중요하지만, 고충 제기자가 기대하는 고충 해결방안을 최우선으로 고려하여야 한다.

그리고 옴부즈맨팀에서 고충 해결을 위해 권고한 사항에 대해 기관이 이견이 있는 경우에는 이에 대한 의견을 제출할 수 있어야 하므로, '권고사항에 대한 기관의 의견' 란은 공란으로 비워 둔다. 그리고 문의사항이나 권고사항에 대한 의견제출, 권고사항 조치결과에 대한 자료제출을 위한 주소를 기입하여 권고문을 완성한다.

작성된 권고문을 공문서로 해당 기관에 통보하고, 유선으로 공문서 접수 여부 등을 확인한다. 그리고 고충 해결을 위한 권고문 양식이행 요청 마감일을 전후하여 권고조치의 이행결과를 유선으로 확인하고, 그 내용을 공문서로 통보해 줄 것을 요청한다. 만약 공문서로 통보하지 않을 경우에 대비하여 유선으로 확인한 내용도 기록하여 보관한다.

(5) 고충 제기자에 대한 설명

고충 제기자가 제기한 고충이 기관의 잘못이 아닌 고충 제기자의 인식

<table>
<tr><th colspan="4">서비스 이용노인 고충 해결을 위한 권고문</th></tr>
<tr><td>고충 제기자</td><td></td><td>고충 제기 일자</td><td>20○○.　.　.</td></tr>
<tr><td>고충 내용</td><td colspan="3"></td></tr>
<tr><td>기관제출 의견요지</td><td colspan="3"></td></tr>
<tr><td>고충과 기관 의견에 대한 위원회 검토 의견</td><td colspan="3">노인복지법(노인장기요양보험법, 사회복지사업법) 제　조 등을 근거로 하여 볼 때, 위 고충은 (　　　　)한 점에서 귀 기관의 책임이 인정되는바 귀 기관 측의 고충 해결을 위한 자발적 노력이 요구됨</td></tr>
<tr><td rowspan="2">고충해결을 위한 위원회 권고사항</td><td colspan="3">우리 노인복지 옴부즈맨 팀에서는 고충의 해결을 위하여 귀 기관에 다음과 같은 노력을 경주해 줄 것을 요청함

권고 1:
권고 2:
권고 3:
권고 4:</td></tr>
<tr><td>권고 이행 요청일</td><td colspan="2">권고사항 접수 후 30일 이내</td></tr>
<tr><td rowspan="2">권고사항에 대한 기관의 의견</td><td colspan="3">위 권고사항에 대해 이견이 있으면, 그 내용을 기입해 주십시오.</td></tr>
<tr><td colspan="3"></td></tr>
<tr><td>문의처</td><td colspan="3">○○○○○기관 노인복지 옴부즈맨팀
(☏　　　　담당자:　　　　)</td></tr>
<tr><td>이견 및 권고사항 조치결과 제출처</td><td colspan="3">시(도)　구(군)　동　번지 ○○○기관 노인복지 옴부즈맨팀</td></tr>
</table>

[그림 7-3] 고충 해결을 위한 권고문 양식

<table>
<tr><th colspan="4">고충에 대한 처리결과 및 설명자료</th></tr>
<tr><td>고충 제기자</td><td></td><td>고충 제기 일자</td><td>20○○. . .</td></tr>
<tr><td>고충 내용</td><td colspan="3"></td></tr>
<tr><td>기관제출
의견요지</td><td colspan="3"></td></tr>
<tr><td>고충과 기관 의견에 대한 위원회 검토 의견</td><td colspan="3">노인복지법(노인장기요양보험법, 사회복지사업법) 제 조 등을 근거로 하여 볼 때, 위 고충은 ( )한 점에서 서비스 제공기관의 책임이 없는 것으로 판단됨</td></tr>
<tr><td>고충에 대한
위원회의
상세 의견</td><td colspan="3">우리 노인복지 옴부즈맨팀에서는 다음과 같은 점에서 고충이 기관의 책임이 아님을 밝히며, 귀하께서는 이를 수용하시거나 다른 경로를 통하여 고충 등을 해결하실 것을 권고함

근거 1:
근거 2:
근거 3:
근거 4:</td></tr>
<tr><td rowspan="2">위원회 의견에 대한 견해</td><td colspan="3">위 의견에 대해 이견이 있으면, 그 내용을 말씀해 주십시오.</td></tr>
<tr><td colspan="3"></td></tr>
<tr><td>문의처</td><td colspan="3">○○○○○기관 노인복지 옴부즈맨팀
(☏ 담당자:)</td></tr>
</table>

[그림 7-4] 고충에 대한 처리결과 및 설명자료 양식

부족이나 부당하게 제기되었다고 판단되면 고충 제기자에게 기관의 해명 자료와 옴부즈맨팀에서 검토한 내용을 바탕으로 고충이 처리될 수 없는 사유를 명확히 설명하여 고충 제기자의 이해를 돕고, 부당하게 고충을 제기한 경우에는 해당 기관에 사과하도록 권유한다. 이때 활용할 수 있는 양식은 [그림 7-4]와 같다.

이 양식의 작성방법은 기관에 통보하는 고충 해결을 위한 권고문과 유사하다. 그리고 기관의 권고사항에 대한 의견 제시가 있으면, 이에 대해 성실하고 책임 있는 답변을 제공한다.

(6) 권고사항에 대한 이행 점검 및 추가 조치

고충 사례를 발견하고 조사를 직접 담당했던 옴부즈맨은 서비스 제공 기관과 고충 제기자가 위원회에서 권고한 조치사항을 어느 정도 이행하였는지를 점검하여 그 결과를 [그림 7-5]에 의거하여 기관의 최고관리자에게 보고하여야 한다.

만약 옴부즈맨 팀의 권고사항을 해당 기관이나 고충 제기자가 이행하지 않은 경우에는 추가 조치를 고려해야 한다. 추가 조치사항을 검토할 때에도 옴부즈맨 팀 회의를 통하여 추가 조치사항에 대한 의견을 수렴하여 결정한다. 옴부즈맨은 노인의 권익을 적극적으로 대변하는 옹호자(advocate), 고충 해결을 위한 중개자(broker) 또는 중재자(mediator)로서의 역할을 담당하므로 기관이나 고충 제기자가 자신의 귀책 사유에도 불구하고 권고사항을 이행하지 않을 경우에는 법적으로 권고사항 이행을 강제할 수 없다.

1차 권고조치 사항의 이행을 점검한 결과, 기관이나 고충 제기자가 권고사항을 이행하지 않은 경우에는 국민건강보험공단이나 시 · 군 · 구에 고충 내용과 처리과정을 설명하고 조사와 이에 따른 조치를 취해 줄 것을 공문서로 요구할 수 있다. 만약 고충 사례가 기관의 불법 또는 부당 운영 사례이거나 부당 급여비용 청구가 확실함에도 기관에서 권고사항을 이행하지 않은

<table>
<tr><th colspan="4">고충 처리 결과 보고서</th></tr>
<tr><td>고충 제기자</td><td></td><td>고충 제기 일자</td><td>20○○. . .</td></tr>
<tr><td>고충 내용</td><td colspan="3"></td></tr>
<tr><td>고충에 대한
위원회의견</td><td colspan="3"></td></tr>
<tr><td>권고조치</td><td colspan="3">노인복지 옴부즈맨팀에서는 ( )에게 다음과 같이
고충 해결을 위한 권고조치를 취함

권고 1:
권고 2:
권고 3:
권고 4:</td></tr>
<tr><td>권고조치
이행사항
점검결과</td><td colspan="3"></td></tr>
<tr><td>향후 계획
및 추가
조치 사항</td><td colspan="3"></td></tr>
<tr><td>보고일자</td><td>20○○. . .</td><td>보고자</td><td>(인)</td></tr>
</table>

[그림 7-5] 고충 처리 결과 보고서

경우에는 노인장기요양보험제도의 홈페이지(www.longtermcare.or.kr)의 '장기요양 이용불편신고(장기요양기관 불법 · 부당 운영 사례 신고)' 또는 보건복지부의 전자바우처 클린센터(www.vclean.or.kr) 등을 이용하여 부당 및 불법서비스를 신고할 수 있다. 이것이 불편할 경우 시 · 군 · 구의 노인복지 담당부서에 전화로 고충 접수부터 처리과정 전반을 설명하고 추가 조치사항에 대한 정보를 얻을 수도 있다.

이상과 같은 2차 조치에도 불구하고 고충 사례가 해결되지 않은 경우에는 지역 언론사 등과 접촉하여 그 사실을 일반 대중에게 널리 알려 향후 동일한 고충 사례가 발생하는 것을 예방하기 위한 노력을 기울여야 한다. 그러나 처음부터 언론사와 접촉하여 고충 사례를 일반 대중에게 알리는 것은 고충 제기자나 해당 기관 등의 명예나 이익을 침해하는 결과를 초래할 수 있으므로, 언론과의 접촉을 통한 고충 사례 해결방안은 최후의 수단으로만 활용한다.

3) 옴부즈맨 활동과정의 유의사항

옴부즈맨이 다루는 고충 사례의 당사자인 고충 제기자와 해당 기관은 고충이 발생했다는 것만으로도 정서적으로 격앙되어 있을 수 있다. 그러므로 옴부즈맨이 객관성과 중립성을 유지하지 못할 경우 이해 당사자인 고충 제기자와 해당 기관 또는 관련자의 비판에 직면하게 될 수 있으며, 심한 경우에는 명예훼손 등의 사유로 법적 소송에 휘말릴 우려도 있다. 따라서 옴부즈맨은 6장에서 제시한 옴부즈맨의 행동원칙을 철저히 준수하여야 한다.

옴부즈맨의 활동이 아무리 노인의 권익보호라는 당위목표를 갖고 있다 하더라도, 고충 사례 접수부터 최종 처리에 이르기까지 다양한 사람을 만나는 과정에서 보이는 태도는 매우 큰 영향을 미친다. 강압적이고 지시적이며 비판적인 태도로 조사에 임하거나 해결책을 모색하여 권고할 경우,

이해 당사자는 거부 반응을 먼저 보이게 될 것이다. 이렇게 되면 고충 사례를 다루는 것이 불가능해지며 이해 당사자에게 비난을 받고, 결국에는 곤경에 처할 수 있다. 따라서 고충 사례의 처리도 중요하지만 무엇보다도 고충 사례와 관련된 자를 객관적이고 합리적이며 온화한 태도로 대하는 것이 중요하다.

부록

1. 세계인권선언
2. 경제적 · 사회적 · 문화적 권리에 관한 국제규약
3. 시민적 · 정치적 권리에 관한 국제규약

세계인권선언

전문

인류사회의 모든 구성원이 갖는 고유한 존엄과 평등하고도 양도할 수 없는 권리를 승인함은 세계의 자유, 정의와 평화의 기초이기에, 인권 무시와 멸시는 인류의 양심을 짓밟는 만행을 초래하였으며, 언론과 신앙의 자유 그리고 공포와 결핍 없는 세계의 도래는 사람들의 최고의 소망으로 선언되어 왔기에, 인간이 전제와 탄압에 저항하는 최후의 수단으로 반란을 일으키지 않도록 하기 위하여 법의 지배에 의해 인권을 보장하는 것이 필수적이기에, 여러 국가 사이의 우호적 관계의 발전을 증진시키는 것이 필수적이기에, 유엔의 여러 국민들은 유엔헌장에서 기본적 인권, 인간의 존엄과 가치, 그리고 남녀의 평등권에 대한 믿음을 재확인하고, 더욱 광범한 자유 중에서 사회적 진보와 생활수준 향상을 촉진하고자 결의하였기에, 가입국은 유엔과 협력하여 인권과 기본적 자유의 보편적인 존중 및 준수의 촉진을 이루어 내고자 서약하였기에, 이러한 권리와 자유에 대한 공통된 이해는 그러한 서약의 완전한 실현에 가장 중요한 것이므로, 따라서 이에 국제연합 총회는 사회의 모든 개인과 기관이 이 세계인권선언을 항상 마음에 새기면서, 가입국 자신의 인민과 자국의 통치하에 있는 인민에게도 이들 권리와 자유의 존중을 교육을 통하여 촉진하는 일 및 그 보편적이고 효과적인 승인과 준수를 확보하도록, 국내적 및 국제적인 점진적 조치를 통하여 확보하기 위하여 노력하도록, 모든 인민과 모든 국가가 이룩해야 할 공통의 기준으로 이 세계인권선언을 공포한다.

제1조 모든 사람은 태어나면서부터 자유롭고, 존엄과 권리에 있어 평등하다. 모든 사람은 이성과 양심을 타고났으며 서로 동포의 정신으로 행동하여야 한다.

제2조 1. 모든 사람은 인종, 피부색, 성, 언어, 종교, 정치적 또는 기타의 의견, 국민적 또는 사회적 출신, 재산, 출생 또는 이들과 유사한 그 어떠한 이유에 의해서도 차별을 받지 않고 이 선언에 규정된 모든 권리와 자유를 누릴 수 있다.

제3조 모든 사람은 생명, 자유 및 신체의 안전에 대한 권리를 가진다.

제4조 누구도 노예가 되거나 괴로운 노역을 강요당하지 않는다. 노예제도와 노예매매는 어떤 형태로든 금지된다.

제5조 누구도 고문 또는 잔인하고 비인도적이며 모욕적인 취급 또는 형벌을 받지 않는다.

제6조 모든 사람은 어디에서나 법 앞의 인격으로 인정받을 권리를 가진다.

제7조 모든 사람은 법 앞에 평등하며, 아무런 차별 없이 법의 동등한 보호를 받을 수 있다. 모든 사람은 이 선언을 위반하는 어떤 차별로부터도, 또한 그러한 차별을 부추기는 어떤 행위로부터도 평등한 보호를 받을 권리를 가진다.

제8조 모든 사람은 헌법 또는 법률에 의해 부여된 기본적인 권리를 침해하는 행위에 대하여, 권한을 가진 국내법원으로부터 유효한 구제를 받을 수 있는 권리를 가진다.

제9조 아무도 자의적인 체포, 구금 및 추방을 당하지 않는다.

제10조 모든 사람은 자신의 권리와 의무 및 자신에 대한 형사책임이 결정될 때에 독립된 공평한 법원에 의해 공정한 공개 심리를 받는 데 있어 완전히 평등한 권리를 가진다.

제11조 1. 범죄의 소추를 받은 사람은 누구나 자신을 변호하는 데 필요한 모든 것을 보장받는 공개재판을 통하여 법률에 따라 유죄가 입증될 때까지 무죄로 추정될 권리를 가진다.

2. 누구도 행위 시에 국내법 또는 국제법에 의해 범죄를 구성하지 않은 작

위나 부작위로 인하여 유죄가 되지 않는다. 또한 범죄가 행해진 때의 형벌보다 더 무거운 형벌을 받지 않는다.

제12조 누구도 자신의 개인적인 일, 가족, 주거 또는 통신에 대하여 함부로 간섭받거나 명예 및 신용에 대하여 공격을 받지 않는다. 모든 사람은 이러한 간섭이나 공격에 대하여 법의 보호를 받을 권리를 가진다.

제13조 1. 모든 사람은 각국의 경계 내에서 자유롭게 이전하고 거주할 권리를 가진다.

2. 모든 사람은 자국이나 다른 나라를 떠나거나 자국에 돌아갈 권리를 가진다.

제14조 1. 모든 사람은 박해를 피하여 타국에 피난처를 구하고 체재할 권리를 가진다.

2. 이 권리는 비정치적 범죄 또는 국제연합의 목적 및 원칙에 반하는 행위만을 원인으로 하는 소추의 경우에는 원용될 수 없다.

제15조 1. 누구에게나 국적을 가질 권리가 있다.

2. 누구나 자의적으로 국적을 박탈당하거나 국적을 변경할 권리를 거부당하지 않는다.

제16조 1. 성년 남녀는 인종, 국적 또는 종교에 의한 어떤 제한도 받지 않고 혼인하며 가정을 만들 권리를 가진다. 그들은 혼인기간 중 또는 그것을 해소할 때에 혼인에 관하여 평등한 권리를 가진다.

2. 혼인은 그 의사를 가진 양 당사자의 자유롭고 완전한 합의에 의해서만 성립된다.

3. 가정은 사회의 자연적이고 기초적인 집단 단위로서 사회와 국가의 보호를 받는다.

제17조 1. 모든 사람은 단독으로 또는 타인과 공동하여 재산을 소유할 권리를 가진다.

2. 누구나 자의적으로 자신의 재산을 빼앗기지 않는다.

제18조 모든 사람은 사상, 양심 및 종교의 자유를 누릴 권리를 가진다. 이 권리는 종교 또는 신념을 바꿀 자유, 단독 또는 타인과 공동하여 공적 또는 사

적으로 포교, 행사, 예배 및 의식을 통하여 종교나 신념을 표명할 자유를 포함한다.

제19조 모든 사람은 의견과 표현의 자유를 누릴 권리를 가진다. 이 권리는 간섭을 받지 않고 자신의 의견을 가질 자유를 포함하며, 또한 모든 수단을 통하여, 국경을 넘거나 넘지 않거나에 관계없이, 정보와 사상을 추구하고 받고 전할 자유를 포함한다.

제20조 1. 모든 사람은 평화적인 집회 및 결사의 자유를 누릴 권리를 가진다.

2. 누구도 결사에 소속할 것을 강요받지 않는다.

제21조 1. 모든 사람은 직접 또는 자유롭게 선출된 대표자를 통하여 자국의 정치에 참여할 권리를 가진다.

2. 모든 사람은 자국에서 평등하게 공무를 담당할 권리를 가진다.

3. 인민의 의사는 통치권력의 기초가 되어야 한다. 이 의사는 정기적이고 진정한 선거에 의해 표명되어야 한다. 이 선거는 평등한 보통선거에 의한 것이어야 하고 비밀투표 또는 그것과 동등한 자유가 보장되는 투표절차에 의해 치러져야 한다.

제22조 모든 사람은 사회의 일원으로서 사회보장을 받을 권리를 가지며 국가적 노력 및 국제적 협력에 의해 또한 각국의 조직 및 자원에 따라 자신의 존엄과 자신의 인격의 자유로운 발전에 불가결한 경제적, 사회적 및 문화적 권리의 실현을 요구할 권리를 가진다.

제23조 1. 모든 사람은 노동할 권리, 직업을 자유롭게 선택할 권리, 공정하고 유리한 노동조건을 확보할 권리, 실업으로부터 보호받을 권리를 가진다.

2. 모든 사람은 어떤 차별도 받지 않고 동등한 노동에 대하여 동등한 보수를 받을 권리를 가진다.

3. 모든 노동자는 자신과 가족이 인간의 존엄에 적합한 생활을 할 수 있는 공정하고 유리한 보수를 받고, 나아가 필요한 경우에는 다른 사회적 보호수단에 의해 보충받을 권리를 가진다.

4. 모든 사람은 자신의 이익을 보호하기 위하여 노동조합을 조직하고 또한 그것에 가입할 권리를 가진다.

제24조 모든 사람은 노동시간의 합리적인 제한과 정기적 유급휴가를 포함하여 휴식 및 여가를 누릴 권리를 가진다.

제25조 1. 모든 사람은 의식주, 의료 및 필요한 사회복지에 의해 자신과 가족의 건강 및 복지에 충분한 생활수준을 유지할 권리를 가지며, 실업, 질병, 심신장애, 배우자의 사망, 노령 기타 불가항력에 의한 생활불능의 경우에는 보장을 받을 권리를 가진다.

2. 어머니와 어린이는 특별한 보호와 원조를 받을 권리를 가진다.

3. 모든 어린이는 적출 여부에 관계없이 동일한 사회적 보호를 받는다.

제26조 1. 모든 사람은 교육을 받을 권리를 가진다. 교육은 적어도 초등과 기초적 단계에서는 무상이어야 한다. 초등교육은 의무적이어야 한다. 기술교육과 직업교육은 일반인이 이용할 수 있어야 하며 고등교육은 능력에 따라 모든 사람에게 동등하게 열려 있어야 한다.

2. 교육은 인격의 충분한 발전과 인권 및 기본적 자유의 존중을 강화할 것을 목적으로 하여야 한다. 교육은 모든 나라, 인종적 또는 종교적 집단 상호 간의 이해, 관용 및 우호관계를 증진하는 것이어야 하고, 평화의 유지를 위하여 국제연합의 활동을 촉진하는 것이어야 한다.

3. 부모는 자녀에게 주는 교육의 종류를 선택하는 데 있어 우선적 권리를 가진다.

제27조 1. 모든 사람은 그 사회의 문화생활에 자유롭게 참여하고 예술을 즐기며 과학의 진보와 그 혜택을 공유할 권리를 가진다.

2. 모든 사람은 자신이 창작한 과학적, 문화적 또는 예술적 작품에서 생기는 정신적 및 물질적 이익을 보호받을 권리를 가진다.

제28조 모든 사람은 이 선언에서 제시된 권리와 자유가 완전하게 실현될 사회적 및 국제적 질서에 대한 권리를 가진다.

제29조 1. 모든 사람은 그 인격의 자유롭고 완전한 발전이 그 사회 속에서만 가능한, 그런 사회를 만들어 나갈 의무를 진다.

2. 모든 사람은 자신의 권리와 자유를 행사함에 있어서, 타인의 권리와 자유의 정당한 승인 및 존중을 보장하고 민주사회의 도덕, 공공질서 및 일

반적 복지의 정당한 요구를 만족시키는 것만을 목적으로 하여 법률로써 정해진 제한에만 복종한다.

3. 이러한 권리와 자유는 어떤 경우에도 국제연합의 목적과 원칙에 반하여 행사할 수 없다.

제30조 이 선언의 모든 규정은, 어떤 나라나 집단 또는 개인에 대하여 이 선언에 열거된 권리와 자유의 파괴를 목적으로 하는 활동에 종사하거나 또는 그러한 목적의 행위를 할 권리를 인정한다고 해석되어서는 안 된다.

부록 2

경제적 · 사회적 · 문화적 권리에 관한 국제규약

전문

이 규약의 가입국은, 국제연합헌장에 밝혀진 원칙에 따라, 인류사회의 모든 사람이 나면서부터 가지고 있는 존엄성과 평등하고 남에게 넘겨줄 수 없는 권리를 인정함이 자유와 정의와 세계평화의 기본이 됨을 고려하고, 이러한 권리는 인간의 고유한 존엄성으로부터 유래함을 인정하며, 세계인권선언에 따라 공포와 궁핍으로부터의 벗어나야 한다는 자유 인간의 이상은 사람이라면 누구나 자신의 시민적 · 정치적 권리와 함께 경제적 · 사회적 · 문화적 권리를 누릴 수 있는 조건이 조성되었을 때만 달성될 수 있음을 인정하고, 국제연합헌장을 수락한 여러 나라가 인권과 자유에 대한 보편적인 존중과 준수를 촉진할 의무를 지고 있음을 고려하고, 개인도 타인과 공동체에 대해 책임이 있는바, 이 규약에 명시된 권리의 증진과 준수를 위해 노력할 의무를 지고 있음을 인식하면서, 다음과 같이 합의한다.

제1부

제1조 1. 모든 인민은 자결권을 가진다. 이 권리에 근거하여 모든 인민은 그 정치적 지위를 자유로이 결정하고, 또한 그들의 경제적 · 사회적 · 문화적 발전을 자유로이 추구한다.

2. 모든 인민은 그들의 천연재화와 자원을 자신들을 위해 자유로이 처분할 수가 있다. 이때 호혜의 원칙에 근거한 국제적 경제협력 때문에 생기는

의무와 국제법을 위반해서는 안 된다. 어떠한 경우에도 인민은 그들의 생존 수단을 빼앗겨서는 안 된다.

3. 비자치지역 및 신탁통치지역의 행정 책임을 지고 있는 나라를 포함하여 이 규약의 가입국은 국제연합헌장의 규정에 따라 자결권의 실현을 촉진하고, 또한 자결권을 존중한다.

제2부

제2조 1. 각 가입국은 특히 입법 조치의 채택을 포함한 모든 적절한 수단에 의하여 이 규약에서 인정한 권리의 완전한 실현을 점진적으로 달성하기 위해, 개별적으로 또한 국제적인 원조와 협력, 특히 경제적 기술적인 지원과 협력을 통하여, 자기 나라의 가용자원이 허용하는 최대한도까지 조치를 취할 의무를 진다.

2. 가입국은 이 규약에서 선포된 권리가 인종 · 피부색 · 성별 · 언어 · 종교 · 정치적 또는 기타의 의견 · 민족적 또는 사회적 출신 · 재산 · 가문 · 기타의 신분에 기인하는 어떠한 종류의 차별도 받지 않고 행사되도록 보장할 의무를 진다.

3. 개발도상국은 인권 및 자국 경제를 적절하게 고려하는 가운데 이 규약에서 인정된 경제적 권리를 비자국인에게 어느 정도로 보장할 것인가를 정할 수 있다.

제3조 가입국은 이 규약에 규정된 모든 경제적 · 사회적 · 문화적 권리를 남녀가 평등하게 누리도록 보장할 의무를 진다.

제4조 가입국은 이 규약에 따라서 국가가 제공하는 권리의 향유에 있어서 법률이 정하는 바에 따라서만 국가가 그 권리에 제한을 가할 수 있음을 인정한다. 그 제한은 이 권리의 본질과 모순되지 아니하고, 또한 오직 민주사회에서의 공공복지를 증진할 것을 목적으로 하는 경우에 한한다.

제5조 1. 이 규약의 어떠한 조항도 국가 · 집단 · 개인에게 다음 권리를 인정해주는 것으로 해석되어서는 안 된다. 그 권리란, 이 규약에 인정된 권리 또

는 자유를 파괴하거나, 이 규약에 규정된 제한의 범위를 넘어서 제한을 가할 것을 목적으로 하는 활동에 종사, 또는 행위를 벌일 권리를 말한다.

2. 어떤 나라에서 특정한 기본적 인권이 법률 · 규약 · 규칙 또는 관습으로 인정되거나 현실로 존재하는 경우, 이 규약이 그 권리를 인정하지 않고 있다는 이유로, 또한 인정하는 범위가 좁다는 이유로 그 권리를 제한하거나 침해하지 못한다.

제3부

제6조 1. 가입국은 노동의 권리를 인정한다. 이 권리에는 각자가 자유롭게 선택하거나 수락하는 노동으로 생계를 꾸려나갈 기회를 얻을 권리도 포함된다. 가입국은 노동의 권리를 보장하기 위해 적절한 조치를 취한다.

2. 가입국이 노동의 권리를 완전하게 실현하기 위해 취하는 조치에는 개개인에게 기본적인 정치적 · 경제적 자유를 보장하는 조건 아래서, 착실한 경제적 · 사회적 · 문화적 발전과 완전하고도 생산적인 고용을 달성하기 위한 기술 및 직업의 지도 · 훈련계획 · 정책 · 방법이 포함된다.

제7조 가입국은 누구나 공정하고 유리한 노동조건, 특히 다음 항목을 보장하는 노동조건을 누릴 권리가 있음을 인정한다.

가. 최소한 모든 노동자에게 제공하는 다음의 보수.

(1) 공정한 임금 및 어떤 차별도 없는 동일한 가치의 노동에 대한 동일한 보수, 특히 여자의 경우 동일한 노동에 대한 동일한 임금과 함께 남자의 노동조건에 뒤떨어지지 않는 노동조건을 보장할 것.

(2) 이 규약의 규정에 부합하는 노동자 자신과 그 가족의 평균적인 생활

나. 안전하고 위생적인 작업 조건.

다. 연공서열과 능력 이외의 어떤 것도 고려되지 않고, 누구나 고용관계 안에서 적절한 상급 지위로 승진할 수 있는 균등한 기회.

라. 휴식, 여가 및 노동시간의 합리적 제한, 공휴일에 대한 보수와 정기적인 유급휴일.

제8조 1. 가입국은 다음의 권리를 보장할 것을 책임진다.

가. 모든 사람은 자신의 경제적 · 사회적 이익을 증진하고 보호하기 위해 누구든지 노동조합을 조직할 수 있고, 또 해당 노동조합의 규칙에만 따르는 가운데 자신이 선택하는 노동조합에 가입할 수 있는 권리. 그러한 권리의 행사에 대하여는 법률로 정해진바, 국가의 안전이나 공공질서를 위해서 또는 타인의 권리와 자유를 보장하기 위해서 민주사회에 필요한 제한 이외의 어떠한 제한도 가할 수 없다.

나. 노동조합이 전국적인 연맹 또는 총연맹을 결성할 권리 및 연맹이나 총연맹이 국제적인 노동조합조직을 결성하거나 거기에 가입할 권리.

다. 노동조합은 법률로 정한바, 국가의 안전이나 공공질서를 위해서 또는 타인의 권리와 자유를 보호하기 위해서 민주사회에서 필요한 제한 이외의 어떠한 제한도 받지 않고 자유롭게 활동할 권리.

라. 파업권, 그러나 이 권리는 그 나라의 법률에 따라 행사되어야 한다.

2. 이 조는 군인, 경찰 또는 국가행정기관 구성원이 앞에 쓴 권리를 행사하는 것에 대하여 합법적인 규제를 배제하는 것이 아니다.

3. 이 조의 어떠한 규정도 결사의 자유 및 단결권 보호에 관한 국제노동기구 협약(1948) 가입국이, 동 협약에 규정된 보장을 저해하는 입법조치를 취하거나, 저해하는 방식으로 법을 적용하는 것을 허용하지 않는다.

제9조 가입국은 사회보험을 포함한 사회보장을 받을 권리가 누구에게나 있음을 인정한다.

제10조 가입국은 다음을 인정한다.

1. 가정은 사회의 자연적이고 기본적인 단위이다. 가능한 한 최대의 보호와 원조가 가정에 대해 주어져야 한다. 특히 가정의 형성을 위해 그렇거니와, 한 가정이 부양할 어린이의 양육과 교육을 책임지고 있는 동안에는 보호와 원조가 마땅히 주어져야 한다. 결혼은 혼인 의사를 가진 두 당사자의 자유로운 합의로 이루어져야 한다.

2. 산전산후의 상당한 기간 동안 산모에게 특별한 보호가 주어져야 한다. 직장생활을 하고 있는 산모인 경우에는 그 기간 동안 유급휴가나, 상당

한 사회보장의 혜택이 따르는 휴가가 주어져야 한다.

3. 출생이나 그 밖의 조건을 이유로 하는 어떠한 차별도 없이 모든 어린이와 청소년을 돕기 위한 특별한 보호와 원조의 조치가 취해져야 한다. 어린이와 청소년을 그들의 정신 또는 건강에 해롭거나, 생명에 위험을 주거나, 그 정상적인 발육에 지장을 줄 우려가 있는 노동에 종사시키는 행위는 법률로 처벌되어야 한다. 또한 국가는 연령제한을 정해야 한다. 그 연령에 미치지 못한 어린이를 임금을 주고 일을 시키는 행위는 법률로 금지되고, 또한 처벌되어야 한다.

제11조 1. 가입국은 누구나 상당한 생활수준을 유지하고, 또한 부단히 생활조건을 향상할 권리가 있음을 인정한다. 상당한 생활수준이란 자기와 자기 가족이 쓸 상당한 식량, 의복 및 주택을 그 내용으로 한다. 가입국은 이 권리의 실현을 확보하기 위해 적절한 조치를 취하고, 또한 그러기 위해서는 자유로운 합의에 근거한 국제협력이 매우 중요하다는 것을 인정한다.

2. 가입국은 사람이 누구나 굶주림에서 벗어날 기본적 권리를 가지고 있음을 인정하면서, 단독으로는 물론 국제협력을 통해, 다음을 이룩하기 위해 구체적인 계획, 기타 필요한 조치를 취한다.

가. 식량의 생산 · 보존 · 분배의 방법을 개선한다. 개선의 방법으로는 기술적 및 과학적 지식을 충분히 이용하는 것, 영양 원칙에 관한 지식을 보급하는 것, 천연자원을 가장 효과적으로 개발하고 이용할 수 있도록 농지제도를 발전 또는 개혁하는 것 등을 들 수 있다.

나. 식량의 수입국과 수출국 쌍방의 문제를 고려하면서, 수요와 관련하여 세계의 식량 공급품의 분배가 공평하게 이루어지도록 한다

제12조 1. 가입국은 누구에게나 성취될 수 있는 최고수준의 신체적 및 정신적 건강을 누릴 권리가 있음을 인정한다.

2. 가맹국이 이 권리의 완전한 실현을 위해 취할 조치에는 다음 사항을 위하여 필요한 조치가 포함된다.

가. 사산율과 유아사망율의 감소 및 어린이의 건전한 발육을 위한 대책.

나. 환경위생 및 산업위생의 모든 부문의 개선.

다. 전염병, 풍토병, 직업병 및 기타 질병의 예방 · 치료 및 억제.

라. 질병 발생 시 누구나 의료와 의학적 배려를 받을 수 있는 여건의 조성.

제13조 1. 가입국은 누구에게나 교육받을 권리가 있음을 인정한다. 가입국은 교육이 인격의 완성과 인격의 존엄성에 대한 의식을 온전히 발전시키는 방향으로 나아가야 하며, 또 인권과 기본적 자유에 대한 존경심을 굳건하게 해야 한다는 것에 동의한다. 더 나아가서 가입국은 교육이 모든 사람으로 하여금 자연스러운 사회에 효과적으로 참가할 수 있게 한다는 것, 모든 나라와 인종 · 종족 · 종교 집단 사이에 이해와 관용 및 우의를 촉진한다는 것, 그리고 평화를 유지하기 위해 국제연합의 활동을 증진할 수 있도록 하는 것에 동의한다.

2. 가입국은 이 권리의 완전한 실현을 달성할 목적으로 다음을 인정한다.

가. 초등교육은 모든 사람에게 무상 의무 교육으로 실시한다.

나. 기술 및 직업 중등교육을 포함하여 여러 가지 형태의 중등교육은 모든 적절한 방법을 통해서, 특히 무상교육의 점진적 도입에 의하여 모든 사람이 일반적으로 이용할 수 있도록 하고, 또한 모든 사람에게 개방한다.

다. 고등교육은 모든 적절한 방법을 통해, 특히 무상교육의 점진적 도입에 의하여, 능력에 따라 모든 사람에게 균등하게 개방한다.

라. 초등교육을 받지 못했거나 그 전 과정을 마치지 못한 사람들을 위해 될 수 있는 대로 광범하게 기초교육을 장려 또는 강화한다.

마. 모든 단계의 학교제도의 발전을 적극적으로 추구하고, 적절한 장학제도를 수립하며, 교원의 물질적 처우는 부단히 개선한다.

3. 가입국은 부모 또는 법정 후견인이 자녀를 위해 학교를 선택할 자유를 존중할 책임을 진다. 여기서 말하는 학교란 공공기관이 설치하지 아니하되, 국가가 설정하거나 승인한 교육상의 최저기준에 합치하는 학교를 가리킨다. 또한 가입국의 부모 또는 법정 후견인이 자신의 신념에 따라서 자녀의 종교교육과 도덕교육을 책임지는 자유를 존중할 것을 약속한다.

4. 이 조의 어떠한 규정도 개인 및 단체가 교육기관을 설치 · 운영하는 자유를 막는 것으로 해석되어서는 안 된다. 그러나 교육기관이 언제나 1항에 제시된 원칙을 준수하고 있고, 또 그 기관에서 이루어지는 교육이 국가가 설정한 최저기준에 부합하고 있다는 조건 아래서만 그러하다.

제14조 이 규약 가입 당시에 본토에서는 물론이요, 그 통치하에 있는 다른 지역에서 무상 초등의무교육을 실시하지 못하고 있는 각 가입국은 다음을 이행할 책임을 진다. 즉, 무상 의무교육 원칙을 점진적으로 실시하기 위한 상세한 행동계획을 2년 이내에 마련 · 채택하되, 합리적인 실시 기간이 그 계획에 명시되어 있어야 한다.

제15조 1. 가입국은 누구에게나 다음 권리가 있음을 인정한다.

가. 문화적인 생활에 참여할 수 있는 권리.

나. 과학의 진보와 그 응용에서 오는 혜택을 누릴 수 있는 권리.

다. 자기가 창조한 과학적 · 문화적 · 예술적 작품에서 생기는 유형 · 무형의 이익을 보호받는 데에서 오는 혜택을 누릴 수 있는 권리.

2. 가입국이 이 문화적 권리의 완전한 실현을 이룩하기 위하여 취하는 조치 중에는 과학과 문화의 보전 · 발전 · 보급에 필요한 조치가 포함된다.

제4부

제16조 1. 가입국은 이 규약에서 인정된 권리가 잘 지켜지도록 하기 위해서 어떤 조치를 취했고 또 어떤 발전이 이루어졌는가 하는 보고서를 이 규약 제4부의 규정에 따라 제출할 의무를 진다.

2. 가. 모든 보고서는 국제연합 사무총장에게 제출한다. 국제연합 사무총장은 이 규약의 규정에 따라 경제사회이사회가 심의할 수 있도록 그 사본을 보낸다.

나. 국제연합 사무총장은 또한 전문기구 회원국이기도 한 가입국으로부터 온 보고서의 사본 또는 관련 부분을 전문기구 앞으로 보낸다. 그러나 이것은 그 보고서 또는 보고서의 일부가 그 전문기구의 기본 문서에 따

라 임무 범위에 속하는 사항과 관련이 있는 경우에 한한다.

제17조 1. 가입국은, 경제사회이사회가 가입국 및 관계 전문기구와 협의를 거친 다음 이 규약의 발효 후 1년 이내에 작성하는 계획에 따라, 보고서를 단계적으로 제출한다.

2. 보고서에는 이 규약에 규정된 의무의 이행 정도에 영향을 미치는 요인 및 장애를 기재할 수 있다.

3. 관련 정보가 가입국에 의해 국제연합 또는 전문기구 앞으로 이미 제출되었을 경우, 그 정보를 다시 작성할 필요는 없고, 제출된 정보에 대한 명확한 언급만으로 족하다.

제18조 국제연합헌장은 인권 및 기본적 자유 분야의 책임을 경제사회이사회에 지우고 있다. 이 책임에 따라 경제사회이사회는 이사회 앞으로 보고서를 보내주는 문제에 관해 전문기구와 사전 협의를 가질 수 있다. 그 보고서는 규약 준수 촉진 활동에서 이룩된 진전에 관한 것인데, 그 활동이 동 전문기구의 활동 범위에 속해 있어야 한다. 전문기구의 권한 있는 기관이 채택한, 협약 실시에 관한 결의 및 권고의 자세한 내용이 이 보고서에 포함될 수 있다.

제19조 가입국의 경우는 제16조와 제17조의 규정에 따라, 전문기구의 경우는 제18조의 규정에 따라, 각각 인권에 관한 보고서를 제출하기로 되어 있다. 경제사회이사회는, 검토와 일반적인 권고를 위해, 또는 적당하다고 생각하는 경우에는 정보용으로, 적절한 보고서를 인권위원회 앞으로 보낼 수 있다.

제20조 가입국 및 관계 전문기구는 제19조의 규정에 따라 행해진 일반적 권고에 대한 의견을 경제사회이사회에 제출할 수 있다. 인권위원회의 보고서 또는 인권위원회의 보고서에서 언급된 문서가 그와 같은 일반적 권고를 언급하고 있을 경우, 그 부분에 관한 의견도 위와 똑같다.

제21조 경제사회이사회는 일반적 성격을 지닌 권고가 첨부된 보고서와, 가입국 및 전문기구로부터 접수한 정보의 개요를 수시로 총회에 제출할 수 있다. 그 정보란 이 규약에서 인정된 권리의 실현을 위해 취해진 조치 및 이룩된 진전 사항에 관한 것을 말한다.

제22조 이 규약 제4부에 규정된 보고서에서 어떤 사안이 제기될 경우, 경제사회이사회는 기술원조 제공에 관여하는 국제연합의 다른 기구, 그 보조기관 및 전문기구에 대해 주의를 환기할 수 있다. 그 사안이란, 앞에 쓴 기관들이 각기의 소관 분야에서 이 규약의 효과적이고도 점진적인 시행에 도움이 될 만한 국제적 조치를 결정하는 데 참고가 되는 것을 말한다.

제23조 가입국은 이 규약에서 인정된 권리를 실현하기 위한 국제적 조치에는 규약의 체결, 권고의 채택, 기술원조의 제공, 관계국 정부와 협조하여 조직된 협의 및 연구를 목적으로 하는 지역회의와 전문가 회의의 개최와 같은 방안이 포함된다는 것을 인정한다.

제24조 국제연합헌장 및 전문기구 기본문서는 국제연합의 여러 기관 및 전문기구의 임무를 각각 규정하고 있는바, 이 규약의 어느 규정도 국제연합헌장 및 전문기구 기본문서의 규정을 이 협약에 규정된 사항에 대해 적용하는 것을 막는다고 해석되어서는 안 된다.

제25조 모든 인민은 그들의 천연재화와 자원을 충분히 그리고 자유로이 누리고 또 이용할 타고난 권리를 가지고 있는바, 이 규약의 어느 규정도 그 권리를 막는다고 해석되어서는 안 된다.

제5부

제26조 1. 이 규약은 국제연합 가입국이나 전문기구 회원국, 국제사법재판소 규정 가입국, 그리고 국제연합 총회가 이 규약에 가입하도록 요청한 그 밖의 국가가 서명할 수 있도록 개방된다.

2. 이 규약은 비준 절차를 밟아야 한다. 비준서는 국제연합 사무총장에게 기탁된다.

3. 이 규약은 1항에서 언급된 국가가 가입할 수 있도록 개방된다.

4. 가입은 가입서가 국제연합 사무총장에게 기탁됨으로써 이루어진다.

5. 국제연합 사무총장은 이 규약에 서명하거나 가입한 모든 국가에 대해 비준서 또는 가입서를 기탁할 것을 통보한다.

제27조 1. 이 규약은 35번째의 비준서 또는 가입서가 국제연합 사무총장에게 기탁된 날로부터 3개월 후에 발효된다.

2. 35번째의 비준서 또는 가입서가 기탁된 후에 이 규약을 비준하거나 이 규약에 가입하는 국가에 대해서는, 이 규약은 그 국가의 비준서 또는 가입서가 기탁된 날로부터 3개월 후에 발효된다.

제28조 이 규약의 조항은, 어떠한 제한이나 예외 없이, 연방 국가의 모든 지역에 적용된다.

제29조 1. 어느 가입국이나 개정을 제안할 수 있고 또 개정안을 국제연합 사무총장에게 제출할 수 있다. 국제연합 사무총장은 그 즉시로 여러 가입국에 대해 개정안을 통보하고, 그 제안을 검토 · 표결할 가입국 회의의 개최를 찬성하는지 또는 반대하는지를 국제연합 사무총장에게 통고해 주도록 요청한다. 가입국의 3분의 1 이상이 회의 개최를 찬성할 경우, 국제연합 사무총장은 국제연합의 주관 아래 회의를 소집한다. 과반수의 찬성으로 채택된 개정안은 승인받기 위해 국제연합 총회에 제출된다.

2. 개정안은 국제연합 총회가 승인하고 또 가맹국의 3분의 2가 그 나라 헌법에 규정된 절차에 따라 수락했을 때 효력을 발생한다.

3. 개정안은 효력 발생 시에 개정을 수락한 가입국에 대해 구속력을 가진다. 그 밖의 가입국은 이 규약의 조항 및 그 국가가 수락한 그 이전의 모든 개정에 의해 종전대로 구속된다.

제30조 제26조 5항의 규정에 따라 행해지는 통보와 상관없이, 국제연합 사무총장은 제26조 1항에서 언급된 모든 국가에 대해 다음 사항을 통고한다.

가. 제26조의 규정에 따른 서명, 비준 및 가입.

나. 제27조의 규정에 따른 이 규약의 발효 일자 및 제29조의 규정에 따른 개정이 효력을 발생하는 일자.

제31조 1. 이 규약은 중국어 · 영어 · 프랑스어 · 러시아어 · 스페인어로 기록된 것을 정본으로 하고, 국제연합 기록보관소에 기탁된다.

2. 국제연합 사무총장은 제26조에 언급된 모든 국가 앞으로 이 규약의 인증된 등본을 송부한다.

부록 3

시민적 및 정치적 권리에 관한 국제규약

전문

이 규약의 가맹국은, 국제연합헌장에서 밝혀진 원칙에 따라, 인류사회의 모든 사람이 나면서부터 가지고 있는 존엄성과 동등하고 남에게 넘겨줄 수 없는 권리를 인정함이 자유와 정의와 세계평화의 기본이 됨을 고려하고, 이 여러 권리가 사람이 나면서부터 가지고 있는 존엄성에 유래함을 인정하고, 세계인권선언에 따라, 자유인은 시민적 및 정치적 자유, 공포 및 굶주림에서 벗어나야 한다는 이상이, 사람이라면 누구나 자기의 경제적 · 사회적 · 문화적 권리와 함께 시민적 · 정치적 권리를 누릴 수 있는 조건이 조성되었을 때만 달성되는 것임을 인정하고, 국제연합헌장을 수락한 제국이 인권과 자유에 대한 보편적인 존중과 준수를 촉진할 의무를 지고 있음을 고려하고, 개인도 타인과 공동체에 대해 책임이 있는바, 이 규약에 명시된 권리의 증진과 준수를 위해 노력할 의무를 지고 있음을 인식하면서, 다음과 같이 협의한다.

제1부

제1조(인민자결권)

1. 모든 시민은 자결권을 가진다. 이 권리에 근거하여 모든 인민은 그 정치적 지위를 자유로이 결정하고, 또한 그 경제적 · 사회적 · 문화적 발전을 자유로이 추구한다.
2. 모든 인민은 천연 재화와 자원을 자신들을 위하여 자유로이 처분할 수

있다. 이때 호혜의 원칙에 근거한 국제적 경제협력 때문에 생기는 의무와 국제법을 위반해서는 안 된다. 어떠한 경우에도 한 인민의 생존수단이 빼앗겨서는 안 된다.

3. 가맹국(비자치령 및 신탁통치령의 행정책임을 지고 있는 나라를 포함)은 국제연합헌장의 규정에 따라 자결권의 실현을 촉진하고, 또한 자결권을 존중한다.

제2부

제2조(가맹국의 협약준수의무)

1. 가맹국은 그 영토 안에 살고 또 그 관할 아래 있는 모든 개인에게 대해, 이 규약에서 인정된 여러 권리를 존중해 주고 또 보장해 줄 의무를 진다. 권리의 존중과 보장에 있어서 인종 · 피부색 · 성별 · 언어 · 종교 · 정체적 또는 기타의 의견 · 민족적 또는 사회적 출신 · 재산 · 출생 · 기타의 신분에 기인하는 어떠한 종류의 차별도 두어서는 안된다.
2. 가맹 당시, 입법조치 또는 기타의 조치가 필요한 바, 헌법상의 절차와 이 규약의 규정에 따라 상기 조치를 취하는 데 필요한 방법을 강구하기로 한다.
3. 가맹국은 다음의 의무를 진다.

(a) 이 규약에서 인정된 권리 또는 자유를 침해당한 사람은 누구나 효과적인 구제조치를 받을 것을 보장하는 일. 그 침해가 공적 자격을 가지고 행동하는 사람들에 의해서 자행되었을 경우에도 똑같다.

(b) 구제조치를 구하는 사람의 권리가 관할권 있는 사법기관, 행정기관, 입법기관, 또는 그 나라의 사법체계에 따른 관할권 있는 기관에 의해 결정되는 것을 보장하고, 또 사법상의 구제조치의 가능성을 발전시키는 일.

(c) 구제조치가 허락되었을 경우, 관할권 있는 기관이 그 조치를 집행하는 것을 보장하는 일.

제3조(남녀평등)

가맹국은 남녀가 평등하게 이 협약에 설정된 모든 시민적 · 정치적 권리를 누릴 것을 보장할 의무를 진다.

제4조(긴급사태하의 일탈〔逸脫〕조치)

1. 국민의 생존을 위협하는 공공의 긴급사태가 발생하고, 또 긴급사태의 존재가 공식적으로 선포된 경우, 가맹국은 사태의 긴급성에 비추어, 필요한 한도 안에서, 이 규약에 따라 지게 되는 다른 의무에서 일탈(逸脫)하는 조치를 취할 수 있다. 그러나 그 조치는 국제법에 따라 지게 되는 다른 의무에 저촉되어서는 안 되고, 또 인종 · 피부색 · 성별 · 언어 · 종교 · 사회적 출신을 유일한 이유로 하는 차별을 그 속에 포함해서는 안 된다.
2. 1항의 규정은 제6조, 제7조, 제8조 1항 및 2항, 제11조, 제15조, 제16조 및 제18조의 규정에서 일탈함을 허용하는 것은 아니다.
3. 가맹국 중 일탈권을 이용하는 국가는 일탈한 조항과 일탈하게 된 이유를, 국제연합사무총장을 통해 다른 가맹국에 즉시 통고하여야 한다. 또한 일탈 조치가 끝나는 날 당사국은 국제연합사무총장을 통해 그 사실을 다른 가맹국에게 통고하여야 한다.

제5조(해석적용상의 주의)

1. 이 규약의 어떠한 조항도 국가 · 집단 · 개인에게 다음 권리를 인정해 주는 것으로 해석되어서는 안 된다. 그 권리란, 이 규약에 인정된 권리 및 자유를 파괴하거나, 이 협약에 규정된 제한의 범위를 넘어서 제한을 가할 것을 목적으로 활동에 종사 또는 행위를 할 권리를 말한다.
2. 가맹국은 특정한 기본적 인권이 법률 · 규약 · 규칙 또는 관습으로 인정되거나 (현실로) 존재하는 경우, 이 규약이 그 권리를 인정하지 않고 있다는 이유로, 또는 인정하는 범위가 좁다는 이유로 그 권리를 제한하거나 침해하지 못한다.

제3부

제6조(생명권)

1. 사람은 누구나 생명을 누릴 권리를 가진다. 이 권리는 법률에 의해 보호받는다. 아무도 그 생명을 함부로 빼앗기지 않는다.
2. 사형제도를 폐지하지 않고 있는 국가의 경우, 범행이 이루어진 당시의 시행법률에 비추어 가장 중대한 범죄인 때에만 사형이 선고될 수 있다. 그러나 법률은 이 규약의 조항 및 '집단 학살의 범죄예방 및 처벌에 관한 협약'의 조항에 저촉되지 않아야 한다. 이 형벌은 관할권 있는 법원이 선고한 확정판결에 의해서만 집행될 수 있다.
3. 생명 박탈이 집단학살의 범죄를 구성한 경우에는 이 조문의 어떠한 규정도 가맹국이 '집단 학살의 범죄예방 및 처벌에 관한 협약'의 규정에 따라지는 의무로부터 어떠한 방법으로 일탈하는 것을 허용하지 않음을 양해한다.
4. 사형이 선고된 사람에게는 특사나 감형을 청구할 수 있는 권리가 있다. 사형선고에 대한 사면 · 특사 또는 감형은 모든 사건에 주어질 수 있다.
5. 18세 미만의 사람이 저지른 범죄에 대해 사형이 선고되어서는 안 된다. 또한 임신 중인 여자에게 사형이 집행되어서는 안 된다.

제7조(고문 · 인체실험의 금지)

아무도 고문이나 가혹한, 비인도적인 또는 모욕적인 처우나 형벌을 받지 않는다. 특히 본인의 자유의사에 따른 동의 없이는 아무도 의학적 또는 과학적 실험의 대상이 되지 않는다.

제8조(노예 · 예속 · 강제노동의 금지)

1. 아무도 노예의 처지 또는 노예적 처지에 묶여 있지 않는다. 노예제도와 노예 매매는 어떤 형태이건 금지된다.
2. 아무도 예속자로서 부림을 당하지 않는다.
3. (a) 아무도 강제노동에 종사하도록 강요당하지 않는다.

(b) 범죄에 대한 형벌로서 중노동이 따르는 구근을 부과할 수 있는 국가에

서는, 3항 (a)의 규정이 관할권 있는 법원에 의한 형벌의 선고로 중노동에 종사시키는 것은 금한다고 주장되어서는 안 된다.

(c) 이 규정을 적용함에 있어 강제노동이라는 용어에는 다음이 포함되지 않는다.

(i) 3항 (b)의 규정에는 언급되지 않았으나, 법원의 합법적인 명령으로 구금당하고 있거나, 조건부로 구금이 면제되고 있는 사람에게 통상적으로 요구되는 노동 또는 용역.

(ii) 군사적 성격을 띤 용역, 또는 양심에 따른 병역거부자가 법률에 따라 부과되는 국민적 용역.

(iii) 사회의 존립 또는 복지를 위협하는 긴급사태 또는 재해에 즈음해서 부과되는 용역.

(iv) 시민의 통상적인 의무로 여겨지고 있는 작업 또는 용역.

제9조(신체의 자유)

1. 사람은 누구나 신체의 자유 및 안전을 누릴 권리를 가진다. 아무도 함부로 체포 또는 구금당하지 않는다. 법률에 의한 정해진 이유 및 절차에 의하지 않고는 아무도 그 자유를 빼앗기지 않는다.
2. 체포당하는 사람은 체포당할 때 그가 체포당하는 이유에 대해 통고받고, 또 자기의 혐의 사실에 대해 신속하게 통고받는다.
3. 형법상의 혐의로 체포 또는 구금당한 사람은 판사 또는 법률에 의해 사법권의 행사가 허용된 다른 관리 앞에 신속하게 인도되고, 또 타당한 기간 안에 재판에 회부되거나 석방될 수 있는 권리를 가진다. 재판에 회부된 사람이 구치소에 구금당하는 것이 관례로 되어서는 안 된다. 그러나 석방에 즈음해서 재판 또는 사법적 절차상 그 밖의 단계에서의 출두 및 필요한 경우 판결의 집행을 위한 출두가 보증되어야 한다는 조건을 붙일 수 있다.
4. 체포 또는 구금으로 자유를 빼앗긴 사람은 법원을 대상으로 하는 절차를 밟을 수 있는 권리를 가진다. 그 절차가 목적하는 바는, 법원이 그 구금의 합법성에 관해 지체 없이 결정을 내릴 수 있고, 또 그 구금이 합법

적이 아닐 경우 석방을 명령할 수 있도록 하는 데 있다.

5. 불법으로 체포 또는 구금당한 사람은 마땅히 배상받을 권리를 가진다.

제10조(수감자 처우)

1. 자유를 빼앗긴 모든 사람은 인도적으로, 또한 인간으로서 타고난 존엄성이 존중되는 가운데 다루어진다.

2. (a) 기소당한 사람(미결수)은 예외적인 사정이 있는 경우를 제외하고는 유죄선고를 받은 사람(기결수)과 분리되고, 또 유죄 선고를 받은 사람이 아니라는 그 지위에 알맞은 별도 대우를 받는다.

(b) 소년범은 성인과 분리되고, 또 될 수 있는 대로 신속하게 재판을 받는다.

3. 행형제도는 수감자의 교정과 사회복귀를 그 기본적인 목표로 삼는 수감자의 처우를 포함한다. 소년범은 성인과 분리되고, 또 그 나이와 법적 지위에 알맞은 처우를 받는다.

제11조(민사구금의 금지)

아무도 계약상의 의무를 이행하지 못했다는 이유만으로 구금당하지 않는다.

제12조(이동 · 거주 · 출입국의 자유)

1. 합법적으로 한 국가의 영토 안에 머무르고 있는 사람은 누구나 자유롭게 이동하고 또 자유롭게 거처를 선택할 수 있는 권리를 가진다.

2. 사람은 누구나 자국을 포함한 어떤 나라로부터도 자유롭게 떠날 수 있다.

3. 1항과 1항에 규정된 권리는 다음의 경우를 제외하고는 어떠한 제한도 받지 않는다. 법률에 의해 규정되고, 국가의 안전 · 공공질서 · 공중위생 · 도덕 · 타인의 권리와 자유를 보호하기 위해 필요하며, 또한 이 규약에서 인정된 다른 권리와 상충되지 않을 경우에는 제한이 가해질 수 있다.

4. 아무도 자국에 돌아오는 권리를 빼앗기지 않는다.

제13조(외국인의 추방)

가맹국의 영토 안에 합법적으로 머무르고 있는 외국인은 법률에 의거하여 내려진 결정에 따라서만 추방당한다. 국가의 안전이나 기타 부득이한 이유가 있는 경우를 제외하고는, 해당 외국인은 자신의 추방에 반대하는 이유를 제시하는 것이 허용되고, 또 관할권 있는 기관 또는 그 기관이 특별하게 지명하는 사람에 의해 그 사안을 재심받는 것이 허용되며, 그렇게 하기 위해 자신의 대리인을 출두시키는 것이 허용된다.

제14조(공평한 재판을 받을 권리)

1. 모든 사람은 법 앞에서 평등하다. 사람은 누구나 형사상의 혐의를 받고 재판에 회부되거나 권리 · 의무에 관한 분쟁으로 재판을 받게 될 때, 법률에 따라 설치된, 관할권 있는, 독립된 그리고 편파적이 아닌 법정이 관장하는 공정한 공개 심리를 받을 권리를 가진다. 재판의 전부 또는 일부가 보도 기관 및 공중에게 공개되지 않는 경우가 있다. 즉, 민주사회에서 인정된 도덕 · 공공질서 · 국가안보상의 이유가 있을 때, 또는 그 공개가 사법의 이익을 해치게 되는 특별한 상황에서는 법정이 꼭 필요하다고 보는 한도 안에서, 재판이 공개되지 않을 수 있다. 그러나 미성년자의 이익이 걸려 있거나, 그 (소송)절차가 부부간의 분쟁 또는 어린아이에 대한 후견과 관계되는 경우를 제외하고는, 어떠한 형사사건 또는 소송에서 내려지는 선고라 하더라도 공개되어야 한다.
2. 형사상 범죄와 관련하여 소추당한 사람은 누구나, 법률에 따라 유죄로 밝혀질 때까지는 무죄로 추정받을 권리를 가진다.
3. 형사상의 범죄혐의를 받고 재판에 회부되었을 때 누구에게나 남들과 똑같이 최소한 다음 보장을 받을 권리가 있다.

(a) 본인이 알아듣는 말로 그가 받고 있는 혐의의 성질과 그 이유를 신속하게 그리고 상세하게 고지(告知)되는 일.

(b) 방어를 준비하기 위해 적절한 시간과 편의가 제공되고, 또 자기가 선임한 변호인과 연락을 하는 일.

(c) 부당하게 지체되지 않고 재판을 받는 일.

(d) 본인이 출석하는 가운데 재판을 받고, 또 자기 자신이 또는 자기가 선임한 변호인을 통해 방어하는 일. 변호인이 없는 경우에는 변호인을 선임할 권리가 있다는 사실이 고지되는 일. 사법상의 이익을 위하여 변호

인이 필요하면서도 충분한 지불수단이 없는 경우에 그 비용을 부담하지 않고서도 변호인의 도움을 받는 일.

(e) 본인에게 불리한 증인을 본인이 신문하거나 (변호인으로 하여금) 신문케 하는 일. 본인에게 불리한 증인과 똑같은 조건 아래 본인에게 유리한 증인을 출석시켜 이를 신문하는 일.

(f) 법정에서 사용되는 말을 알아듣지 못하거나 말하지 못하는 경우 무료로 통역의 도움을 받는 일.

(g) 본인에게 불리한 진술을 하도록 강요당하거나 유죄를 인정하도록 강요당하지 않는 일.

4. 미성년자인 경우 그 절차는 당사자의 나이와 갱생 촉진을 고려한 것이어야 한다.

5. 유죄의 선고를 받은 사람은 누구나 그 선고와 형량을 법률에 따라 상급법정에서 재심받을 권리가 있다.

6. 확정 판결에 의해 유죄로 인정되었다가, 나중에 새로운 사실 또는 새로이 발견된 사실에 의해 오판이었음이 밝혀져서 그 유죄선고가 파기되었거나 사면이 베풀어졌을 경우, 그 유죄선고 때문에 복역하게 된 사람은 법률에 따라 보상받는다. 그러나 그러한 사실이 제때에 알려지지 않는 것이 전적으로 또는 부분적으로 본인의 잘못 때문이었음이 밝혀질 경우에는 그렇지 않다.

7. 어떠한 사람도 그 나라의 법률과 형사 절차에 따라 유죄 · 무죄가 확정된 행위로 인해서 또다시 재판에 회부되거나 처벌받지 않는다.

제15조(소급처벌의 금지)

1. 아무도, 행위 당시에는 국내법상으로 또는 국제법상으로 형사 범죄를 구성하지 않는 작위 또는 부작위를 이유로 하여, 형사범으로서 유죄의 선고를 받지 않는다. 또한 범죄가 행해진 당시에 적용되는 형벌보다 더 무거운 형벌이 가해지지 않는다. 범죄가 행해진 다음에 보다 더 가벼운 형벌을 가하기로 법률이 개정되었을 경우, 범법자는 개정된 법률로부터 혜택을 받는다.

2. 국제사회가 인정하는 법의 일반원칙에 따라 실행 당시에 범죄가 되는 작위 또는 부작위를 이유로 하여 어떤 사람을 재판에 회부하여 처벌하는 것을 이 조문의 어떠한 규정도 막는 것이 아니다.

제16조(법률 앞에서 인격으로 인정받을 권리)

사람은 누구나, 어디에서건, 법 앞에서 하나의 인격으로 인정받을 권리를 가진다.

제17조(사생활 · 명예 · 평판의 존중)

1. 아무도 자신의 사생활, 가정, 집 또는 통신에 대해 함부로 간섭당하지 않고 또 자신의 명예와 신용에 대해 공격당하지 않는다.
2. 사람은 누구나 앞에서 말한 간섭 또는 공격에 대해 법률의 보호를 받을 권리를 가진다.

제18조(사상 · 양심 · 종교의 자유)

1. 사람은 누구나 사상 · 양심 · 종교의 자유를 누릴 권리를 가진다. 이 권리에는, 자기가 선택하는 종교 또는 신념을 가지거나 받아들이는 자유, 자기 혼자서 또는 남들과 함께, 공공연히 또는 은밀하게 예배 · 의식 · 행사 · 강론이라는 형태로 자기의 종교 또는 신념을 밝히는 자유가 포함된다.
2. 아무도 자기가 선택하는 종교 또는 신념을 가지거나 받아들이는 자유를 해칠 우려가 있는 강제를 강요당하지 않는다.
3. 법률에 규정되어 있고, 또 공공의 안녕 · 공공질서 · 공중건강 · 도덕 · 타인의 기본적 권리와 자유를 보호하기 위해 필요한 제한에 의해서만 종교 또는 신념을 표명하는 자유가 제약받는다.
4. 이 규약의 가맹국은 부모(경우에 따라서는 법정후견인)가 자신의 신념에 따라 그 자녀에게 종교적 및 도덕적 교육을 베푸는 자유를 손중할 의무를 진다.

제19조(표현의 자유)

1. 사람은 누구나 간섭받지 않고 의견을 지닐 권리를 가진다.
2. 사람은 누구나 표현의 자유에 대한 권리를 가진다. 이 권리에는 구두 ·

필기 · 인쇄 · 예술형태 · 본인이 선택하는 그 밖의 전달수단으로 국경과는 무관하게, 모든 종류의 정보와 사상을 추구하고 얻고 전달하는 자유가 포함된다.

3. 제2항에 규정된 권리의 행사에는 특별한 의무와 책임이 따른다. 그러므로 이 권리에 일정한 제한이 가해질 수 있다. 그러나 그 제한은 법률에 규정되어 있고, 또 다음을 목적으로 삼는 것이어야 한다.

(a) 타인의 권리 또는 평판에 대한 존중

(b) 국가의 안전 · 공공질서 · 공중건강 또는 도덕의 보호

제20조(전쟁선전 등의 금지)

1. 전쟁을 위한 어떠한 선전도 법률에 의해 금지된다.
2. 차별 · 적대감정 · 폭력을 선동하는 국민적 · 인종적 · 종교적 증오의 고취는 법률에 의해 금지된다.

제21조(집회의 자유)

평화적 집회의 권리는 인정된다. 법률에 따라 가해지는 제한으로서, 국가의 안전 공공의 안녕 · 공공질서 또는 공중건강과 도덕의 보호, 또는 타인의 권리와 자유의 보호를 위해 민주사회에서 필요로 하는 것 이외의 어떠한 제한도 이 권리의 행사에 가해지지 않는다.

제22조(결사의 자유 · 단결권)

1. 사람은 누구나 타인과 결사하는 자유를 누릴 권리를 가진다. 이 권리에는 자기 이익을 보호하기 위해 노동조합을 결성하고 이에 가입하는 권리가 포함된다.
2. 법률에 규정된 제한으로서, 국가의 안전 · 공공의 안녕 · 공공질서 또는 공중건강과 도덕의 보호 또는 타인권리의 자유로운 보호를 위해 민주사회에서 필요로 하는 것 이외의 어떠한 제한도 이 권리의 행사에 가해지지 않는다. 이 조항의 규정은 군대와 경찰 구성원의 상기 권리의 행사에 대해 합법적 제한을 가하는 것을 막지 않는다.
3. 1948년에 '결사의 자유 및 단결권 보호에 관한 국제노동기구 협약'이 체결된 바 있다. 그런데 이 조문의 어떠한 규정도 동 규약의 가맹국이

동 규약에 규정된 보장을 해치는 입법조치를 강구하거나, 동 규약에 규정된 보장을 해치는 방법으로 법률을 적용하는 것을 허용하지 않는다.

제23조(가정 및 결혼에 관한 권리)

1. 가정은 사회의 자연적이고 기초적인 집단 단위이다. 가정은 사회와 국가의 보호를 받을 권리가 있다.
2. 결혼할 수 있는 나이가 된 남녀가 결혼하여 한 가정을 이룰 수 있는 권리는 인정된다.
3. 양 당사자의 자유로운 그리고 완전한 동의 없이는 결혼이 성립되지 않는다.
4. 이 규약의 가맹국은 배우자 쌍방이 결혼생활을 하는 동안 또는 이혼하게 될 때 평등한 권리 · 의무를 누릴 수 있도록 적절한 조치를 강구한다. 이혼의 경우에는 어린이를 보호하는 데에 필요한 조치가 강구된다.

제24조(어린이의 권리)

1. 어린이는 누구나, 인종 · 피부색 · 성별 · 언어 · 종교 · 민족적 또는 사회적 출신 · 재산 · 출생에 기인하는 어떠한 차별도 받지 않고, 미성년자라는 지위로 보아 마땅히 받아야 할 보호 조치를 가정 · 사회 · 국가로부터 받을 권리가 있다.
2. 어린이는 누구나 출생 직후에 등록되고 또 이름을 가진다.
3. 어린이는 누구나 국적을 얻을 권리가 있다.

제25조(공무 참여)

시민은 누구나, 제2조에 규정된 어떠한 차별 또는 불합리한 제한을 받지 않고, 다음을 행할 권리 및 기회를 가진다.

(a) 자신이 직접 나서서 또는 자유스럽게 선출된 대표를 통해서, 공공의 일을 처리하는 것,

(b) 진정한 정기적 선거에서 투표하고 또 피선되는 것. 이 선거는 보통 및 평등 선거권을 기반으로 하여 비밀투표로 실시되고, 또한 선거인의 자유스런 의사 표현이 보장되는 것이어야 한다.

(c) 일반적이고 평등한 조건 아래 자국의 공무에 나서는 것.

제26조(법률 앞에서의 평등 및 차별금지)

모든 사람은 법률 앞에서 평등하다. 누구나 어떠한 차별도 받지 않고 법률의 보호를 똑같이 받을 권리가 있다. 이 점에 있어서 법률은 어떠한 차별도 금지한다. 또한 인종 · 피부색 · 성별 · 언어 · 종교 · 정치적 또는 기타 의견 · 민족적 또는 사회적 출신 · 재산 · 출생 또는 기타 지위에 기인하는 어떠한 차별도 받지 않도록 평등하고도 효과적인 보호를 모든 사람에게 보장한다.

제27조(소수민족 보호)

인종적 · 종교적 또는 언어적 소수 민족이 존재하는 국가의 경우, 소수 민족에 속하는 사람은 다음 권리를 부정당하지 않는다. 그 권리란, 그 집단에 속하는 다른 사람들과 함께 뭉쳐서 자신들의 문화를 누리거나 자신들의 종교를 신봉 · 실천하거나, 자신들의 언어를 사용하는 것을 말한다.

제4부

제28조 1. 인권위원회(이하 위원회라 한다)를 둔다. 위원회는 18명의 위원으로 구성되고 이하는 조문에 규정된 직무를 맡는다.

2. 위원회는 가맹국 국민 중에서 고결한 인격을 갖추었고 또 인권분야에서 뛰어난 능력을 갖춘 사람들로 구성된다. 사법 분야에서 경험을 쌓은 사람의 참여가 유익하다는 점이 고려된다.

3. 위원회의 위원은 개인 자격으로 선출되고 또 그 직무를 수행한다.

제29조 1. 제28조에 규정된 자격을 갖추었고 또 가맹국에 의해 후보자로 지명된 사람들의 명단 중에서 비밀투표로 위원회 위원이 선출된다.

2. 가맹국은 2명 이내의 후보자를 지명할 수 있다. 지명된 사람은 그 국가의 국민이어야 한다.

3. 누구나 재지명을 받을 수 있다.

제30조 1. 위원회 의원의 첫 번째 선거는 이 협약이 발효된 날로부터 6개월 이내에 실시된다.

2. 제34조의 규정에 따라 선언된 동석을 채우기 위한 선거를 제외하고, 국제연합사무총장은 위원회 위원 선거일의 적어도 4개월 전에, 위원회 위원으로 지명된 사람의 명단을 3개월 안으로 제출할 것을 요청하는 서안을 가맹국 앞으로 보낸다.

3. 국제연합사무총장은 지명된 모든 사람의, 알파벳순으로 된 명단을 작성하되 그들을 지명한 가맹국을 적시하여 작성하고, 선거일의 적어도 1개월 전에 가맹국 앞으로 보낸다.

4. 위원회 위원의 선거는 국제연합사무총장에 의해 소집되고 국제연합본부에서 개최되는 가맹국회의에서 실시된다. 이 회의의 정족수는 가맹국의 3분의 2로 한다. 이 회의에 참석하여 투표권을 행사하는 가맹국 대표가 던진 최대 다수 및 과반수의 투표를 얻은 피지명자가 위원회 위원으로 선출된다.

제31조 1. 위원회는 같은 국가의 국민 2명 이상을 포함해서는 안 된다.

2. 위원회의 선거에 즈음하여 위원의 배분이 지리적 형평을 유지하고, 또 서로 다른 문명형태와 주요한 법률 체계가 대표되도록 하는 배려가 있어야 한다.

제32조 1. 위원회 위원의 임기는 4년으로 한다. 위원은 재지명을 받았을 경우 재선될 수 있다. 그러나 첫 번째 선거에서 선출된 위원 중 9명의 임기는 2년으로 한다. 첫 번째 선거가 있은 직후에 제30조 4항에 규정된 회의의 의장은 앞에서 말한 9명의 이름을 제비로 뽑는다.

2. 임기 만료에 즈음한 선거는 앞에 나온 여러 조문의 규정에 따라 실시된다.

제33조 1. 위원회 위원 중 한 사람이 잠정적 부재가 아닌 다른 이유로 그 직무를 수행할 수 없게 되었다고 나머지 위원들이 일치하여 인정할 경우, 위원회의장은 그 사실을 국제연합사무총장에 알리고, 이에 따라서 국제연합사무총장은 그 위원의 의석이 공석이 되었음을 선언한다.

2. 위원회 위원이 사망 또는 사임했을 경우, 의장은 즉시 그 사실을 국제연합사무총장에게 알리고, 이에 따라서 국제연합사무총장은 사망 또는 사

임한 날로부터 그 위원의 의석이 공석이 되었음을 선언한다.

제34조 1. 제33조의 규정에 따라 공석이 선언되었는데 잔여 임기가 공석선언 때부터 기산하여 6개월 이내가 아닐 경우에는, 국제연합사무총장은 그 사실을 그 가맹국에 알린다. 각 가맹국은 공석을 채울 목적으로 2개월 이내에 제29조의 규정에 따라서 지명된 사람의 명단을 보낼 수 있다.

2. 국제연합사무총장은 지명된 사람의 알파벳순으로 된 명단을 작성하여 가맹국 앞으로 보낸다. 공석을 채우기 선거는 앞에 나온 규정에 따라서 실시한다.

3. 제33조의 규정에 따라서 선언된 공석을 채우기 위해 선출된 위원회 위원은 동 조문의 규정에 따라 의석이 없어진 위원의 잔여임기동안 재임한다.

제35조 위원회 위원은 국제연합총회가 위원회의 첫 번째 회의를 소집하고 그 회의를 국제연합본부에서 개최한다.

제36조 국제연합사무총장은 이 규약에 규정된 직무를 위원회가 효과적으로 수행하기 위해 필요로 하는 직원 및 편의를 제공한다.

제37조 1. 국제연합사무총장은 위원회의 첫 번째 회의를 소집하고 그 회의를 국제연합본부에서 개최한다.

2. 위원회는 첫 번째 회의 이후로는 절차 규칙에 정해진 때에 회의를 개최한다.

3. 위원회는 통상적으로 국제연합본부 또는 제네바에 자리 잡은 국제연합사무소에서 회의를 개최한다.

제38조 위원회의 모든 위원은 직무 개시에 앞서, 공개된 위원회 석상에서, 공평하게 그리고 양심적으로 직무를 수행할 것을 엄숙하게 선서한다.

제39조 1. 위원회는 임기 2년의 임원을 선출한 임원은 재선될 수 있다.

2. 위원회는 절차 규칙을 정한다. 절차 규칙에는 특히 다음 사항이 포함된다.

(a) 위원회의 정족수가 12명이라는 것.

(b) 출석 위원의 과반수 찬성으로 위원회의 결정이 이루어진다는 것.

제40조 1. 가맹국은 이 협약에서 인정된 권리의 실현을 위해 자국이 어떤 조치를 취했고 또 그 권리를 누림에 있어서 어느 정도의 향상이 이루어졌는가에 관한 보고를 다음에 따라 제출할 의무를 진다.

(a) 자국에 대해 이 협약이 효력을 발생하는 때로부터 1년 이내.

(b) 그 이후에는 위원회가 요청할 때.

2. 모든 보고는 국제연합사무총장 앞으로 제출하고, 동 사무총장은 그 보고를 위원회 앞으로 보내어 검토받도록 한다. 보고에는, 이 협약의 실시에 영향을 미치는 요인과, 경우에 따라서는 난점이 기재된다.

3. 국제연합사무총장은, 위원회와 협의한 다음, 그 보고의 사본을 전문기구 앞으로 보낼 수 있되, 그 전문기구의 권한에 속한 사항과 관계되는 부분을 보낸다.

4. 위원회는 가맹국이 제출한 보고를 검토한다. 위원회는 자신의 보고 및 위원회는 가맹국으로부터 받은 보고의 사본과 함께(앞에서 말한) 일반적인 견해를 경제사회이사회 앞으로 보낼 수 있다.

5. 가맹국은 제4항의 규정에 따라 작성된 견해에 대한 자신의 논평을 위원회 앞으로 보낼 수 있다.

제41조 1. 가맹국은 위원회의 다음 권한을 인정한다는 선언을, 이 조문의 규정에 따라 어느 때든지 행할 수 있다. 그 권한이란, 이 규약에 따른 의무를 가맹국 중 어떤 나라가 이행하지 않고 있다고 주장하는 다른 가맹국의 통보를 접수하고 또 검토하는 것을 말한다. 위원회의 그와 같은 권한을 자국에 관해 인정한다는 선언을 행한 가맹국이 제기하는 경우에만, 그와 같은 통보가 접수되고 또 검토된다. 그와 같은 선언을 행하지 아니한 가맹국이 제기하는 경우, 위원회는 그 통보를 접수하지 않는다. 이 소분의 규정에 따라 접수된 통보는 나음 설차에 따라 처리된다.

(a) 한 가맹국이 볼 때에 다른 가맹국이 이 규약의 조항을 실시하지 않고 있을 경우, 그 사안에 대해 서면 통보로 해당국의 주의를 환기할 수 있다. 동보 수령국은 통보를 받은 지 3개월 안에 그 사안을 밝히는 설명서 또는 그 밖의 문서를 통보 송부국 앞으로 보낸다. 그 문서에는 그 사

안에 관해 이미 취해진, 취하고 있는, 또는 앞으로 취할 수 있는 국내 절차와 국제 수단에 대한 언급이, 가능한 그리고 타당한 한도까지 포함되고 있어야 한다.

(b) 첫 통보가 수령국에 의해 접수된 지 6개월 안에, 관계 가맹국 쌍방이 만족할 수 있는 정도로 그 사안이 조정되지 아니했을 경우, 위원회와 상대방에게 통고함으로써 그 사안을 위원회에 위임할 권리를 쌍방이 모두 가진다.

(c) 그 사안에 관해 이용이 가능한 국내의 조치가 취해졌고 달리 방법이 없다는 것을 확인한 경우에 한해서, 위원회는 일반적으로 인정된 국제법의 원칙에 따라 위임받은 사안을 처리한다. 그러나 구제 조치의 적용이 불합리하게 지연되는 경우에는 그렇지 않다.

(d) 이 조문의 규정에 따라 통보를 검토하는 경우, 위원회는 비공개 회의를 개최한다.

(e) (c)의 규정에 따르는 것을 전제로 하여, 위원회는 이 규약에서 인정된 인권과 기본적 자유의 존중을 기초로 하는, 사안의 우호적 해결을 이룰 목적으로 관계 가맹국 사이에서 협의를 주선한다.

(f) 위원회는 위임받은 사안이 어떠한 것이건, (b)에서 말하는 관계 가맹국에 대해 관련 정보의 제공을 요구할 수 있다.

(g) (b)에서 말하는 관계 가맹국은 그 사안이 위원회에서 검토되고 있을 때 대표를 출석시키고, 구두 또는 서면으로 자국의 의견을 말할 권리를 가진다.

(h) 위원회는 (b)에서 말하는 통고를 받은 날로부터 12개월 이내에 보고를 제출한다.

(i) (e)에 규정된 대로 해결이 이루어질 경우, 위원회는 보고서에 사실 및 해결에 관한 사항을 간략하게 기술한다.

(ii) (e)에 규정된 대로 해결이 이루어지지 않을 경우 위원회는 보고서에 사실에 관한 사항을 간략하게 기술하고, 관계 가맹국의 의견서 및 구두 진술의 기록을 첨부한다.

2. 이 조문의 (모든) 규정은 규약 가맹국 10개국이 1항의 규정에 따른 선언을 행했을 때 효력을 발생한다. 선언은 가맹국이 국제연합사무총장에게 기탁하고, 국제연합사무 총장은 그 사본을 다른 가맹국 앞으로 보낸다. 선언은 국제연합사무총장 앞으로 보내는 통고로써 어느 때든지 철회할 수 있다. (그러나 선언의 철회가 있기 전에) 이 조문의 규정에 따른 통보가 이미 있었을 경우, 철회가 통보의 주제인 사안의 검토를 막지 못한다. 선언 철회의 통고가 국제연합사무총장에 의해 접수된 후에는, 그 가맹국이 새로이 선언을 행하지 않는 한, 그 가맹국의 새로운 통보는 접수되지 않는다.

제42조 1. (a) 제41조의 규정에 따라 위원회에게 위임된 사안이 관계 가맹국 쌍방에 만족을 주게끔 해결이 이루어지지 않을 경우, 위원회는 관계 가맹국의 사전 동의를 얻어, 특별조정위원회(이하 조정위원회라 약칭한다)를 설치할 수 있다. 조정위원회는 이 규약에 대한 존중을 기초로 하는, 사안의 우호적 해결을 이룰 목적으로 관계 가맹국 사이의 협의를 주선한다.

(b) 조정위원회는 관계 가맹국 쌍방이 받아들이는 위원 5명으로 구성된다. 조정위원회의 구성 전부 또는 일부에 관해 3개월 이내에 관계 가맹국 쌍방이 합의를 이루지 못했을 경우, 위원회의 비밀투표로 합의를 얻지 못한 조정위원회위원을 선출하되 위원회위원 중에서 3분의 2 다수표를 얻은 사람으로 한다.

2. 조정위원회위원은 개인 자격으로 직무를 수행한다. 위원은 관계 가맹국 · 협약 가맹국이 아닌 국가 · 41조의 규정에 따른 선언을 행하지 않고 있는 국가의 국민이어서는 안 된다.

3. 조정위원회는 의장을 선출하고, 또 절차규칙을 채택한다.

4. 조정위원회 회의는 보통 국제연합본부 또는 제네바 소재의 국제연합사무소에서 개최된다. 그러나 조정위원회가 국제연합사무총장 및 관계 가맹국과의 협의를 거쳐 정하는 경우에는 그 밖의 적당한 곳에서 개최될 수 있다.

5. 제36조의 규정에 따라 제공되는 사무국은 이 조문의 규정에 따라 설치되는 조정위원회를 위해서도 용역을 제공한다.

6. 위원회가 접수한 그리고 취합한 정보는 조정위원회에 대해 제공되어야 한다. 조정위원회는 관계 가맹국에 대해 그 밖의 관련 정보를 무엇이나 요구할 수 있다.

7. 조정위원회는 사안을 충분히 검토한 다음, 그러나 어떤 경우에도 사안을 다루기 시작한 지 12개월 이내에, 관계 가맹국에 대해 통지를 보내기 위해 위원회의장에서 보고를 제출한다.

(a) 12개월 이내에 사안의 검토를 끝내지 못하는 경우에는, 조정위원회는 보고서에 사안의 검토 상황을 간략하게 기술한다.

(b) 이 규약에서 인정된 인권의 존중을 기초로 하는, 사안의 우호적 해결이 이루어지는 경우에는, 조정위원회는 보고서에 사실과 해결책을 간략하게 기술한다.

(c) (b)에서 말하는 해결이 이루어지지 않을 경우, 조정위원회는 보고서에 다음을 수록한다.

(i) 관계 가맹국 간의 분쟁과 관련되는 모든 사실 관계에 대한 조사 결과.

(ii) 사안의 우호적 해결의 가능성에 대한 의견.

(iii) 또한 이 보고서에는 관계 가맹국이 제출한 진술서와 구두진술의 기록이 포함한다.

(d) (c)의 규정에 따라 조정위원회의 보고가 제출될 경우, 관계 가맹국은 조정위원회의 보고 내용을 수락할 것인가 아니할 것인가를 그 보고를 접수한 지 3개월 이내에 조정위원 회의장 앞으로 통고한다.

8. 이 조문의 규정은 제41조의 규정에 근거한, 위원회의 임무에 아무런 영향을 미치지 않는다.

9. 관계 가맹국은 국제연합사무총장이 작성한 예산안에 따라서 조정위원회위원의 모든 비용을 평등하게 분담한다.

10. 국제연합사무총장은, 필요한 경우, 9항의 규정에 따른 관계 가맹국의 비용 부담에 앞서 조정위원회의 비용을 지불할 권한을 가진다.

제43조 위원회위원 및 제42조의 규정에 따라 임명되는 조정위원회위원은 국제연합을 위해 임무를 수행하는 전문가가 누리기로 되어 있는 편의 · 특권 · 면제를 누릴 자격이 주어진다. 이 편의 · 특권 · 면제는 '국제연합의 특권 및 면제에 관한 규약'의 관련 조항에 규정된 바와 같다.

제44조 국제연합 및 전문기구의 기본문서와 규약에 의해서, 또는 그 기본문서와 규약에 따라서 인권분야에 관한 절차가 규정되어 있는바, 이 규약의 시행에 관한 규정은 상기 절차를 침해하지 않고 적용된다. 또한 가맹국 간에 효력을 가지는 일반적인 또는 특별한 국제협정이 있을 경우, 이 규약의 시행에 관한 규정은 가맹국이 그 협정에 따라 분쟁을 해결하고자 다른 절차를 취하는 것을 막지 않는다.

제45조 위원회는 활동에 관한 연차보고를 경제사회이사회를 통해 국제연합총회 앞으로 제출한다.

제5부

제46조 국제연합헌장 및 전문기구 기본문서는 국제연합의 여러 기관 및 전문기구의 임무를 각각 규정하고 있는바, 이 규약의 어느 규정도 국제연합헌장 및 전문기구 기본문서의 규정을 이 협약에 규정된 사항에 대해 적용하는 것을 막는다고 해석되어서는 안 된다.

제47조 모든 인민은 그들의 천연 재화와 자원을 충분히 그리고 자유로이 누리고 또 이용할 천부의 권리를 가지고 있는바, 이 규약의 어느 규정도 그 권리를 막는다고 해석되어서는 안 된다.

제6부

제48조 1. 이 규약은 국제연합 가맹국이나 전문기구 회원국, 국제사법 재판소 규정 가입국, 그리고 국제연합총회가 이 규약의 가맹국이 될 것을 요청한 그 밖의 국가가 서명할 수 있도록 개방된다.

2. 이 규약은 비준 절차를 밟아야 한다. 비준서는 국제연합사무총장에게 기탁된다.

3. 이 규약은 1항에서 언급된 국가가 가입할 수 있도록 개방된다.

4. 가입은 가입서가 국제연합사무총장에게 기탁됨으로써 이루어진다.

5. 국제연합사무총장은 이 규약에 서명하거나 가입한 모든 국가에 대해 비준서 또는 가입서를 기탁할 것을 통보한다.

제49조 1. 이 규약은 35번째의 비준서 또는 가입서가 국제연합사무총장에게 기탁된 날로부터 3개월 후에 발효된다.

2. 35번째의 비준서 또는 가입서가 기탁된 후에 이 규약을 비준하거나 이 규약에 가입하는 국가에 대해서는, 이 규약에 그 비준서 또는 가입서가 기탁된 날로부터 3개월 후에 발효된다.

제50조 이 규약의 규정은, 어떠한 제한이나 예외없이, 연방국가의 모든 지역에 적용된다.

제51조 1. 어느 가맹국이나 개정을 제안할 수 있고 또 개정안을 국제연합사무총장에게 제출할 수 있다. 국제연합사무총장은 그 즉시로 여러 가맹국에 대해 개정안을 통보하고, 그 제안을 검토, 표결할 여러 가맹국회의의 개최를 찬성하는지 또는 반대하는지를 국제연합사무총장에게 통고해 주도록 요청한다. 가맹국의 3분의 1이상이 회의 개최를 찬성할 경우, 국제연합사무총장은 국제연합의 주관 아래 회의를 소집한다. 과반수의 찬성으로 채택된 개정안은 승인받기 위해 국제연합총회에 제출된다.

2. 국제연합총회가 승인하고 또 가맹국의 3분의 2가 그 나라 헌법에 규정된 절차에 따라 수락했을 때, 개정은 효력을 발생한다.

3. 개정은, 효력 발생 시에, 개정을 수락한 가맹국에 대해 구속력을 가진다. 그 밖의 가맹국은 이 협약의 규정 및 그 국가가 수락한 그 이전의 개정에 의해 종전대로 구속당한다.

제52조 제48조 5항의 구정에 따라 행해지는 통보와 상관없이, 국제연합사무총장은 제48조 1항에서 언급된 모든 국가에 대해 다음 사항을 통고한다.

(a) 제48조의 규정에 따른 서명, 비준 및 가입.

(b) 제49조의 규정에 따라 이 협약이 효력을 발생하는 날짜 및 제51조의 규정에 따라 개정의 효력을 발생하는 날짜.

제53조 1. 이 협약을 중국어 · 영어 · 프랑스어 · 러시아어 · 스페인어로 기록된 것을 정본(正本)으로 하고, 국제연합기록보관소에 기탁된다.

2. 국제연합사무총장은 제48조에서 언급된 모든 국가 앞으로 이 규약의 인증된 등본을 송부한다.

참고문헌

고양곤(2000). 노인권익운동. 한국노년학회(편). 노년학의 이해(pp. 270-280). 서울: 도서출판 대영문화사.

고양곤(2002). 현대사회의 노인차별: 노인의 경제활동을 중심으로. 한국노인과학학술단체연합회. 2002년도 학술대회 자료집: 21세기 장수과학, 어떻게 발전시킬 것인가?, 47-60.

국가인권위원회 인권백서발간위원회(2004). 인권백서.

국가인권위원회(2004. 9.). 교사를 위한 학교인권교육의 이해.

국가인권위원회(2004a). 유엔인권해설집: 국제인권장전.

국가인권위원회(2004b). NAP 수립을 위한 노인권 기초현황조사.

국가인권위원회(2006a). 국가인권정책기본계획 권고안(2007~2011).

국가인권위원회(2006b). 노인에 대한 사회차별 실태조사: 개인적 및 제도적 차별 경험을 중심으로.

국가인권위원회(2007a). 노인복지서비스에서의 노인건강권 보장 실태조사.

국가인권위원회(2007b). 유엔인권해설집: 유엔인권조약제도.

국가인권위원회(2007c). 장애인권리협약 해설집.

국가인권위원회(2008. 8.). 노인분야 인권교육 교재.

국가인권위원회(2010. 5.). 노인인권지킴이단 활동보고서(2009).

국가인권위원회, 한국보건사회연구원(2002). 무료 및 실비 노인요양시설에서의 인권실태 및 사례조사.

권중돈(1994). 한국 치매노인 가족의 부양부담 사정에 관한 연구. 연세대학교 대학원 박사학위논문.

권중돈(1995). 치매환자 가족의 가족관계 변화와 가족치료적 접근. 한국가족치료학회지, 2, 1-16.

권중돈(2004a). 노인 학대에 영향을 미치는 요인. 한국노년학, 24(1), 1-19.

권중돈(2004b). 치매환자를 위한 프로그램의 실제. 서울: 학현사.

권중돈(2006). 노인복지실천에서의 인권관점 도입 방안 고찰. 광진노인종합복지관 개관 3주년 기념세미나 자료집, 1-20.

권중돈(2010. 11.). 치매환자와 가족의 인권보호. 권중돈, 양철호, 오세근, 김경호, 조미경, 양동석, 치매와 인권. 광주: 광주대학교 출판부.

권중돈(2010a). 노인복지론(4판). 서울: 학지사.

권중돈(2010b). 인권관점 노인복지실천 방안 모색. 한국노인복지실천연구회. 창립총회 및 기념세미나 자료집, 17-34.

권중돈(2010c). 노인권익위원(Ombudsman) 파견사업 효과성 평가연구. 서울: 한국노인종합복지관협회.

권중돈(2011. 8.). 노인 인권보호를 위한 향후 정책과제. 보건복지부. 노인인권보호와 노인보호전문기관의 역할, 3-18.

권중돈(2011. 9.). 노인인권보호를 위한 노인복지기관의 역할과 현실. 부산 중구노인복지관. 개관 5주년 기념세미나 자료집, 7-25.

권중돈(2012). 치매환자와 가족복지. 서울: 학지사.

권중돈, 김기태, 정은영, 오명문, 정희남, 한정란(2011). 노인권익위원(Ombudsman) 교육교재. 한국노인종합복지관협회.

권중돈, 김동배(2005). 인간행동과 사회환경. 서울: 학지사.

권중돈, 조학래, 윤경아, 이윤화, 이영미, 손의성, 오인근, 김동기(2011). 사회복지개론. 서울: 학지사.

김동선(2004). 대한노인회를 조명한다. 밝은 노후, 6, 8-24.

김미옥, 정진경, 김희성, 최영식, 윤덕찬(2006). 장애인생활시설 인권교육 교재 및 프로그램 개발. 서울: 국가인권위원회.

김미혜(1999). 노인과 인권. 복지동향, 8, 31-40.

김미혜(2001). 노인학대의 이해와 해결을 위한 첫걸음. 까리따스방배종합사회복지관, 노인학대세미나 자료집: 노인학대 실태 및 방향성 모색, 3-12.

김미혜, 권금주, 임연옥, 이연호(2006). 노인학대 측정도구: 학대유형과 심각성을 중심으로. 한국노년학, 26(4), 819-842.

김용자(1998). 인권의 의미와 발전과정. 아동권리연구, 2(2), 5-19.

김욱(2002). 한국의 노인차별에 관한 탐색적 조사연구. 한국노인과학학술단체연합회. 2002년도 학술대회 자료집: 21세기 장수과학, 어떻게 발전시킬 것인가?, 61-77.
김중섭(2001). 한국 지역사회의 인권: 2001 진주지역 사례연구. 서울: 오름.
김한곤(1998). 노인학대의 인지도와 노인학대의 실태에 관한 연구. 한국노년학, 18(1), 184-197.
까리따스방배종합사회복지관(2001). 노인학대세미나 자료집: 노인학대 실태 및 방향성 모색.
류은숙(2009). 인권의 이해. 보건복지가족부, 한국정신사회재활협회. 정신보건시설 인권교육 참고교재(Ⅰ), 9-33.
민성길(2006). 최신정신의학(제5판). 서울: 일조각.
박수천(2005). 노인 인권 보호의 세계 동향과 성년후견인제 도입방안. 한국노인복지학회. 2005년 추계학술대회 자료집, 11-34.
박영란(2001). 노인권익운동의 국제동향. 밝은 노후, 창간호, 52-63.
박재간(2001). 노인복지법의 세분화. 밝은 노후, 창간호, 32-36.
밝은노후(2004). NAP수립을 위한 노인권 기초현황조사. 국가인권위원회.
변재관, 김서용(2001). 노인학대의 실태 및 정책방안. 까리따스방배종합사회복지관. 노인학대세미나 자료집: 노인학대 실태 및 방향성 모색, 15-40.
보건복지부(2000). 고령화 관련 국제행동계획과 노인을 위한 유엔원칙.
보건복지부(2002). 마드리드 고령화국제행동계획.
보건복지부(2006. 5.). 노인복지시설 인권보호 및 안전관리지침.
보건복지부(2012a). 노인돌봄서비스 사업안내.
보건복지부(2012b). 노인보건복지사업안내.
보건복지부, 중앙노인보호전문기관(2011a). 2010 노인학대 현황보고서.
보건복지부, 중앙노인보호전문기관(2011b). 노인보호전문기관 업무수행지침.
보건복지부, 한국보건사회연구원(2010). 2009년도 전국 노인학대 실태조사.
서울대학교병원(2008). 2008년 치매노인 유병률 조사.
서혜경(2001). 노인권익운동의 오늘과 내일. 밝은 노후, 창간호, 25-31.
송근원, 김태성(2004). 사회복지정책론(개정판). 파주: 나남.
안치민(2003). 복지권의 구성과 성격. 한국사회복지학, 55, 5-25.
양옥경, 김정진, 서미경, 김미옥, 김소희(2010). 사회복지실천론(개정4판). 서울: 나남.
염형국(2004). 시설장애인의 인권보장을 위한 실천방안 모색. 교남 소망의 집. 개원 22주년 기념 세미나 자료집.
우국희(2001). 노인학대 관련 정책 개발을 위한 일 고찰. 한국사회복지학, 44, 209-231.
원영희(2004). 노인편견에 영향을 미치는 요인. 한국노년학, 24(1), 187-206.

이봉철(2001). 현대인권사상. 서울: 아카넷.

이상일(1999). 다시 보는 노인과 치매. 이상일 신경정신과 의원.

이석준(2001). 고령화사회의 노인인권보장에 관한 연구. 고려대학교 대학원 석사학위논문.

이성희, 권중돈(1993). 치매노인과 가족의 생활실태 및 복지욕구. 서울: 북부노인복지관.

이성희, 한은주(1998). 부양자의 노인학대 경험과 관련요인. 한국노년학, 18(3), 123-141.

이연호(2002). 노인학대 위험요인과 피해에 관한 연구. 이화여자대학교 대학원 박사학위논문.

이윤화(1999). 역량강화적 접근의 효과성에 관한 연구. 연세대학교 대학원 박사학위논문.

이창수 외(2005). 인권관련 정부 통계 현황에 대한 실태조사. 국가인권위원회.

전길량, 송현애(1997). 노인홀대에 관한 연구. 한국가정관리학회지, 15(3), 83-94.

전길양, 송현애(1997). 노인홀대에 관한 연구: 학대와 방임에 대한 인식 및 경험을 중심으로. 한국가족상담교육단체협의회. 가정폭력에 관한 프로그램 개발 연구, 32-96.

정경희, 오영희, 이소정, 권금주, 이윤경, 방효정(2007). 노인학대 실태 조사를 위한 기초연구: 노인보호전문기관에서의 노인학대 판정지표 개발 및 사정도구 개발을 중심으로. 한국보건사회연구원.

정일만(2011). 노인장기요양보험에서의 치매. 한림대학교 치매예방센터. 치매와 노인장기요양보험, 2-16.

조애저 외(1999). 노부모 학대 실태에 관한 사례연구. 한국보건사회연구원.

조애저, 김승권(1998). 한국 가정폭력의 개념정립과 실태에 관한 연구. 한국보건사회연구원.

조효제(2007). 인권의 문법. 서울: 후마니타스.

주명룡(2002). 선진국 노권운동의 실태. 노인복지연구, 18(겨울호), 23-47.

차병직(2006). 인권. 서울: 살림.

최성재 외(2002). 지역사회에서의 노인학대 실태조사. 국가인권위원회.

최용기(1999). 법과 인권. 서울: 대명출판사.

최원기(1989). 노인의 차별감에 대한 고찰: 하위문화론과 현대화이론을 중심으로. 고려대학교 대학원 석사학위논문.

최정혜(2002). 노인이 지각하는 가족내 차별감에 관한 연구. 한국노인과학학술단체연합회. 2002년도 학술대회 자료집: 21세기 장수과학, 어떻게 발전시킬 것인가?, 94-111.

한국노인복지시설협회(2009). 노인요양시설의 직무분석을 통한 업무매뉴얼.

한국노인복지시설협회(2009. 10.). 노인복지시설 인권매뉴얼.

한국노인종합복지관협회(2010). 노인권익위원(Ombudsman) 교육교재.

한동희(1996). 노인학대에 관한 연구. 대구효성가톨릭대학교 대학원 박사학위논문.

한동희, 김정옥(1994). 노년기 특성에 관련된 노인학대에 관한 연구. 가족학 논집, 7, 185-209.

한은주(2000). 노인학대의 원인에 대한 생태학적 연구. 성신여자대학교 대학원 박사학위논문.

한은주, 김태현(2000). 노인학대의 원인에 대한 생태학적 연구. 한국노년학, 20(2), 71-89.

현외성 외(2000). 한국노인복지학강론. 서울: 유풍출판사.

小泉直子 外 3人(1993). 在宅痴呆老人の介護を継続する阻害要因について. 厚生の指標, 40, 19-23.

Alzheimer Association. (2011). *2011 Alzheimer's disease facts and figures.*

American Psychiatric Association. (2000). *Diagnostic and statistical manual of mental disorders*(4th ed., Text Rev.)(DSM-IV-TR).

Aneshensel, C. S. et al. (1993). Stress, role capacity, and the cessation of caregiving. *Journal of Health and Social Behavior, 34*, 54-70.

Atchely, R. C. (2000). *Social forces and aging: An introduction to social gerontology* (9th ed.). Belmont, CA: Wadsworth.

Australian Government Dept. of Health and Ageing. (2005. 4.). *The residential care manual.*

Baker, A. A. (1977). Granny battering. *Modern Geriatrics, 5*(8), 20-24.

Barusch, A. (1988). Problems and coping strategies of ederly spouse caregivers. *The Gerontologist, 28*, 677-685.

Bass, D. M. et al. (2001). Screening tools and referral protocol for stopping abuse against older Ohioans: A guide for service providers. *Journal of Elder Abuse & Neglect, 13*(2), 23-38.

Beaver, M. L., & Miller, D. (1985). *Clinical social work practice with the elderly:*

Primary, secondary, and tertiary intervention. Homewood, IL: Dorsey Press.

Bergman, A. et al. (1993). High-risk indicators for family involvement in social work in health care: A review of the literature. *Social Work, 38*, 281-288.

Berlin, I. (1969). Two concepts of liberty. In I. Berlin (Ed.), *Four essays on liberty*. London: Oxford University Press.

Butler, R. N. (1969). Ageism: Another form of bigotry. *The Gerontologist, 9*, 243-246.

Campbell, T. (2006). *Rights: A critical introduction*. London: Routledge.

Cantor, M. H. (1986). Strain among caregivers: A study of experience in the United States. In L. E. Troll (Ed.), *Family issues in current gerontology*(pp. 246-263). New York: Springer.

Carp, F. M. (2000). *Elder abuse in the family*. New York: Springer.

Cattanach, L., & Tebes, J. K. (1991). The nature of elder impairment and its impact on family caregiver's health and psychosocial functioning. *The Gerontologist, 31*, 246-255.

Chenoweth, B., & Spencer, B. (1986). Dementia: The experience of family caregivers. *The Gerontologist, 26*, 267-272.

Cicirelli, V. G. (1988). A measure of filial anxiety regarding anticipated care of elderly parents. *The Gerontologist, 28*, 478-482.

Commonwealth of Australia. (2001). *Code of ethics and guide to ethical conduct for residential aged care*.

Conwell, Y. (2004). Suicide. In S. P. Rose & H. A. Sackeim (Eds.), *Late-life depression* (pp. 95-106). New York: Oxford University Press.

Deimling, G., & Bass, D. (1986). Mental status among the aged: Effects on spouse and adult-child caregivers. *Journal of Gerontology, 41*, 778-784.

Department of Health[DoH]. (1993). *No longer afraid: The safeguard of older people in domestic settings*. London: HMSO.

Department of Health[DoH]. (2000). *No secrets*. London: HMSO.

Dimah, K. P. (2001). Patterns of elder abuse and neglect in an Illinois elder abuse and neglect provider agency: A comparative analysis, *Journal of Elder Abuse & Neglect, 13*(1), 27-44.

Dimah, K. P., & Dimah, A. (2003). Elder abuse and neglect among rural and urban women. *Journal of Elder Abuse & Neglect, 15*(1), 75-93.

Ens, I. (2001). *Abuse of older adults in institutions.* Ottawa, Canada: National Clearinghouse on Family Violence.

Farren, C. J. et al. (1991). Finding meaning: An alternative paradigm for Alzheimer's disease family caregivers. *The Gerontologist, 31*, 483-489.

Freeman, J. L., Sears, D. O., & Carlsmith, J. M. (1981). *Social Psychology* (4th ed.). Englewood Cliffs, NJ: Prentice-Hall.

Galtung, J. (1994). *Human rights in another key.* Cambridge, UK: Polity Press.

George L. K., & Gwyther, L. P. (1986). Caregiver well-being: A multidimensional examination of family caregivers of demented adults. *The Gerontologist, 26*, 253-259.

Gewirth, A. (1982). *Human rights: Essays on justification and applications.* Chicago, IL: The University of Chicago Press.

Gottehrer, D. M., & Hostina, M. (1998). *Essential characteristics of a classical Ombudsman.* Available at: www.usombudsman.org/documents/PDF/References/Essential.

Heumann, L. F., McCall, M. E., & Boldy, D. P. (Eds.). (2001). *Empowering frail elderly people: Opportunities and impediments in housing, health, and support service delivery.* Westport, CT: Praeger.

Houlihan, J. P. (1987). Families caring for frail and demented elderly: A review of selected finding. *Family Systems Medicine, 5*, 344-356.

Ife, J. (2000). *Human rights and social work: Towards rights-cased practice.* Columbia University Press.

Ife, J. (2006). Human rights and human services: Opportunities and challenges. 국가인권위원회. 사회복지분야 인권관점 도입 · 확산을 위한 워크숍 자료집, 23-43.

International Federation of Social Workers[IFSW]. (2002). *IFSW manual: Social work and the rights of the child.*

International Ombudsman Association[IOA]. (2009a). *IOA best practices: A supplement to IOA's standards of practice* (3rd ed.).

International ombudsman Association[IOA]. (2009b). *IOA Standards of Practice.* Available at: www.ombudsasscoiation.org.

Kane, R. A. (2001). Long-term care and a good quality of life: Bringing them closer together. *The Gerontologist, 41*(3), 293-304.

Kite, M. E., & Wagner, L. S. (2002). Attitudes toward Older Adults. In T. D. Nelson (Ed.), *Ageism.* Cambridge, MA: The MIT Press.

Kosberg, J. I. (1988). Preventing elder abuse: Identification of high risk factors prior to placement decisions. *The Gerontologist, 28*(1), 43-50

Kosberg, J. I. et al. (2003). Study of elder abuse within diverse cultures. *Journal of Elder Abuse & Neglect, 15*(3), 71-89.

Kosberg, J. I., & Cairl, R. E. (1986). The cost of care index: A case management tool for screening informal care providers. *The Gerontologist, 26*, 273-277.

Lehrer, P. M., & Woolfolk, R. L. (1984). Are stress reduction techniques interchangeable or do they have specific effects?: A review of the comparative empirical literature. In R. L. Woolfolk & P. M. Lehrer (Eds.), *Principles and practice of stress management* (pp. 33-46). New York: The Guilford Press.

Lerner, M. J. et al. (1991). Adult children as caregivers: Egocentric biases in judgements of sibling contributions. *The Gerontologist, 31*, 746-755.

Lunday, M., & Grossman, S. F. (2004). Elder abuse: Spouse/intimate partner abuse and family violence among elders, *Journal of Elder Abuse & Neglect, 16*(1), 85-102.

McDonald, L., & Collins, A. (2000). *Abuse and neglect of older adults.* Ottawa, Canada: Family Violence Prevention Unit, Health.

McDonald, L. (1996). Abuse and neglect of elders. In J. E. Birren et al. (Eds.), *Encyclopedia of gerontology* (vol. 1, pp. 1-10). New York: Academic Press.

McGwan, T. G. (1996). Ageism and discrimination. In J. E. Birren et al. (Eds.), *Encyclopedia of gerontology* (vol. 1, pp. 71-80). New York: Academic Press.

NASW. (2000). *Social work speaks: NASW policy statements, 2000-2003* (5th ed.). Washington, DC: NASW Press.

National Adult Protective Services Association. (2006). *The 2004 survey of state adult protective services: Abuse of adults 60 years of age and older. Colorado*, USA.

National Center on Elder Abuse. (2005). *15 questions & answers about elder Abuse.* Washington, DC.

Nelson, T. D. (2002). *Ageism: Stereotyping and prejudice against older persons.*

Cambridge, MA: MIT Press.

Novak, M., & Guest, C. I. (1989). Application of a multi-dimensional caregiver burden inventory. *The Gerontologist, 29*, 798-803.

Office of the Ombudsman, Hong Kong. (1998). *Effective complaint handling: A tool for better serving the community*.

Office of the Ombudsman, Hong Kong. (1998). *The ombudsman and the protection of human rights in Hong Kong*.

Oshagan, H., & Allen, R. L. (1992). Three loneliness scales: An assessment of their measurement properties. *Journal of Personality Assessment, 59*, 380-409.

Paine, T. (1987). *Rights of man*. New York: Prometheus Books.

Pampel, F. C. (2000). 노년 불평등과 복지정책(김정석, 김영순 공역). 서울: 나눔의 집.

Pearlin, L. et al. (1990). Caregiving and the stress process: An overview of concepts and their measures. *The Gerontologist, 30*, 583-594.

Penhale, B. (2008). Elder abuse in the United Kingdom. *Journal of Elder Abuse & Neglect, 20*(2), 68-93.

Pillemer, K., & Moore, D. W. (1989). Abuse of patients in nursing homes. *The Gerontologist, 29*, 314-320.

Pillemer, K., & Finkelhor, D. (1988). The prevalence of elder abuse. *The Gerontologist, 28*(1), 51-57.

Poulshock, S. W., & Deimling, G. T. (1984). Families caring for elders in residence: Issues in the measurement of burden. *Journal of Gerontology, 39*, 230-239.

Quinn, M. J., & Tomita, S. K. (1986). *Elder abuse and neglect*. New York: Springer.

Rabins, P. et al. (1982). The impact of dementia on the family. *Journal of the American Medical Association, 248*, 333-335.

Reighert, E. (2003). *Social work and human rights: A foundation for policy and practice*. New York: Columbia University Press.

Robinson, B. C. (1983). Validation of a caregiver strain index. *Journal of Gerontology, 38*, 344-348.

Scharlach, A. E. et al. (1991). Employment and caregiver strain: An integrative model. *The Gerontologist, 31*, 778-787.

Sember, B. M. (2004). *Seniors' rights: Your legal guide to living life to the fullest*. Naperville, IL: Sphinx Pub.

Skegg, A. (2005). Human rights and social work. *International Social Work, 48*(5), 667-672.

Springer, D., & Brubaker, T. H. (1984). *Family caregivers and dependent elderly: Minimizing stress and maximizing undependence.* Beverly Hills, CA: Sage.

Stephens, M. A. P. et al. (1991). Stressors and well-being among caregivers to elder adults with dementia: The in-home versus nursing home experience. *The Gerontologist, 31*, 217-223.

Stommel, M. et al. (1990). Depression as and overriding varible explaning caregiver burdens. *Journal of Aging and Health, 2*, 81-102.

Strawbrige, W. J., & Wallhagen, M. I. (1991). Impact of family conflict on adult child caregivers. *The Gerontologist, 31*, 770-777.

Swanson, S. (2001). *Abuse and neglect of older adults.* Canada: National Clearinghouse on Family Violence.

Sweet, W. (2003). *Philosophical theory and the universal declaration of human rights.* Ottawa, Canada: University of Ottawa Press.

Tatara, T. (1990). *Elder abuse in the United States: an issue paper.* Washington DC: National Aging Resource Center on Elder Abuse.

Touza, C., Segura, M. P., & Prado, C. (2004). Initial conclusions on the design and validation of the 'inadequate treatment detection scale' for elders. *The Journal of Adult Protection, 6*(3), 4-14.

Tulloch, G. J. (1975). *A home is not a home: Life within nursing.* New York: Seaburry.

UN Center for Human Rights. (2005). 인권과 사회복지실천(이혜원 역). 서울: 학지사.

United State Ombudsman Association[USOA]. (2003). *Governmental Ombudsman Standards.*

United State Ombudsman Association[USOA]. (2004). *Model ombudsman act for state governments.*

Vitaliano, P. P. et al. (1991). Burden: A review of measures used among caregivers of individuals with dementia. *The Gerontologist, 31*, 67-75.

WHO. (2002. 7.). *25 questions & answers on health & human rights WHO health & human rights publication series* (No 1.).

WHO. (2007). *International statistical classification of diseases and related health problems* (10th Rev.).

WHO, INPEA(2002). *Missing voices: Views of older-person on elder abuse.* Geneva: World Health Organization.

Wiehe, V. R. (1998). *Understanding family violence: Treating and preventing partner, child, sibling, and elder abuse.* Thousand Oaks, CA: Sage.

Wolf, R. (2000). The nature and scope of elder abuse, *Generations, 24*(2), 6-13.

Wolf, R. S., & Li, D. (1999). Factors affecting the rate of elder abuse reporting to a state protective service program. *The Gerontologist, 39*(2), 222-228.

World Health Organization. (2007). *International statistical classification of diseases and related health problems* (10th Rev.).

Wronka, J. (1992). *Human rights and social policy in the 21st century.* Lanham, MD: University Press of America.

Zarit, S. H. et al. (1980). Relatives of the impaired elderly correlates of feeling of burden. *The Gerontologist, 20,* 649-655.

Zoll, R. (2008). 오늘날 연대란 무엇인가: 연대의 역사적 기원, 변천 그리고 전망(최성환 역). 파주: 한울.

국가인권위원회 http://www.humanrights.go.kr

국제옴부즈맨협회(International Ombudsman Association) http://www.ombudsassociation.org

노인돌봄기본서비스시스템 http://www.ucare.go.kr

노인장기요양보험제도 http://www.longtermcare.or.kr

뉴질랜드 옴부즈맨 http://www.ombudsmen.parliament.nz

미국노인국 http://www.aoa.gov

미국노인학대센터(National Center on Elder Abuse) http://www.elderabusecenter.org

미국은퇴자협회 http://www.aarp.org

법제처 국가법령정보센터 http://www.law.go.kr

보건복지부 http://www.mw.go.kr

보건복지부 전자바우처 클린센터 http://www.vclean.or.kr

위키피디아 백과사전 http://en.wikipedia.org

인권운동사랑방 http://www.sarangbang.or.kr

중앙노인보호전문기관 http://www.noinboho.or.kr

한국보건복지정보개발원 http://www.khwis.or.kr

찾아보기

저자 소개

권중돈(權重燉)

1960년 늦여름 경남 의령의 작은 동네에서 태어나 성장하였고, 숭실대학교에서 영어영문학을 전공하고 사회사업학을 부전공하였으며, 연세대학교 대학원에서 사회사업학 석사와 박사 과정을 이수하였다. 가족, 정신장애, 노인이라는 세 가지 주제에 관심을 갖고 연구하여, 치매가족의 부양부담에 관한 주제로 박사학위 논문을 제출하였다. 이후 『한국치매가족연구』, 『치매환자를 위한 프로그램의 실제』, 『치매환자와 가족복지』, 『인간행동과 사회환경』, 『인간행동이론과 사회복지실천』, 『집단사회사업방법론』, 『자원봉사의 이해와 실천』, 『노인복지론』, 『노인복지 프로그램 개발의 실제』, 『사회복지개론』 등의 노인복지와 사회복지실천 분야의 저서와 논문을 주로 발표하였다.

보건복지부 산하 연구원인 한국보건사회연구원의 주임연구원으로 재직하였으며, 현재는 목원대학교 사회복지학과 교수로 재직하고 있다. 또한 보건복지부와 한국노인복지관협회를 비롯한 여러 사회복지기관과 단체, 민간 기업 사회복지재단의 각종 위원으로 활동하고 있다.

kjd716@mokwon.ac.kr

인권과 노인복지실천

2012년 8월 1일 1판 1쇄 인쇄
2012년 8월 6일 1판 1쇄 발행

지은이 • 권중돈
펴낸이 • 김진환
펴낸곳 • (주) 학지사
121-837 서울특별시 마포구 서교동 352-29 마인드월드빌딩 5층
대표전화 • 02)330-5114 팩스 • 02)324-2345
등록번호 • 제313-2006-000265호

홈페이지 • http://www.hakjisa.co.kr
커뮤니티 • http://cafe.naver.com/hakjisa

ISBN 978-89-6330-415-1 93330

정가 18,000원